北京市房地产年鉴

2004

北京市建设委员会
北京市国土资源局 编

中国计量出版社

主要业绩 >>>>>>>>

▲澳大利亚驻中国大使馆资产评估

▲北京光彩大厦出让评估

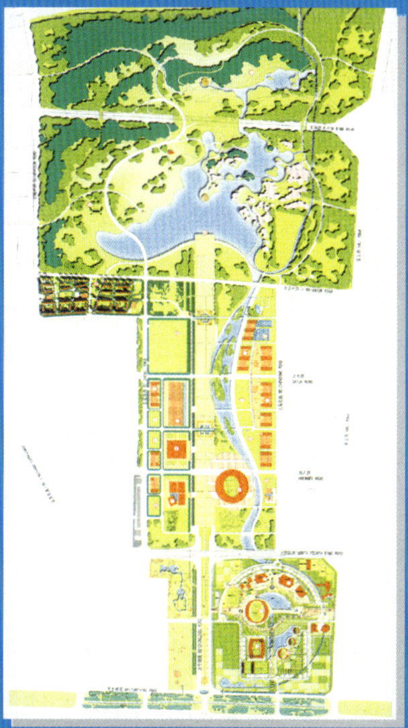

▲北京奥林匹克花园可行性分析和土地评估

土地出让评估

- 王府井开发区G3#、K4#、H1＃、H4＃土地
- 中关村西区、中关村软件园
- 金融街G-3区，西西工程
- 友谊商店、王府饭店、汉威大厦
- 现代城、当代万国城、欧陆经典

房地产抵押评估

- 京广中心、盈科中心、京都商业中心、恒基中心
- 金玉大厦、华彬国际大厦、北海万泰大厦

整体资产评估

- 保利大厦、北京卷烟厂
- 澳大利亚驻中国大使馆
- 世界银行住房与社会保障项目北京9家住房股份公司

涉案房地产价格评估

- 美厨食品有限公司房地产
- 兴隆湖景部分别墅

土地使用权挂牌出让价格评估

- 北京蓄电池厂
- 北京合成纤维实验厂

企业上市土地价格评估

- 王府井百货大楼
- 首都创业集团
- 北京电信

污染扰民企业搬迁评估

- 首钢特钢厂
- 北汽化油器厂
- 北京客车四厂

房地产拍卖价格评估

- 1994年，独家承担北京市首次公开拍卖的北京工业大学经济管理学院土地拍卖底价评估
- “北京化工八厂”破产拍卖评估

土地储备收购价格评估

- 北京化工厂
- 马连道仓储区

土地一级开发成本审核

- 海淀科技园
- 永丰产业基地

项目策划及可行性分析

- 北京恒富广场
- 北京京都商业中心
- 北京奥林匹克花园

中央机关和军队住宅价格评估

- 中央直属机关住宅房屋
- 部分军队经济适用住房

Knight Frank J·G

北京市海淀区西三环北路100号金玉大厦写字楼1101室
电话：(010)68727081/82/83/84/85
传真：(010)68727086
邮编：100037
Http：www.houseway.com.cn
E-mail：JingGang@houseway.com.cn

北京住房公积金管理中心
BHFMC

北京住房公积金管理中心

Beijing Housing Fund Management Cente

南新园小区——资金中心贷款支持的第一个安居工程

金鱼池小区——危改项目

宣武第一管理部业务大厅

个人购房贷款办公现场

北京住房公积金管理中心简介

2002年10月，按照《住房公积金管理条例》和《国务院关于进一步加强住房公积金管理的通知》要求，经北京市人民政府批准，设立北京住房公积金管理中心，为市政府直属、不以营利为目的的独立的事业单位，下设中共中央直属机关、中央国家机关、北京铁路3个分中心和31个管理部，实行统一制度、统一管理。

北京住房公积金管理中心以维护住房公积金缴存职工合法权益、提高北京地区居民住房水平为工作的根本出发点，坚持创新发展，不断提高管理水平和服务水平，推动住房公积金业务的快速发展，使住房公积金制度深受北京地区居民的欢迎。截止2004年9月30日，北京地区建立住房公积金320.96万人，累计归集住房公积金635.48亿元，累计发放个人贷款216，921笔，金额410.10亿元。住房公积金个人住房贷款笔数占北京地区全部个人住房贷款的40%。

在市委、市政府和北京住房公积金管理委员会的领导下，在各有关部门的大力支持下，北京住房公积金管理中心将依据国务院《住房公积金管理条例》和有关文件的规定，认真履行住房公积金职责，充分发挥住房公积金制度在解决居民住房方面的作用，为职工提供更加便捷、高效、优质的服务，为北京地区住房制度改革的深化、提高居民住房水平、推动首都经济的发展作出更大的贡献。

北京康正宏基房地产评估有限公司组建于2000年11月，其前身北京康正房地产评估事务所（成立于1993年12月），是随着我国房地产评估制度的建立，成立最早的估价机构之一，为专门从事房地产价格评估、项目可行性研究、交易、贷款、登记代理的中介机构。公司是建设部一级房地产评估机构；具有全国范围内从事土地评估业务资质（原国土资源部连续5年A级土地评估资质）；最高人民法院司法鉴定人；北京市房地产价格评估资质；北京市拆迁评估资格（第一批）；北京市土地增值税评估资格；北京市房地产经纪资格。

公司成立多年以来，一直在房地产专业领域不断实践，不断拓展，积累了丰富的经验及大量的房地产市场及交易信息资料，从业人员来自评估、法律、投资经济、财务管理、城市规划、土地利用规划等多个专业，均为本科以上学历，其中博士、硕士多名，能够把握、确认房地产的完整性，有利于对房地产市场状况进行准确的分析和判断，为交易各方提供真实、可靠、完整的信息。在执业过程中，估价师严格按照工作流程和技术规范操作，严格控制评估风险，保证报告质量。在长期的业务实践中，公司以其良好的信誉，赢得了各金融机构的充分信任，因此康正宏基成为北京市住房资金管理中心唯一指定的抵押贷款评估机构，中国工商银行北京市分行指定的抵押贷款及项目贷款评估机构，华夏银行指定的抵押贷款评估机构，交通银行指定的个人抵押贷款评估机构；浦发银行指定的个人抵押贷款评估机构，香港汇丰银行北京代表处指定的个人抵押贷款评估机构。目前公司还和多家房地产经纪公司合作，推出二手房按揭评估业务。

在房地产评估领域业务量稳步增长的同时，房地产经纪代理业务也成为了公司的主要业务之一。2000年，我公司成为北京市住房资金管理中心第一批通过认证的具有公积金贷款代理资质的中介机构。至今公司完成代办贷款业务万余笔，为广大客户提供了全面、优质、专业的服务，并取得了个人、公积金管理机构和银行的共同认可和好评。

在业务稳步发展的今天，我们也更加注重公司的企业文化氛围，我们强调合作、团队精神，强调诚实、自我批评，强调在点滴中改进工作。尊重知识、尊重个性、集体奋斗，是我们事业可持续成长的内在要求；责任意识、创新精神、敬业精神与团结合作精神是我们企业文化的精髓；实事求是是我们行为的准则。

目前，北京康正宏基房地产评估有限公司已发展成为北京市房地产中介机构中的佼佼者，并在行业内树立了良好的企业品牌形象。

康正评估
K&G CONSULTANTS

康正宏基业务范围

（一）评估服务：

1、 负责北京市住房资金管理中心个人住房担保抵押贷款评估；
2、 北京市住房贷款担保中心个人住房担保抵押贷款评估；
3、 为企业单位提供抵押贷款评估；
4、 项目可行性研究、项目贷款评估、项目投资分析、项目市场分析；
5、 基准地价评估；
6、 土地出让评估；
7、 转让、出租、抵押房地产的评估；
8、 作价入股房地产的评估；
9、 上市及非上市股份有限公司及有限责任公司涉及的房地产估价；
10、企业兼并、破产、清产核资涉及到的房地产估价；
11、司法仲裁涉及到的房地产估价；
12、征收土地税费涉及到的房地产估价；

（二）代理服务：

1、 公积金贷款全程代理：
北京市住房资金管理中心的公积金贷款；
中共中央直属机关住房资金管理中心公积金贷款；
中央国家机关住房资金管理中心公积金贷款；
商业贷款和公积金贷款的组合贷款；
2、 商业贷款代理；
3、 购房交易代理；
4、 产权交易过户登记代理；
5、 抵押登记代理；

（三）咨询服务

1、 贷款咨询；
2、 政策法规咨询；
3、 代理流程咨询；
4、 相关费用计算；

（四）居间中保服务

交通银行 BANK OF COMMUNICATIONS 北京分行 BEIJING BRANCH
致力二次创业
建设美好交行
交通银行北京分行是交通银行一级分行。自1989年成立以来，经过15年的发展，目前已成为资产总规模1150亿元，拥有2000多名员工和76家网点的商业银行，形成了重质量、讲效益、优质服务和本外币并重的经营特色。
2003年，北京分行提出了“二次创业”的奋斗目标，明确了五项重要工作任务，加快了改革创新的步伐。通过分行上下近两年来的努力奋斗，经营管理水平又得到进一步提高。全面优化了存贷款结构、产品结构、网点结构和人员结构。在各项存贷款、人均利润、太平洋卡发卡量、国际结算业务量和不良资产控制等方面正在实现跨越式、超常规的大发展。
太平洋卡
理财、消费、投资、汇兑、委托交费、炒股炒汇、银证转账、住房公积金查询与支取。
代理业务
代发工资业务、代理收费业务、代理保险业务、代销基金业务、代理发行和兑付国债业务。
圆梦宝
个人住房贷款、个人公积金贷款、汽车消费贷款、小额质押贷款、个人商铺贷款。
服务渠道
柜面服务、自助银行、电话银行、网上银行。
外汇宝
用外汇宝办理外汇买卖业务，轻松理财、保值增值、规避风险。
更多金融服务
外汇业务、托收业务、银证通业务、保管箱业务。
客户服务中心电话：95559

北京龙泰房地产评估公司

公司简介

北京龙泰房地产评估有限责任公司原为北京市国土资源和房屋管理局下属北京市房地产交易所。2000年12月根据国家有关规定，脱钩改制为北京龙泰房地产评估有限责任公司，并取得了国土资源部批准认证的国家级土地评估资质、建设部批准认证的一级房地产评估资质、北京市国土资源和房屋管理局批准认证的拆迁评估资质及房地产评估资质、房地产经纪资质等相应的资质。公司自开展评估业务以来接受委托项目共2000余起，涉及房地产面积2200万平方米，估价总价值约1000亿元。

现公司下设八部一室一中心（房地产评估一部、房地产评估二部、资产评估部、拆迁评估一部、拆迁评估二部、经纪代理部、技术研究部、财务部、办公室、房地产资讯中心），公司现有专职员工48人，其中具有房地产估价师执业资格21人，具有土地估价师执业资格18人，具有资产评估师执业资格3人，具有房地产经纪人执业资格8人，公司另有律师2人、注册会计师2人、拍卖师2人、土地拍卖官2人。

公司脱钩后在业务结构方面也进行了较大幅度的改革，发起成立了北京龙泰鸿源房地产经纪有限责任公司和北京龙泰经纬测绘有限公司，从成立之初的以评估业务为主的专业公司，逐渐过渡到以评估业务为基础，同时从事房地产经纪代理、房地产测绘、房地产拍卖、房地产担保等业务的综合性的房地产中介服务网络。

我公司将继续承接以往良好的传统，充分利用自身在房地产行业的优势，在为客户提供项目策划、政策咨询、评估支持的同时，还希望运用良好的公关能力和丰富的销售客源，为项目后期提供物业代理、销售策划、产权登记及发证等各项服务，在保证项目合法性的前提下，为客户带来最大的收益。

公司地址：朝阳区东土城路13号金孔雀A座七层

电　　话：（010）64481115

传　　真：（010）64285886

网　　址：www.ltpg.cn

电子邮箱：ltpg@ltpg.cn

《2004年北京市房地产年鉴》编辑委员会

主编单位 北京市建设委员会
北京市国土资源局

参编单位 北京市发展和改革委员会
北京市规划委员会
北京市统计局
中国人民银行营业管理部
北京住房公积金管理中心
北京市城建研究中心

主　　任 刘志华

副 主 任 阎仲秋　刘永富　安家盛　苗乐如(常务)　丁向阳
韩　平　陈　刚　崔述强　杨学锋

《2004年北京市房地产年鉴》编辑部

主　　编 苗乐如

副 主 编 沈　洁　李自强　杨燕敏　秦海翔　程建华

编撰人员 (按姓氏笔画排列)

丁　晓　丁红梅　于　雷　马庆绥　王玉明　王　谨　王荣武
付　平　史贤英　刘　刚　米丰丰　孙　洋　齐景兰　何　欣
李自强　李兰英　李西燕　张　茹　张丽亚　张丽娜　张佩刚
陈晓云　周　岩　周宗楚　欧阳芬　林妍艳　杨　晓　杨志强
杨学锋　罗洪京　郗桂玲　洪声刚　骆远骋　姜卫国　赵　优
赵　唯　赵建华　赵春凯　徐平波　高　扬　郭小兵　郭彦利
韩方明　韩秀英　程十春　程建英　蒋湘伶　靳　薇

工作人员 徐晓岩

编辑说明

《2004年北京市房地产年鉴》（以下简称《年鉴2004》）在全体编写人员的共同努力下圆满完成了。这是继《2003年北京市房地产年鉴》之后，由政府主管部门组织编写的第二部房地产行业年鉴，也是适应市场经济的要求建立北京市房地产行业信息系统的组成部分。

《年鉴2004》是一部资料性工具书，全面、翔实地反映了2003年北京市房地产业的发展变化，包括2003年北京市房地产业发生的重大事件以及全行业的各项统计数据等。书中各类相关数据通过图、表等形式加以反映，文字性的资料也以描述事实为主，目的是为业内专家、学者、投资人、消费者对行业发展和市场信息进行分析、决策提供便利。

本书中的统计数据主要来源于北京市统计局、北京市规划委员会、中国人民银行营业管理部、北京住房公积金管理中心、北京市国土资源局及北京市建设委员会。

在《年鉴2004》编纂出版过程中，得到了北京市有关部门以及社会各界的大力支持与热情指导，北京京港不动产评估有限公司、北京康正宏基房地产评估有限公司、北京戴德梁行物业管理有限公司、北京龙泰房地产评估有限责任公司、北京住房公积金管理中心、交通银行北京分行等企事业单位给予了大力帮助，在此一并表示衷心的感谢！

《北京市房地产年鉴》编辑委员会

2004年10月

目　录

Contents

第一章　北京社会经济发展状况

一、自然环境 …………………………………………………… (3)
二、行政区划 …………………………………………………… (3)
三、经济发展 …………………………………………………… (4)
四、社会发展 …………………………………………………… (8)
五、生态环境 …………………………………………………… (11)
六、道路交通 …………………………………………………… (14)

第二章　城市规划与建设

一、2003年北京市城市规划、建设新思路 …………………… (19)
二、2003年北京市重点规划项目 …………………………… (20)
三、2003年奥运工程规划情况 ……………………………… (22)
四、古都风貌保护 …………………………………………… (23)
五、2003年规划审批统计 …………………………………… (25)
六、2003年北京市重大工程 ………………………………… (25)
七、奥运工程规划实施情况 ………………………………… (26)

第三章　土地供应与市场

一、土地利用总体规划与土地利用现状情况 ……………… (31)
二、征地 ……………………………………………………… (35)

三、国有土地使用权出让情况 …………………………………………… (39)
四、划拨城镇建设用地情况 ……………………………………………… (44)
五、外商投资企业用地管理 ……………………………………………… (48)
六、集体土地利用情况 …………………………………………………… (50)
七、北京市土地储备制度推行情况 ……………………………………… (53)

第四章　房地产开发与建设

一、房地产开发企业情况 ………………………………………………… (63)
二、房地产开发投资 ……………………………………………………… (71)
三、商品房空置情况 ……………………………………………………… (73)
四、房屋拆迁管理及行业 ………………………………………………… (75)
五、危旧房改造情况 ……………………………………………………… (77)

第五章　房地产交易市场

一、新建商品房市场 ……………………………………………………… (81)
二、存量房交易 …………………………………………………………… (108)
三、房屋租赁 ……………………………………………………………… (125)
四、房地产评估 …………………………………………………………… (131)
五、房地产经纪 …………………………………………………………… (139)

第六章　房地产权属

一、土地使用权登记 ……………………………………………………… (145)
二、房屋所有权登记 ……………………………………………………… (146)
三、房地产抵押登记 ……………………………………………………… (149)
四、历年房屋土地权属登记情况 ………………………………………… (151)
五、历年房地产抵押登记情况 …………………………………………… (153)

第七章　物业管理

一、概述 ……………………………………………………(157)
二、业主大会和业主委员会 ……………………………………(161)
三、物业管理企业及行业 ………………………………………(162)
四、物业服务收费 ………………………………………………(166)
五、优秀物业项目 ………………………………………………(168)
六、专项维修资金 ………………………………………………(173)

第八章　住房制度改革与住房金融

一、存量公有住房改革 …………………………………………(177)
二、住房分配货币化 ……………………………………………(178)
三、住房发展和住房保障 ………………………………………(180)
四、住房公积金与政策性住房金融 ……………………………(184)
五、商业性住房金融 ……………………………………………(186)
六、房地产信贷业务的政策性调整 ……………………………(188)

第九章　房屋、设备安全管理

一、北京市房屋安全鉴定机构和人员 …………………………(193)
二、房屋安全鉴定管理工作的情况 ……………………………(194)
三、城镇房屋安全检查情况 ……………………………………(197)
四、房屋设备安全检查情况 ……………………………………(200)

附录　法律法规目录

第一部分　综合类 ……………………………………………(205)
第二部分　土地管理 …………………………………………(206)
第三部分　房屋管理 …………………………………………(210)
第四部分　住房制度改革 ……………………………………(222)
第五部分　司法解释 …………………………………………(223)

附图表目录

表 1—1　北京市各区县面积……………………………………………………3
表 1—2　北京市历年国内生产总值…………………………………………5
表 1—3　北京市历年固定资产投资情况……………………………………6
表 1—4　北京市历年财政收支情况…………………………………………6
表 1—5　北京市历年职工平均工资…………………………………………7
表 1—6　1992—2003 年北京市城镇人均居住面积…………………………8
表 1—7　北京市历年人口和就业统计………………………………………9

表 3—1　北京市区（县）级土地利用总体规划各项控制指标统计表…………　33
表 3—2　2003 年北京市各类土地面积表　……………………………………　34
表 3—3　1992 年 —2003 年北京市审批征地面积　……………………………　37
表 3—4　1999 年 — 2003 年北京市审批征地项目用地分类统计　……………　38
表 3—5　2003 年市政府批准征（占）地文件登记表　…………………………　38
表 3—6　按区域划分 2003 年北京市国有土地使用权出让情况　………………　40
表 3—7　按区域划分 2003 年北京市国有土地使用权协议出让情况　…………　41
表 3—8　2003 年度北京市经营性土地使用权入市成交统计表　………………　41
表 3—9　1992 年 —2003 年北京市国有土地使用权出让情况（按用途分类）…　42
表 3—10　2003 年各级别土地的楼面熟地均价　………………………………　43
表 3—11　2003 年各级别土地的楼面毛地均价　………………………………　43
表 3—12　2001—2003 年北京各用途平均地面熟地价　………………………　43
表 3—13　2001—2003 年北京地价指数　………………………………………　44
表 3—14　2003 年划拨用地用途分类统计表　…………………………………　45
表 3—15　2003 年各区县办理划拨用地统计表　………………………………　45
表 3—16　划拨城镇建设用地分年度统计表　…………………………………　46
表 3—17　划拨城镇建设用地分项目统计表　…………………………………　47
表 3—18　划拨城镇建设用地分区县统计表　…………………………………　47

表 3–19　外商投资企业用地合同分年度统计表 …………………………… 48
表 3–20　外商投资企业用地分项目统计表 ………………………………… 49
表 3–21　北京市 1999–2003 年市级土地开发整理情况表 ………………… 50
表 3–22　1999–2003 年北京市国家投资土地开发整理项目汇总表 ……… 51
表 3–23　第一批集体建设用地整理试点地理分布表 ……………………… 53
表 3–24　北京市土地整理储备中心各分中心成立情况一览表 …………… 53
表 3–25　2002–2003 年北京市土地整理储备中心及分中心储备土地情况汇总表 ……………………………………………………………… 54
表 3–26　2001–2003 年北京市经营性土地使用权入市交易成交统计表 …… 55
表 3–27　2003 年度北京市土地整理储备中心及分中心储备土地统计表 …… 55
表 3–28　2003 年度北京市土地整理储备中心及分中心储备土地统计表 …… 56
表 3–29　2003 年度北京市经营性房地产开发项目土地使用权入市成交统计表 …………………………………………………………… 56
表 3–30　2003 年度北京市远郊区县经营性房地产开发项目土地使用权入市成交统计表 ………………………………………………… 57

表 4–1　北京市房地产开发企业名录………………………………………… 63
表 4–2　2003 年各区县房地产开发完成投资情况表 ……………………… 71
表 4–3　各区县各类空置房情况明细表……………………………………… 74
表 4–4　2003 年城八区拆迁情况 …………………………………………… 75
表 4–5　近十年本市居民拆迁情况…………………………………………… 76
表 4–6　1997 年至 2003 年北京市拆迁单位数量一览表 ………………… 76
表 4–7　我市 2001–2003 年危旧房情况 …………………………………… 78

表 5–1　2003 年商品房供应情况表 ………………………………………… 81
表 5–2　北京市历年商品房批准预售面积…………………………………… 81
表 5–3　北京市历年商品住宅批准预售面积………………………………… 82
表 5–4　北京历年办公用房批准预售建筑面积……………………………… 82
表 5–5　北京历年商业、工业用房批准预售建筑面积……………………… 82

表5-6 2003年发放预售许可证工程 …… 82
表5-7 2003年北京市各区县新建商品房预售登记情况 …… 96
表5-8 各区县预售登记均价统计表 …… 97
表5-9 2003年各类用途商品房预售登记情况统计 …… 97
表5-10 东城区新建商品住房买卖价格监测区域指导价格 …… 99
表5-11 西城区新建商品住房买卖价格监测区域指导价格 …… 99
表5-12 崇文区新建商品住房买卖价格监测区域指导价格 …… 100
表5-13 宣武区新建商品住房买卖价格监测区域指导价格 …… 100
表5-14 朝阳区新建商品住房买卖价格监测区域指导价格 …… 101
表5-15 海淀区新建商品住房买卖价格监测区域指导价格 …… 102
表5-16 丰台区新建商品住房买卖价格监测区域指导价格 …… 104
表5-17 石景山区新建商品住房买卖价格监测区域指导价格 …… 105
表5-18 通州区新建商品住房买卖价格监测区域指导价格 …… 105
表5-19 大兴区新建商品住房买卖价格监测区域指导价格 …… 106
表5-20 昌平区新建商品住房买卖价格监测区域指导价格 …… 107
表5-21 顺义区新建商品住房买卖价格监测区域指导价格 …… 107
表5-22 房山区新建商品住房买卖价格监测区域指导价格 …… 107
表5-23 平谷区新建商品住房买卖价格监测区域指导价格 …… 108
表5-24 延庆县新建商品住房买卖价格监测区域指导价格 …… 108
表5-25 1999年至2003年存量房交易情况 …… 108
表5-26 北京历年已购公房和经济适用住房再上市情况 …… 108
表5-27 1999年至2003年北京市各区县房地产转让成交面积 …… 109
表5-28 2003年已购公房和经济适用住房再上市买卖指导价格 …… 110
表5-29 住房租赁指导价格 …… 126
表5-30 脱钩改制后历年批准估价机构情况 …… 131
表5-31 2003年北京市房地产评估机构名单 …… 131
表5-32 北京市房地产评估一级机构 …… 137
表5-33 北京市房地产估价师历年考试通过及注册人数 …… 139
表5-34 北京市房地产经纪机构统计表 …… 139

表 5—35　北京市房地产经纪机构分布情况 …………………………140
表 5—36　房地产经纪机构数量增长趋势表 …………………………140
表 5—37　北京市房地产经纪人学历状况表 …………………………141
表 5—38　北京市房地产经纪人数量增长趋势表 ……………………141

表 6—1　2003 年北京市土地登记发证情况 …………………………145
表 6—2　2003 年北京市房屋所有权登记情况 ………………………146
表 6—3　2003 年北京市房屋所有权初始登记情况 …………………147
表 6—4　2003 年北京市房屋所有权转移登记情况 …………………148
表 6—5　2003 年北京市房屋所有权变更登记情况 …………………149
表 6—6　2003 年北京市房屋所有权抵押登记情况 …………………150
表 6—7　2003 年北京市国有土地使用权抵押登记情况 ……………151
表 6—8　1999—2003 年北京市房屋所有权登记发证情况 …………152
表 6—9　1993—2003 年北京市国有土地使用权登记发证情况 ……152
表 6—10　1996—2003 年北京市房改售房登记发证情况 …………153
表 6—11　1999—2003 年北京市房产抵押登记情况 ………………153
表 6—12　1999—2003 年北京市国有土地使用权抵押登记情况 …154

表 7—1　北京市首届物业管理十佳员工………………………………157
表 7—2　北京市首届物业管理优秀员工………………………………158
表 7—3　北京市首届物业管理优秀集体………………………………158
表 7—4　北京市物业管理规范化服活动优秀组织奖…………………159
表 7—5　北京市历年物业管理委员会数量……………………………161
表 7—6　1997—2003 年北京市物业管理委员会数量明细……………162
表 7—7　北京市每年物业管理企业资质登记数量情况表……………163
表 7—8　北京市获得国家物业管理一级资质企业名单………………164
表 7—9　北京市物业管理企业注册资金情况表………………………165
表 7—10　北京市涉外物业管理企业资质情况一览表 ………………165
表 7—11　北京市每年取消资质物业管理企业情况表 ………………165

表7—12 北京市历年物业管理招投标项目数量表 ……165
表7—13 各居住区物业管理区域面积统计 ……166
表7—14 房屋售价情况统计 ……166
表7—15 各物业项目平均收费率统计 ……166
表7—16 平均收费率区间统计 ……167
表7—17 各物业项目收费情况 ……167
表7—18 北京市历年获优秀物业项目数量 ……168
表7—19 北京市历年获优秀物业项目分类 ……168
表7—20 北京市历年分类型全国优秀物业项目数量 ……168
表7—21 北京市历年分类型全市物业管理优秀项目数量 ……169
表7—22 北京市优秀物业项目区域数量 ……169
表7—23 北京市获“全国城市物业管理优秀示范住宅小区（大厦、工业区）”称号名单 ……170
表7—24 北京市按年度统计专项维修资金的归集金额 ……173
表7—25 北京市按年度统计专项维修资金的归集户数 ……173
表7—26 北京市按各代收部门专项维修资金归集量统计 ……173

表8—1 1998年—2003年北京市经济适用房开发建设情况 ……181
表8—2 近年来北京市科教文卫、军队等自建经济适用住房情况……181
表8—3 52个项目区域分布情况 ……182
表8—4 52个项目按环路分布情况 ……182
表8—5 经济适用房价格分布……182
表8—6 1998—2003年住房开发贷款余额及同比增速表……187
表8—7 1998—2003年个人住房贷款余额及增速情况表……187

表9—1 北京市房屋安全鉴定机构人员构成情况……193
表9—2 北京市房屋安全鉴定机构一览表……193
表9—3 全市房屋安全鉴定工作统计表……194
表9—4 2003年北京市房屋安全鉴定系统工作情况 ……195

表 9—5　城镇房屋安全检查情况…………………………………………………196
表 9—6　直管电梯检查情况………………………………………………………200
表 9—7　物业及自管电梯检查情况………………………………………………200

图 1—1　北京市区、县分布示意图…………………………………………………4
图 3—1　划拨用地分年度宗数统计图……………………………………………47
图 3—2　划拨用地分年度面积统计图……………………………………………47
图 3—3　外资用地分年度宗数统计图……………………………………………49
图 3—4　外资用地分年度用地面积统计图………………………………………49
图 3—5　外资用地分年度年土地使用费统计图…………………………………49
图 3—6　北京市基本农田土地利用现状结构图…………………………………52
图 4—1　近三年我市房地产开发企业总量情况…………………………………70
图 4—2　2000—2003 年进入市场的开发企业数量………………………………71
图 4—3　2000—2003 年我市房地产开发投资情况………………………………72
图 4—4　2000—2003 年我市各类商品房投资情况………………………………72
图 4—5　2000—2003 年我市房地产开发投资构成情况…………………………73
图 4—6　2000—2003 年我市商品房空置总量……………………………………74
图 4—7　2000—2003 年我市各类商品房空置情况………………………………74
图 5—1　1999—2003 年批准预售商品房上市情况………………………………81
图 5—2　2003 年各类用途商品房预售登记均价…………………………………97
图 5—3　商品房购买对象结构……………………………………………………98
图 8—1　北京市个人住房贷款业务发展情况……………………………………187
图 9—1　直管公房完损等级普查情况……………………………………………197
图 9—2　近 6 年实查直管平房建筑面积…………………………………………198
图 9—3　近六年直管平房中四、五类房所占比例………………………………198
图 9—4　城镇私房产别分类………………………………………………………199

第一章

北京社会经济发展状况

北京市是中华人民共和国的首都,中国的政治、文化和国内国际交往中心,是世界历史文化名城和古都之一。早在70万年前,北京市周口店地区就出现了原始人群部落“北京人”。北京市最初见于记载的名字为“蓟”。公元前1045年成为蓟、燕诸侯国的都城。从公元前221年秦始皇统一中国到公元937年,北京市一直是中国北方的重镇和地方政权的都城。公元938年,统治中国北方的辽以北京(时称燕京)为陪都;以后,金、元、明、清各代都以此地为首都,前后达650多年。1949年10月1日中华人民共和国成立,北京市成为新中国的首都。

一、自然环境

北京市位于北纬39°56′,东经116°20′;西北毗临山西、内蒙古高原,南与华北大平原相接,东近渤海;北京市中心海拔43.71m。西、北、东三面环山,主要河流有永定河、潮白河、北运河等。北京市属暖温带半湿润季风型大陆性气候,四季分明,春季干燥多风,夏季炎热多雨,秋季晴爽,是一年中最好的季节,冬季寒冷、少雪。年平均气温13℃。

北京市土地面积16807.8km^2。根据土地利用现状变更调查结果,全市农用地111.81万hm^2,其中耕地25.99万hm^2,园地11.92万hm^2,林地68.35万hm^2,牧草地0.20万hm^2,其他农用地5.35万hm^2。城镇建设用地30.85万hm^2。

二、行政区划

北京市划分为16个区、2个县:东城区、西城西、崇文区、宣武区、朝阳区、丰台区、石景山区、海淀区、门头沟区、房山区、通州区、顺义区、昌平区、大兴区、平谷区、怀柔区、密云县和延庆县。

各区县面积及区位见表1-1及图1-1。

表1-1 北京市各区县面积 km^2

区县	东城区	西城区	崇文区	宣武区	朝阳区	海淀区	丰台区	石景山区	门头沟区
面积	24.7	30	15.6	16.5	470.8	426.3	304.2	81.8	1331.3
区县	房山区	大兴区	通州区	平谷区	顺义区	昌平区	延庆县	怀柔区	密云县
面积	1866.7	1012	870	1075	980	1430	1980.6	2557.3	2335

图 1-1　北京市区、县分布示意图

三、经济发展

2003 年是首都发展极不平凡的一年。全市人民认真贯彻落实党的十六大精神，开拓创新，扎实工作，战胜了突发疫情灾害的严重冲击，取得了“防非典、促发展”的双胜利。

上半年全市经济受“非典”影响增长减缓，其中：对第一、二产业影响不大，影响第三产业，使其增速下降，但金融保险和房地产业保持稳步增长。尤其是房地产业增长表现出强劲势头，即使在“非典”期间，商品房销售依然看好，1-6 月份商品房销售额238.3亿元，增长75.5%，上半年房地产业实现增加值 64 亿元，同比增长 18%，是各行业中增速最快的。内需对经济增长的拉动出现两个变化：投资、消费对经济的拉动作用出现逆转；政府消费比重提高，居民消费比重降低。上半年，全市国内生产总值实现 1516.05 亿元，同比增长 9.6%。

纵观全年，全市实现国内生产总值 3663.1 亿元，按可比价格计算增长 10.7%。地方财政收入完成 592.5 亿元，增长 18.2%。城镇登记失业率为 1.43%，保持在较低水平。市场价格总水平基本稳定，居民消费价格指数为 100.2%。

（一）国内生产总值

2003 年，全市实现生产总值 3663.1 亿元,比上年增长10.7%,实现了预期增长目标,经济增长率连续5年保持在10%以上。人均生产总值达到32061元,比上年增长9.4%,按当前汇率折算,约合3873美元。

北京市历年国内生产总值及人均国内生产总值见表1-2。

表1-2 北京市历年国内生产总值

年份	国内生产总值(亿元)	人均国内生产总值(元)	房地产业GDP(亿元)
1991	560	5782	
1992	709	6804	
1993	864	8239	
1994	1084	10261	
1995	1394	13085	
1996	1615	15044	38.3
1997	1810	16735	41.2
1998	2011	18478	68.3
1999	2174	19846	69.5
2000	2461	22312	80.4
2001	2817	25300	86.9
2002	3213	28449	129.8
2003	3663	32061	190.5

(二)产业结构

"三、二、一"产业格局稳固。第一产业实现增加值95.6亿元,比上年增长3.3%;第二产业1311.9亿元,增长11.9%;第三产业2255.6亿元,增长10%。三次产业比重分别为2.6%,35.8%和61.6%,其中第二产业比重比上年提高1.1个百分点。三次产业对经济增长的贡献率分别为0.93%,41.74%和57.33%。

(三)固定资产投资

固定资产投资保持较快增长。全年完成全社会固定资产投资2157.1亿元,比上年增长18.9%。投资重点集中于住宅和基础设施两个方面。全年完成住宅投资692.4亿元,比上年增长9.1%;住宅投资占全社会固定资产投资的比重为32.1%,比上年下降2.9个百分点。全年完成基础设施投资417.8亿元,比上年增长1.4%,占全社会固定资产投资的比重为19.4%。

社会投资趋于活跃,非国有单位投资成为带动全市投资快速增长的主要力量。全年非国有单位完成投资1412.0亿元,增长35.4%,占全社会固定资产投资的比重达到65.5%。其中非国有内资单位完成投资1135.2亿元,增长35.2%,占全社会投资的比重为52.6%。

更新改造投资和工业技改投资全面启动。全市完成更新改造投资216.2亿元,比上年增长27.5%;完成工业技改投资92.4亿元,比上年增长58.6%。

固定资产投资效果系数为0.19,与上年的0.20基本持平。固定资产投资率为59.7%,比上年增加3.3个百分点。

表 1－3　北京市历年固定资产投资情况　　亿元

年份	全社会固定资产投资	房地产开发投资
1991	192	24
1992	266	33.7
1993	410.4	58.4
1994	648.8	99.5
1995	841.5	352.8
1996	876.9	328.2
1997	961.2	330.3
1998	1155	377.4
1999	1170	421.5
2000	1297	522.1
2011	1531	783.8
2002	1814	989.4
2003	2157	1202.5

(四)财政收支

财政收入保持较快增长,调控能力不断增强。全年完成地方财政一般预算收入 592.5 亿元,比上年增长 18.2%。其中,增值税、营业税分别为 75.3 亿元和 263.7 亿元,比上年增长 12.8% 和 15.8%;企业所得税、个人所得税分别为 93.7 亿元和 57.2 亿元,增长 17.8% 和 16.7%。

地方财政一般预算支出 737.2 亿元(含中央追加支出 36.1 亿元),增长 17.3%。其中,科教文卫事业费 175.5 亿元,增长 19.6%;基建、挖潜支出 121.7 亿元,增长 15.1%。地方财政为抗击“非典”共减免各项税费和基金 14.9 亿元。

北京市历年财政收支情况见表 1－4。

表 1－4　北京市历年财政收支情况　　亿元

年份	一般预算财政收入	一般预算财政支出
1997	189	244
1998	227	281
1999	281	355
2000	345	443
2001	454	559
2002	534	628
2003	593	737

(五)居民收入与消费结构

城乡居民收入较快增长。城镇居民人均可支配收入 13882.6 元,比上年增长 11.4%,扣除价格因素,实际增长 11.2%;全年人均消费支出为 11123.8 元,比上年增长 8.1%,扣除价格因素,实际增长 7.9% 。城镇居民恩格尔系数 31.7%,比上年降低 2.1 个百分点。农民人均纯收入 6496.3 元,比上年增长 10.5%,扣除价格因素,实际增长 11.5%;农民人均生活消费支出 4655.3 元,比上年增长 10.7%,扣除价格因素,实际增长 11.7%。农村居民恩格尔系数 31.7%,比上年降低 1.3 个百分点。

消费市场热点突出。全年实现社会消费品零售额 1916.7 亿元,增长 14.5%,扣除价格因素,实际增长 16.6%。结构升级成为推动消费需求增长的重要因素,消费热点主要集中于住房、交通和通信等领域。全年销售商品住宅 1771.1 万 m^2,增长 10.4%,实现销售额 789.2 亿元,增长 10.1%;居民居住环境有较大改善。全市住宅竣工 2320.4 万 m^2,增长 6.0%;其中经济适用住房竣工 363.1 万 m^2。全市城镇居民人均使用面积达到 18.7m^2,比上年增加 0.5m^2。农村居民人均生活用房面积 33.9m^2,比上年增加 1.3m^2。

此外,销售各类汽车 40.8 万辆,实现零售额 305.2 亿元,分别增长 56.6% 和 51.2%。城镇居民人均消费支出 11123.8 元,增长 8.1%。其中,服务性消费比重达到 30.3%,与上年基本持平;城镇居民人均用于交通通信方面的支出 1688.1 元,增长 32.8%。农村居民家庭人均消费支出 4655.3 元,增长 10.7%,扣除价格因素,实际增长 11.7%。农村居民消费支出增长较快的领域分别为:交通通讯,增长 32.2%;居住,增长 29.0%;文教娱乐用品及服务,增长 16.3%;三项支出之和占农村居民家庭人均消费支出的比重为 45.3%,比上年提高 5.2 个百分点。全市最终消费率为 53.1%,比上年提高 1 个百分点。

表 1-5　北京市历年职工平均工资　　元

年度	工资	年度	工资
1991	2877	1998	12285
1992	3402	1999	13778
1993	4523	2000	15726
1994	6540	2001	18640
1995	8144	2002	21852
1996	9579	2003	25312
1997	11019		

表 1-6　1992-2003 年北京市城镇人均居住面积　m^2

年度	居住面积	年度	居住面积
1992	12.1	1998	15.0
1993	12.5	1999	15.9
1994	12.9	2000	16.7
1995	13.3	2001	17.6
1996	13.8	2002	18.2
1997	14.4	2003	18.7

(六)出口

外贸企业市场竞争力增强，出口大幅增长。全市出口 168.5 亿美元，比上年增长 33.6%；其中地方企业出口总值达到 73.7 亿美元，比上年增长 24.9%，增幅提高 3.8 个百分点。地方企业出口中，机电产品和高新技术产品为主要出口商品，出口额分别为 48.5 亿美元和 34.1 亿美元，分别比上年增长 29.5% 和 29.8%，占全市地方企业出口的比重分别达到 65.8% 和 46.3%。

(七)对外经贸关系和旅游

利用外资迅速增长。全市新批外资项目 1360 项，比上年减少 0.7%。合同外资金额 32.7 亿美元，比上年增长 16.5%。实际利用外商直接投资 21.5 亿美元，增长 19.8%。合同外资投向趋于合理，投向第三产业的外资比重为 70.6%，同比上升 10 个百分点。第三产业中引资规模较大的批发零售餐饮业、计算机应用服务业、信息咨询服务业增速分别高达 35.8%、42.3% 和 38.1%，金融保险业引资规模也扩大了 7.0%。

受“非典”疫情影响，上半年旅游业遭受重创，下半年旅游市场逐步恢复。全年接待海外游客为 185.1 万人次，比上年下降 40.4%。旅游外汇收入 19.0 亿美元，下降 38.9%。接待国内旅游者 8737.0 万人次，比上年减少 24.0%；旅游收入 706 亿元，比上年减少 23.9%。年末，全市共有旅游定点饭店 659 家，其中星级饭店 614 家，客房数达到 10.9 万间，比上年末增加 0.6 万间。客房出租率恢复到 51.7%，比上年末下降 10.3 个百分点。

四、社会发展

(一)人口和就业

年末，全市共有常住人口(在京居住半年以上人口)1456.4 万人，比上年增加 33.2 万人，增长 2.3%，增速比上年下降 0.6 个百分点。全市人口出生率为 5.1‰，比上年降低 1.5 个千分点；死亡率 5.2‰，比上年降低 0.5 个千分点；自然增长率 -0.1‰，比上年降低 1 个千分点。据公安部门统计，2003 年末，全市户籍人口 1148.8 万人，比上年末增长 1.1%，比上年增速低 0.1 个百分点。

2003 年 11 月 1 日零时，在京居住一天以上的外来人口为 409.5 万人，比上年增加 22.9 万人，增长 5.9%，增速比上年低 11.9 个百分点。外来人口中，在京居住半年以上的为 307.6 万人，占 75.1%，比上年增加 20.7 万人；务工经商人员 318.5

万人，占77.8%，比上年增加22.0万人。

2003年城区外来人口37.4万人，占9.1%，近郊区外来人口229.0万人，占55.9%，远郊区县外来人口143.1万人，占35.0%。城区和近郊区外来人口比重分别下降了2.9个和2个百分点，远郊区县外来人口比重上升了4.9个百分点。从增长幅度看，远郊区县外来人口增幅最高，达23.1%，近郊区的增幅只有2.3%，城区则减少了19.6%。远郊区县的外来人口86.9%集中在房山、通州、顺义、昌平、大兴五个区。

全市就业人员总量增加。2003年，全市从业人员为703.3万人，比上年末增加24.1万人。从业人员总数中，第一产业62.7万人，第二产业225.8万人，第三产业414.8万人，分别占从业人员总数的8.9%，32.1%，59%。职工总数为468.8万人，比上年末增加1.5万人。全市企业职工总数为369.2万人，比上年末增加1.7万人，其中地方企业职工为181.2万人，比上年末减少16.3万人。

2003年，我市将就业岗位和控制失业率作为宏观调控的重要指标。到年底，全市新增城镇就业42.23万人。其中，安置城镇登记失业人员17.92万人，就业率达到68.08%，城镇登记失业率控制在1.43%。剔除就业转失业等因素，实际净增就业岗位20.12万个。

2003年，是我市出台再就业政策力度最大的一年，相继出台了11项就业优惠政策，并且实践效果明显。全年共向失业人员发放《再就业优惠证》9.73万个，认定符合享受再就业优惠政策条件的服务型、商贸型以及劳服企业1012家，帮助4.7万名失业人员通过自谋职业方式实现了再就业，市、区两级财政建立了再就业专项资金，失业保险基金拨付各项促进就业经费共计2.5亿元。

全市以深化体制改革为重点，逐步建立和完善多层次的社会保障体系。养老、医疗、失业、工伤保险参保人数分别达到448.5万人、436.1万人、306.6万人和242.9万人，比上年分别增加12.3万人、82.3万人、7.1万人和21.9万人。

表1-7　北京市历年人口和就业统计　　万人

年份	总人口	从业人员数	职工人数
1991	1094	634.0	470.0
1992	1102	649.3	476.6
1993	1112	627.8	467.3
1994	1125	664.3	471.8
1995	1251	665.3	470.9
1996	1259	660.2	460.6
1997	1240	655.8	465.3
1998	1246	623.2	450.1
1999	1257	618.6	438.0
2000	1364	619.3	434.2
2001	1383	620.0	397.0
2002	1423	679.2	434.2
2003	1456	703.3	468.8

(二)科技教育

科技投入继续增加。全市科技活动经费支出总额达457.5亿元,比上年增长11.3%;其中R&D经费支出252.8亿元,增长15.2%。R&D经费支出占全市生产总值的比重达7.0%。

科研机构和队伍稳定。年末,全市开展科技活动的单位近4000家。世界500强企业中已有293家在北京设立代表处或研发中心。北京地区拥有科技活动人员27.4万人,其中科学家和工程师(指大学本科及以上学历或有中高级技术职称的人员)22.7万人,占科技活动人员总数的82.8%。

"二四八工程"进展顺利。首都创业孵化体系建设成效显著。孵化器数目及孵化面积以每年20%以上的速度增长,孵化器达61家,孵化面积达64万m^2,在孵企业2082家,实现销售收入81亿元。年末,大学科技园达14个,其中国家级6个。创新服务体系初步建立,创新中介服务体系环境优化。全市共有科技中介机构近5000家,相关行业协会150余家,各类专业服务中心500家。全年技术合同登记32173项,合同成交总金额265.4亿元,其中技术交易额226.6亿元,分别比上年增长19.0%、20.0%和25.2%。软件产业基地、微电子、新材料、生物工程和新医药等领域产业基地取得明显进展。截止到年底,当年认定软件企业514家,登记软件产品1213个,累计认定软件企业1749家,累计登记软件产品达到4820个,全国约有70%的自主软件产品在北京开发。软件出口达1.38亿美元,增长48.2%。中芯国际、京东方TFT-LCD模块、中科稼英硅片、摩比斯汽车变速器等重大项目顺利实施。清华大学研制出万亿次超级计算机"深超-21C",联想集团研制成功万亿次高性能计算机产品——联想深腾1800大规模计算机系统。

各级各类教育全面发展。高等教育率先进入普及化阶段。全市共有普通高等学校73所,比上年增加11所。46所普通高校和118个科研机构培养研究生。本专科在校生达到45.7万人,增长17%。在校研究生人数首次突破10万人大关,达到12万,增长23.2%。外国留学生达到1.7万人。高等教育招生规模继续扩大,招生人数为14.2万人,创历史新高。北京高等教育毛入学率达到52%,比上年增加3个百分点。2003年,毕业生人数达到8.3万人。北京地区高校毕业生就业率达到89.7%。

基础教育走在全国前列。全市学龄儿童入学率一直保持在99.9%以上,初中阶段毛入学率保持在100%,普通高中特别是优质高中招生规模稳步扩大,普通高中实际招生9.5万人,高中阶段入学率达96%以上。

中等职业教育教学改革继续深化。全市完成8个骨干特色中等专业学校的评估,完成7个重点实验实训基地学校的论证工作,全面启动了10所现代化标志学校的建设,新评出5所国家级、3所省部级重点学校。中等专业学校、技工学校和职业中学在校学生26.3万人,比上年增加1.1万人,其中职业中学在校学生数8.4万人。

教育信息化程度明显提高。作为"数字北京"工程重要组成部分的"校校通"工程进展顺利。全市投入1000多万元改善网络教育条件,完成了123个网络计算机教室和205个计算机教室的建设工作,建成557个中小学校园网。市属市管高校校园网信息点数达到了7.6万个,联网计算机台数达到了5.9万台。"非典"时期,陆续开辟了"空中课堂"和"教育在线"等教育形式,信息化教育发挥了重要的作用。

(三)文化

影视、图书出版事业欣欣向荣。至2003年底,全市共有各类电影放映单位180个,其中电影院56个。放映场次10.3万场,观众人次达到609.4万人,票款收入1亿元。北京电视台电视节目19套,数字电视频道已经在北京试播,广播电视综合覆盖率达99.9%,有线电视入户率为57.9%。出版发行业经过改组改造,集约化程度不断提高。北京地区出版的报纸达到248种,出版的期刊达到2375种,均与上年基本持平;出版图书88687种,增长8.4%。共有26种图书、期刊、音像制品在国家各类大奖的评选中获奖。

文物古迹保护工作成果显著。“3.3亿文物抢险工程“继续实施,几年来累计对98项文物保护单位的文物建筑进行了抢修修缮,带动社会各方面配套资金30亿元。“人文奥运”文物保护规划正式启动,投入专项资金1.2亿元。2003年共有14片56万m^2的危改项目重新划入文化保护区。皇城墙遗址和专供皇宫御用的“雪池冰窑”等共30多处文物被列入保护名单。十三陵进入世界文化遗产名录,元大都土城遗址公园建成开放。年末,全市拥有市级文物保护单位264处。全市面向社会开放的博物馆达到123个,博物馆馆藏文物226余万件,固定展览200多项,临时推出展览400多项,参观人次达2500万人次。

(四)卫生

国民健康水平不断提高。孕产妇死亡率为15.6/10万,婴儿死亡率为5.89‰,人均期望寿命达到79.62岁,均已达到或超过中等发达国家的先进水平。全市计划免疫四苗全程接种率达到99%以上。

医疗卫生环境进一步优化。全市有卫生机构4998个,床位7.5万张;平均每千人拥有医院床位6.46张。卫生技术人员11万人,平均每千人拥有执业医师4.2人。医院硬件设施逐步接近国际先进水平,一般医疗设备的普及率达到100%。

“非典”疫情发生后,迅速果断推进定点医院和应急救治体系建设,为卫生体系的完善打下坚实基础。生物和微生物实验室进一步完善,已建立了59个爱滋病实验室和262个肠道传染病监测点,传染病危害程度显著下降。

10个远郊区县全面实行了以大病统筹为主要形式的新型农村合作医疗制度,全市共有173万农民参加了新型农村合作医疗制度。农村改水改厕取得新的进展,全市完成农村改水项目共计111个,受益人口达到27万人。11个区县101个乡镇438个村参与了农村改厕工作。全市卫生厕所普及率为73%。

(五)体育

全民健身设施发展迅速,群众体育蓬勃开展。全年配建1239个全民健身工程,总面积94.5万m^2,总投资1.7亿元,其中市体育彩票公益金投入达4630万元。截至年底,全市所有街道、乡镇和有条件的社区居委会、25%的行政村均配建了全民健身工程。全民健身晨、晚练活动场所达3811个,社区活动达8749项次,参与人数134万人。

全市共有专业体育运动员近千人,共获得国际和全国性比赛奖牌109枚,其中金牌47枚,银牌31枚。在第六届全国残疾人运动会上,我市残疾人运动员共夺得金牌34枚,超2项世界纪录,破27项全国纪录。

五、生态环境

城市环境综合整治工作成效明显。

下大力气治理城乡环境卫生，完成158项环境整治重点项目，环境总体水平又有新的提高。大气污染得到有效治理。第九阶段大气污染防治计划发布实施。

（一）空气质量

2003年，全市按照市政府控制大气污染第九阶段任务要求，以控制颗粒物污染为重点，全面加强燃煤污染、机动车排气污染和扬尘污染控制，促进工业污染防治和郊区生态建设，深化东南郊、石景山等地区的环境综合整治。同时，完善联合执法、联合巡查制度，切实强化对各类污染源的监督管理，加强属地管理和目标责任制，保证各项措施的落实。通过全市上下的不懈努力，且春季未发生外来沙尘天气过程，2003年成为近年来空气质量最好的一年。2003年，市区空气质量二级和好于二级的天数达到224天，占总天数的61.4%，比2002年增加5.8个百分点。

2003年，全市煤炭消耗量为2677万吨。环境统计范围内，全市二氧化硫排放量为18.3万吨，烟尘排放量为7.1万吨；工业耗煤量为2083万吨（包括原料煤678万吨），工业企业排放二氧化硫11.4万吨、烟尘2.9万吨、粉尘3.2万吨。

2003年，市区大气中二氧化硫、二氧化氮、一氧化碳、可吸入颗粒物和总悬浮颗粒物浓度年日均值分别为每立方米0.061，0.072，2.4，0.141和0.252mg，与2002年相比，各项污染物年均浓度值全面降低。其中，二氧化硫下降9.0%，二氧化氮下降5.3%，一氧化碳下降4.0%，可吸入颗粒物和总悬浮颗粒物分别下降15.1%和32.7%。

城近郊区年均降尘量为12.0吨/m^2·月，比2002年下降9.1%，略超出参考限值（11.1吨/m^2·月）。全市夏秋季有57天、255个小时出现臭氧浓度超标，臭氧超标总天数比2002年增加12天，日发生臭氧小时平均浓度超标时数增加104小时。

（二）水环境

2003年，全市进一步加强了饮用水源保护、城市水系综合整治、城市污水处理系统建设以及节水与污水资源化工作。与2002年相比，尽管水资源短缺与水污染较重的局面未根本好转，水体水质仍基本保持稳定。

2003年监测有水河流69条段、1838km，符合相应功能水质标准要求的有17条河段，其长度占实测河流长度的42.2%，比2002年增加5.8个百分点；其余河段均受到不同程度的污染。二类、三类、四类、五类水体中，超标河段长度分别占到相应功能河段长度的19.6%，54.7%，89.0%和100%。

五大水系中，潮白河系水质较好，达标河段长度百分比为91.8%，永定河系、蓟运河系达标河段长度百分比分别为54.1%和51.2%；北运河系、大清河系达标河段长度百分比分别仅为17.0%和21.7%。

河流主要污染指标是氨氮、高锰酸盐指数和生化需氧量，其次是挥发酚和石油类，污染类型仍属有机污染型。

2003年监测水库17座，其中10座水库水质达标，达标库容占实测总库容的67.2%，其中主要地表饮用水源密云水库、怀柔水库水质符合二类水体水质标准要求。与2002年相比，官厅水库部分指标有所恶化，现状水质仍为四类，不符合饮用水源水质要求。监测湖泊19个，水质达标的3个，达标湖泊容量占实测总容量的48.4%。

水库、湖泊的主要污染指标是高锰酸盐指数、生化需氧量，其次是总磷、总氮。

2003年城近郊区平均日排放污水量

217.67万吨,与2002年相比略有下降。其中,平均日排放生活污水量146.57万吨,占67.3%,比上年增加2.1个百分点;工业废水67.42万吨,占31.0%;冷却水3.68万吨,占1.7%。

全市日污水处理(二级以上处理)能力达到188.6万吨,其中城近郊区处理能力达到160万吨。城近郊区城市污水处理率为56%,比上年增加8.5个百分点。

2003年环境统计范围内工业废水排放量为1.31亿吨,比上年减少27%。工业废水重复利用量55.44亿吨,重复利用率为92.9%,比上年提高1.8个百分点。工业废水排放达标量为1.30亿吨,排放达标率99.3%,比上年提高1个百分点。

由于降水量偏少而开采量增加,2003年超采区面积有所扩大。平原地区水位与2002年相比普遍下降,下降幅度在1~3米,其中顺义北部、怀柔、密云南部等水源八厂上游地区降幅在3米以上。

由于干旱、超采、人为污染等原因,2003年枯水期监测结果表明,城近郊区地下水水质与2002年相比未见好转,主要污染指标是总硬度、溶解性总固体和硝酸盐。总体上,城近郊区西部、北部、东部地下水水质好于南部,远郊区县地下水水质明显好于城近郊区,深层承压水水质好于潜水水质。

(三)声环境

2003年,声环境质量保持稳定。影响区域环境噪声的主要声源仍是交通噪声、建筑施工噪声以及社会生活噪声。由于机动车数量的迅速增加和四环、五环等城市快速道路的开通,主要道路两侧交通噪声略有增加。

2003年市区建成区区域环境噪声平均值为53.6分贝,与2002年基本持平。其中城区54.1分贝,近郊区53.5分贝。远郊区县建成区区域环境噪声平均值为54.0分贝,比2002年下降0.3分贝。

2003年市区建成区监测主要交通路段293条,总长596.1km,道路平均车流量为5822辆/小时,比2002年增长16.8%。道路交通噪声平均值为69.7分贝,比2002年上升0.2分贝。其中城区68.2分贝、近郊区70.3分贝,分别比2002年上升0.1和0.2分贝。远郊区县建成区道路交通噪声平均值为69.3分贝,与2002年基本持平。

(四)固体废物与危险废物

2003年环境统计范围内工业固体废物产生量为1186万吨,其中排放量为9.93万吨,综合利用量876万吨,综合利用率为71.1%。

2003年全市城市生活垃圾清运量为361.4万吨,无害化处理量为329.9万吨,城市生活垃圾无害化处理率为91.3%。

2003年,门头沟焦家坡垃圾卫生填埋场投入使用,高安屯垃圾焚烧厂动工。共有545个居民小区、工业园区和大厦实行了垃圾分类。

加强对全市约500多家产生、经营、转移以及进口危险废物企事业单位的监督检查,对28个重点行业固体废物产生的环节、数量、处置方式及设施的运行情况进行了现状调查。两座医疗废物集中处置设施及北京水泥厂危险废物焚烧改扩建工程开始建设。

(五)生态保护与建设

扩建了百花山自然保护区,进一步整合了西北部规划建设的灵山、小龙门和龙门涧自然保护区的生态资源,完成松山国家级自然保护区总体规划。全市各级自然保护区累计达到18个,自然保护区面积达到全市国土面积的7.7%。

生态农业园区、生态农业示范村、能源生态家园等建设工程取得进展。平谷、怀柔两个生态农业示范县建设项目全部完成，平谷区基本实现生态农业与新能源建设的有机结合，怀柔区形成特色绿色产品和生态农业观光产业。密云县完成国家生态示范区试点建设成果报告，大兴区完成生态示范区规划编制工作。

2003年，又有13家企业18个产品获得绿色食品标志使用权，产品总数累计达到130个。安全食用农产品进一步得到发展，179家安全食用农产品基地和企业通过农产品安全认证，总数累计达到729家。同时，对其中230家安全食用农产品的生产环境进行了监测。

城市绿化隔离地区新增绿地1333hm^2，绿化总面积达到1.12万hm^2；第二道绿化隔离地区、温榆河生态廊道建设、奥运公园等重大生态保护和建设项目启动。"五河十路"绿色通道建设工程基本完成；永定河等五大风沙危害区营造治沙片林3267hm^2。山区完成水源保护林、水土保持林等6667hm^2，完成退耕还林2.4万hm^2。全市林木覆盖率达到47.5%，比2002年提高2个百分点。城近郊区绿化覆盖率达到41%，比上年提高0.8个百分点。城近郊区新增绿地面积409公顷，人均公共绿地面积突破10m^2。

永定河、潮白河、大沙河、延庆康庄、昌平南口等五大重点风沙危害区的20万亩裸露土地全部"披绿"，京津风沙源治理工程使林草植被得到了快速的恢复和增加，为首都提供了绿色屏障。

（六）气候与自然灾害

全年降水偏少，气温略偏高，四季日照时数偏少。2003年降水量为444.9毫米，比常年平均值减少22%，与2002年相比多74.5mm。年平均气温为12.9℃，比常年平均气温高0.6℃，与2002年相比，低0.4℃。

全年扬沙出现1次，浮尘及沙尘暴均未出现，与1999～2002年沙尘日数相比明显减少，对降低颗粒物污染有一定贡献。2003年出现大雾19次，轻雾222次，烟幕日73次，霾54次。

六、道路交通

（一）道路

2003年7月北京市路政局成立，根据北京市政府对路政局三定职能确定，路政局扩大了原公路局对道路管辖范围、道路建设养护管理等职能。

全年道路建设总投资129.2亿元，占基础设施投资的比重达到30.9%。

2003年全市道路里程（包括公路和城市道路）达到18239km，其中：公路里程14453km；城市道路3786km，桥梁3233座。按道路总里程计算，道路密度为108.5km/百km^2；人均拥有面积为13.6m^2/人。

2003年北京市公路建设继续坚持贯彻"全面规划，加强养护，积极改善，重点发展，保证畅通"和"普及与提高相结合，以提高为主"的方针，引进先进技术和国际管理经验，广开筹资渠道，加快公路交通基础设施的建设。公路里程由改革开放前1978年的6600km增加到2003年底的14452km。公路密度达到86km/百km^2，1986年北京市率先实现了村村通公路，1991年又实现了乡乡通油路。北京的公路建设走在了全国的前列。

2003年全市公路里程达到14453km。按行政等级分：三条国道主干线230km；10条国道里程达到824km；市道1697km；县道3501km，乡道7901km、专用公路

300km。按技术等级分,2003年底高速公路达到499km;一级公路420km;二级公路1845km;高等级公路占总里程19.1%,三级公路4059km;四级公路7316km;等外路314km。全市平原地区全部达到等级公路标准,少部分等外路存在于个别深山区。北京市国土面积为16807.8km²,2003年底公路密度达到86km/百km²。

2003年底,北京市公路桥梁3029座,148962延米。其中:特大桥30座31569延米;大桥229座39649延米。桥梁全部为永久式结构。

1990年以来北京公路绿化覆盖率保持在90%以上,其中:县级以上公路绿化覆盖率保持在97%以上。2003年全市主要干线公路的宜林路段均实现了多层次、多品种,花、草、木相结合的立体绿化组合,促进了空气质量的改善。美化了道路周边环境。全市宜林路段里程10684km,绿化里程9628km。2003年我局加大了公路GBM工程和文明样板路建设,2003年底GBM里程达到3093km;文明样板路里程达到1839km。公路文明窗口遍布首都城乡,公路养护正向着“畅、绿、洁、美”的目标迈进。

2003年北京市公路建设、公路养护取得了可喜的成绩。

(1) 2003年新建公路53km。其中,新建五环高速公路(衙门口—京津塘高速)37km;一级公路26.22km,包括G110京银路7.12km、G108京昆路5.1km、S305顺平路延长线(新平蓟路)14km。

(2) 2003年完成改建工程307(含乡道改建工程198km)km;大修工程160km;中修工程104.2km;处理翻浆:12.5万m²,沥青路面病害处理45.8万m²;其他病害24.9m²;标准化路基整修:1.3万km;疏通排水系统1.1万km;清理塌方:4.5万m²。

(3) 进年来我市加大了危桥改造工程力度,但是由于超载超限车辆逐年增加,危桥数量大幅增加。截止2003年北京市完成桥梁养护工程共计42项,其中危桥改造28座。全部按期完成。

(4) 农村公路改造村村通油路工程是2003年公路建设的重点。2003年计划完成农村公路改造工程621km,通达行政村168个。经全市各级公路部门的努力,今年实际完成750km,通达行政村208个,超计划完成了任务。为北京市在2005年前完成村村(行政村)通油路打下了良好基础。

(5) 文明样板路创建及交通工程,全市共创建文明样板路10条(段)94.6km,其中干线6条(段)县级4条(段)。为保证样板路创建计划的落实,交通标线工程2003年完成863.6km,增设交通标志536套。完成危险路段安全设施84项。

(6) 绿化工程:完成新植更新总里程287.71km,栽植各类苗木140万株,铺草皮16万m²。养护各类树木746万株,草皮404万m²,绿篱156万延米。

(二)交通

1. 航空

北京首都国际机场位于北京的东北方向,距市中心天安门广场25.35千米,是我国地理位置最重要、规模最大、设备最齐全、运输生产最繁忙的大型国际航空港。北京首都国际机场不但是中国首都北京的空中门户和对外交往的窗口,而且是中国民用航空网络的辐射中心。由于北京首都国际机场优越的地理位置,齐全优质的服务设施,吸引了66家国内外航空公司在首都机场运营,其中有11家国内航空公司,55家国际航空公司。国内通航城市88个,国际通航城市69个城市,每周有5000多个定期航班从这里飞往祖国和世界各地。

2003年北京首都国际机场保障飞机安全起降23.6万架次，旅客吞吐量达2347.08万人次，货邮吞吐量69.3万吨，全年三大指标受非典影响有所下降，但8－12月飞机起降架次、旅客吞吐量、货邮吞吐量比上半年上升比例分别为12.4%，7.4%，17.4%。

2. 铁路

北京是全国铁路的枢纽，北京站在市区东南建国门内大街南侧，乘地铁或多路公交车均可到，经过北京的铁路线主要有京沪线、京哈线、京秦线等；北京西站在莲花池东路，主要有京广线、陇海线等；南站多是些慢车；北站即西直门火车站，有郊游车和到内蒙、河北等地的短途车等。

全年铁路运输4289.9万人次，比上年下降14.8%；

3. 公路

以北京为中心向四面呈辐射状的国道共有12条，分别可到沈阳、天津、哈尔滨、广州、珠海、南京、福州、昆明等地。北京有六条高速公路：八达岭高速路、首都机场高速路、京沈高速路、京津塘高速路、京石高速路、京张高速路。北京市共有12个长途汽车站。

全年公路运输25702万人次，增长11.2%。

4. 公交

北京市的公车路线上百种，通常一张公车票价1元人民币(最低价，空调车另有收费价钱)。801路至803路都是空调车。特1路至特8路为双层巴士，行车线路为观光的城市风景区，收费也依距离而数元不等。300路以上为郊区车，300路以下为市区车。小公共汽车和市区车均为2元，郊区车另收费。

2003年末，全市共有公交电汽车运营车辆1.76万辆，客运出租车运营车辆6.3万辆，公共电汽车线路776条。全年城市公共交通共运送乘客41.98亿人次(不含出租车)，比上年下降12.6%；其中公共电汽车运送乘客37.26亿人次，占88.76%；轨道交通4.72亿人次，占11.24%。全年出租汽车客运量达到5.18亿人次，比上年下降13.4%。

第二章

城市规划与建设

一、2003年北京市城市规划、建设新思路

2003年,全市规划工作以党的十六大精神为指导,开展“三大规划”,推进“三大改革”,实施“阳光规划”,全体干部职工扎实工作,锐意进取,奋战“非典”,圆满地完成了市委、市政府部署的各项任务。

1. 推进“三大改革”,实施“阳光规划”,构建新型规划管理方式

开展了改革规划体制的工作,规划委、规划院、分局一体化工作机制初步建立。完成了市、区两级规划管理体制改革。初步制定了市规划院体制改革方案。内部运行机制改革初见成效。同时实施“阳光规划”,推出以“一图、一书、一网”为主要内容的一系列公开化措施。在改革中注意强化督查、督导,开展技术协调,大力推进审批规范化,不断完善运行机制。

2. 编制“三大规划”,推进规划设计竞赛,提高规划设计水平

组织开展了《北京城市空间发展战略研究》的编制工作,确定了京津冀区域发展战略,提出了“两轴、两带、多中心”的城市空间发展新格局。组织编制完成《北京城市近期建设规划(2004年－2008年)》;《北京城市总体规划》修订的准备工作也已启动。加强名城保护、绿化和基础设施规划,组织重新核定了第一、二批历史文化保护区,扩大并完善了保护范围,初步提出了第三批历史文化保护区的保护范围。同时,启动了第二批历史文化保护区保护规划的编制工作。组织制定了《温榆河绿色生态走廊规划的实施意见》;编制完成了《北京市第二道绿化隔离地区限建区控制性规划》(试点);划定了《北京市绿地系统规划》的第一批绿线。区县域总体规划、卫星城、小城镇规划不断完善。审批区县域、卫星城、边缘集团等各类总体规划和控制性详细规划56项。控规调整和重点地区城市设计有新进展。编制完成了《北京中轴线地区控制性详细规划》。组织开展了“北京永定门城楼复建及南中轴部分地段修建性详细规划方案”征集活动,同时完成了新的控制性详细规划实施管理办法。充分发挥首规委专家咨询组织的作用,初步形成在重大规划的编制和审批过程中,广泛听取专家意见的新型工作机制。

3. 加快重点功能区和基础设施规划设计工作,推进城市现代化进程

组织完成了奥林匹克体育公园详细规划,奥林匹克森林公园和中心区景观规划设计方案,国家体育馆、奥运村、会议中心、国家网球曲棍球中心等项目的规划工作。完成了中关村科技园区西区部分区内道路及市政管线设计、中关村软件园一期市政道路设计的规划审批。完成了北大科技园、中关村生命科学园二期控制性详细规划,开展修建性详细规划的国际招标。审定了中央商务区中中央电视台新址、万达广场南区、万通中心等项目的规划设计方案。在道路交通建设方面,积极配合有关部门,认真完成地铁四号线、五号线、十号线、奥运支线地铁线路规划审批工作,做好八通线、三环路道路改造工程、京蓟公路、五环路、108国道、京承高速公路(三环～四环段)二期(高丽营～沙峪沟)、六环路(黄村～良乡段、温泉～西沙屯段)、奥运配合道路工程、西直门、东直门交通枢纽等项目的规划方案审定或规划配合工作。在基础设施建设方面,配合完成了十三陵水库除险加固工程、转河治

理工程、通州区自来水供水配水工程、清河污水处理厂二期工程、怀柔应急水源等工程的前期规划配合工作。

4. 完善法规体系，加强规划监督，加大设计质量监督，严查违法建设和违规设计

完成了《北京市测绘条例》、《北京市城市建设档案管理办法》、《北京市建设工程招投标监督管理规定》等法规规章的制定。《北京市无障碍环境条例》、《北京市历史文化名城保护条例》以及修订《北京城市规划条例》的立法调研工作进展顺利。制定了《行政审批事项程序性规定》、《城市规划公示管理暂行办法》。继续推进环境综合整治工作，将“创建无违法建设地区”活动推广到远郊区县。应用卫星监测违法建设系统，制定了《利用卫星查处违法建设工作实施方案》，同时加强对建设工程实施规划监督和拆除各类违法建设和临时建筑工作。加强勘察设计质量的监督管理。继续推行施工图设计文件审查制度。

二、2003 年北京市重点规划项目

1. 北京城市空间发展战略研究工作完成

该项研究中，多项专题研究取得开创性成果，《生态北京情景分析研究》、《城市空间发展制约条件综合研究》、《北京交通发展战略研究》等成果填补了我市在城市生态规划研究等领域的空白。空间发展战略研究提出了未来北京的城市发展目标与职能定位，及以区域协调发展和“两轴、两带、多中心”为核心的北京未来城市空间布局设想和实施措施。

2. 北京城市近期建设规划编制完成

根据建设部的要求和市规划委的工作部署，市规划院编制完成《北京城市近期建设规划》(2004 年 - 2008 年)。规划确定了城市建设用地供应的规模、结构和布局以及供应时序，提出了城市建设用地的供应导则，明确了城市近期建设重点，提出了大型公益性设施项目、基础设施项目和其它重点建设项目及其用地安排。《北京城市近期建设规划》的编制，将在进一步加强城市规划宏观调控和对城市建设的引导作用，保障总体规划的有效实施及其与城市经济社会发展计划的衔接，为重点项目的建设提供依据，促进城乡建设健康持续发展等方面发挥积极作用。

3. 中关村材料创新园及周围地区控制性详细规划编制完成

规划方案在《中关村材料创新园及周围地区总体规划》的基础上，提出了“用五年左右的时间将中关村材料创新园建设成为具有全国性示范和辐射作用的新材料技术创新基地；建成比较完善的新材料科技成果孵化体系和中小型新材料科技企业培训体系；成为新材料领域信息、咨询、中介服务、风险投资机构、评估机构等创新服务集散地；将周围地区建设成为与材料创新园协调发展并为该地区服务的环境优美、生活配套设施完备、用地功能布局合理，且能满足现代人生活需求和可持续繁荣发展的人居社区”的规划目标。

4. 学院路地区控制性详细规划与城市设计编制完成

受中关村科技园区管委会委托，市规划院编制完成《学院路地区控制性详细规划与城市设计》。规划总用地 $720hm^2$，南起西直门，北至北五环路，全长约 8.7km，根据沿线单位的用地范围和规划道路条

件划定两侧约500m左右为规划范围。规划贯彻以人为本和可持续发展的观点，运用空间设计的手法，对该地区生态环境、道路铺装、夜景观、广告设计控制等作了相关控制性的城市设计。

5. 南沙河地区控制性详细规划编制完成

南沙河位于市区西北部，是温榆河上游绿色生态走廊的有机组成部分，其流域面积大部分处于中关村科技园区海淀园的发展区。受中关村管委会和海淀区政府委托，市规划院在相关镇域规划的基础上，根据《温榆河绿色生态走廊规划》和《第二道绿化隔离地区规划》的要求，编制完成《南沙河地区控制性详细规划》。该规划对于保护该地区的生态环境、指导进一步的规划建设和实施将发挥重要作用。

6. 通州物流园区控制性详细规划编制完成

通州物流园区位于亦庄卫星城东南部，是以公路——海运国际货运枢纽为主要功能的大型、现代化物流园区，属市级开发区。规划范围东至亦庄卫星城东侧城市主干路，西至京津塘高速路，南至南六环路，北至凉水河南岸，规划占地面积约$5km^2$。规划重点研究了通州物流园区的总体布局和用地功能布局，提出在建设中应充分考虑近远期相结合，对重点地段进行严格管理，并提出多项控制指标以控制土地使用强度。规划对通州物流园区和亦庄卫星城的长远发展及近期建设提供了可靠的依据。

7. 酒仙桥集团南区控制性详细规划编制完成

市规划院在《北京电子城总体规划》的基础上，编制完成《酒仙桥集团南区控制性详细规划》。规划提出了“至2010年，把北京电子城建设成为国家重要的电子信息产业基地、科研成果转化基地、电子科研开发中心、商情网络信息中心、电子产品集散中心；将周围地区建设成为与电子城科技园协调发展并为该地区服务的环境优美、生活配套设施完备、用地功能布局合理、且能满足现代人生活需求和可持续繁荣发展的人居社区”的规划目标。

8. 北京市区绿地系统规划绿线划定

由市规划委组织，市园林局、市规划院共同完成了市区中心地区第一批公共绿地的绿线划定工作。本次绿线划定原则上坚持《北京市区绿地系统规划》对市区中心大团绿地布局的基本要求，对市区中心地区大约$300km^2$范围内的公共绿地明确四至，进行规划落实。市区中心区规划绿地总量为$3909hm^2$，比《北京市区绿地系统规划》确定的绿地总量增加$64hm^2$。此次第一批绿线划定绿地面积为$3586hm^2$，占市区中心地区绿地总量的92%，规划待定绿地$323hm^2$，占绿地总量的8%。

9. 首都航空港扩建及周边地区综合规划编制完成

规划内容包括机场扩建用地与周边地区发展用地的关系、首都航空港外部交通规划和外部市政设施规划。根据“一次规划，分期实施”的原则，本次规划分为近期和远期。近期年限为机场扩建目标年2015年，年旅客吞吐量6000万人次，同时考虑远期年旅客吞吐量达到7000－8000万人次的可能，为机场远期的发展留有余地。

10. 北京城市交通体系（六大系统）研究完成

根据市政府的统一部署，由市规划院组织完成了《北京城市交通体系（六大系统）研究》课题。研究内容包括本市的城市轨道交通线网规划研究、道路交通管理现代化系统研究、公共交通线网及运输组织优化研究、物流系统规划研究、停车需求管理及系统规划研究和市区旧城路网调整规划及交通对策研究。研究成果已应用于制定北京城市交通发展纲要、编制交通近期建设规划、制定交通改善措施等项工作,为市政府决策提供了科学的依据。

11. 控规调整和重点地区城市设计有新进展

组织编制完成了《北京中轴线地区控制性详细规划》。组织开展了“北京永定门城楼复建及南中轴部分地段修建性详细规划方案”征集活动。为完善和维护《北京市区中心地区控制性详细规划》,修编调整了控规80项。组织相关部门对市区控规按地区进行修订进行了研究,完成了新的控制性详细规划实施管理办法。

12. 加快重点功能区和基础设施规划设计工作

组织完成了奥林匹克体育公园详细规划,奥林匹克森林公园和中心区景观规划设计方案等奥运项目的规划工作。完成了中关村生命科学园二期控制性详细规划。在道路交通建设方面,完成了地铁四号线、五号线、十号线、奥运支线、西直门、东直门交通枢纽设计方案等重点工程的规划审批工作。在基础设施建设方面,配合完成了十三陵水库除险加固工程、转河治理工程、通州区自来水供水配水工程、清河污水处理厂二期工程、怀柔应急水源等工程的前期规划配合工作。完成了沙河、良乡高教园区部分道路的规划审批。

13. 完善区县域总体规划、卫星城、小城镇规划

审批区县域、卫星城、边缘集团等各类总体规划和控制性详细规划56项。组织开展了顺义区后沙峪镇和通州漷县镇等小城镇规划试点的规划方案征集工作。组织开展了“北京市中心镇环境规划”的编制工作,组织制定了“北京市中心镇环境规划编制要求”。审查了房山区长沟镇和昌平区小汤山镇的环境规划。

14. 加强绿化和基础设施规划

组织制定了《温榆河绿色生态走廊规划的实施意见》;编制完成了《北京市第二道绿化隔离地区限建区控制性规划》(试点);划定了《北京市绿地系统规划》的第一批绿线。与市有关部门共同组织了《北京市通信管道规划》等重要专项规划的编制工作。

15. 市政府正式批复《北京市第二道绿化隔离地区规划》

1月25日北京市人民政府正式批复了《北京市第二道绿化隔离地区规划》。第二道绿化隔离地区规划范围包括第一道绿化隔离地区以及市区边缘集团外界至规划六环路外侧1000米绿化带,包括通州、义庄、黄村、良乡、长辛店、沙河6个卫星城和空港城,规划总用地面积约1650km^2。其中,绿色空间约1061km^2,占规划用地总面积的64%。规划划定了绿色限建区,包括温榆河及永定河绿色生态走廊、六环路绿化带形成的两个绿环、9片楔形绿色空间、5片组团间隔离带。

三、2003年奥运工程规划情况

1. 国家体育场建筑概念设计方案竞赛揭晓

由13个参赛方案参加的国家体育场建筑概念设计方案竞赛,经过评审委会员的评审,3月25日评选出3个优秀方案作

为实施方案的候选方案：瑞士赫尔佐格和梅德隆设计公司与中国建筑设计研究院合作方案，北京建筑设计研究院方案，日本株式会社佐藤综合计画与清华大学建筑设计研究院合作方案。

2. 国家游泳中心设计方案确定

由10个参赛方案参加的国家游泳中心设计方案竞赛，在2003年6月由评审委会员评选出3个优秀方案，经知名专家对优秀方案所采用的结构和材料等进行论证，最后确定采用由中建总公司与澳大利亚联合体设计的“水立方”方案。国家游泳中心是奥运会三大标志性建筑之一，总建筑面积8万m^2，其中地下5万m^2，工程总造价达1亿美元。

3. 组织完成奥林匹克公园森林公园及中心区景观规划设计方案征集设计方案征集活动

此次征集活动面向全球范围，申请参加资格审核的申请人或联合体申请人共计51个(包括91个独立的法人实体)，涉及中国、新加坡、澳大利亚、美国、法国、德国、英国、加拿大、日本、韩国、荷兰、瑞士等12个国家和地区，其中8家应征人通过资格预审进入方案设计阶段。经评审委员会审议评选出3个优秀方案，分别是：易道公司（EDAW Inc.）和中国建筑设计研究院联合体、美国Sasaki Associates, Inc和北京清华城市规划设计研究院联合体、北京土人景观规划设计研究所设计的方案。

四、古都风貌保护

1. 北京第二批历史文化保护区(远郊10片)保护规划编制标准制定

由市规划委组织，市规划院完成了《北京第二批历史文化保护区(远郊10片)保护规划编制标准》(以下简称《编制标准》)的制定。《编制标准》对第二批历史文化保护区(远郊10片)保护规划涉及的一些基本概念进行了解释和定义，结合远郊历史文化保护区的特色提出了保护规划的目标和原则，明确了规划成果的基本内容、要求和体例。《编制标准》提出建筑保护与整治的方式分为五类：文物类建筑、保护类建筑、改善类建筑、协调类建筑、更新类建筑，增加了对建筑高度控制、历史文化遗迹、胡同保护的要求，加强了对历史文化保护区的控制力度。目前，《编制标准》已用于指导本市第二批历史文化保护区保护规划的编制工作。

2. 完成北京旧城历史文化保护区市政基础设施规划

由市规划委组织，市规划院以及相关十几家市政专业设计单位共同完成了《北京旧城历史文化保护区市政基础设施规划研究》。规划研究主要包括：依据《北京历史文化名城保护规划》和《北京旧城25片历史文化保护区保护规划》提出为满足历史文化保护区需要而建设的市政基础设施场、站、点的规模和布局，以及相应的市政管线布置方式和不能满足国家规范时需要采取的技术措施及非标准设计；适用于历史文化保护区的清洁能源采暖方式、排水体制、消防体系及各种小型化的市政专业设施等项研究；综合管沟的特点及在历史文化保护区应用的可行性研究；电话、有线电视、宽带三网入户方案研究。研究成果在规划方面解决了历史文化保护区内城市基础设施现代化的问题，为下一步规划设计和实施创造了条件。

3. 第六批文物保护单位保护范围及建设控制地带划定

由市文物局、市规划委组织，市规划院完成了第六批文物保护单位保护范围和建设控制地带的划定工作。在本次划定的52项文物保护单位中，有3项全国重点文物保护单位，49项北京市文物保护单位，至此北京市级以上文物保护单位的保护范围及建设控制地带划定工作已完成260项。保护范围和建设控制地带的划定以保证文物古迹的真实性、总体格局的完整性、周边环境的协调性为原则。文物保护单位周围的建设控制地带执行《北京市文物保护单位保护范围及建设控制地带管理规定》，共分为五类地带：一类地带为非建设地带；二类地带为可保留平房地带；三类地带为允许建筑高度9米以下的地带；四类地带为允许建筑高度18米以下的地带；五类地带为特殊控制地带。

4. 永定门地区规划研究完成

在市规划委组织的“永定门复建及中轴路(南纬路—永定门段)修建性详细规划设计邀标”中，市规划院提出的规划方案在专家评审中获第一名。该方案的规划主题是：“古城门、新起点”。新复建的永定门位于旧城中轴线的最南端，是进入旧城的南大门，与中轴线上的其它标志性建筑共同构成一条完整的旧城中轴线，同时与天坛、先农坛、燕墩等文物古迹和谐统一，体现了中轴南端“古城门”的特殊地位；复建永定门城楼及打通南中轴路是保护北京历史文化名城的重要举措，是籍奥运之机建设新北京的“新起点”也是南城发展变化的“新起点”。市规划院在竞赛基础上完成了方案综合，现综合方案已经实施。

5. 加强名城保护

组织重新核定了第一、二批历史文化保护区，扩大并完善了保护范围，初步提出了第三批历史文化保护区的保护范围。同时，启动了第二批历史文化保护区保护规划的编制工作。开展了北京历史文化名城保护与更新研究工作。对旧城路网结构进行了统计分析，探寻旧城路网的适宜密度和尺度，对控规规划地块进行了分层统计，研究单个规划地块的控制规模，研究旧城边界界面情况。对旧城范围内的危改项目进行了调研、归类、分析，针对不同情况，提出了相应的处理原则。

6. 市政府批复《北京皇城保护规划》

4月7日，北京市人民政府批复了《北京皇城保护规划》。北京皇城总用地约6.8km^2，是北京历史文化名城的重要组成部分，具有极高的历史文化价值。此次编制《北京皇城保护规划》的指导思想是把皇城作为一个整体加以保护，正确处理皇城的保护与建设、发展与变化的关系，并贯彻“以人为本”和“可持续发展”的思想。规划的主要内容包括：规划范围，皇城性质和历史文化价值，土地分区和特征，土地使用功能，文物保护单位及有历史文化价值的建筑的保护和利用，城廓、城墙、坛墙，水系，绿地，道路和胡同体系，建筑高度控制，保护与更新方式评价，市政设施规划，皇城整体环境整治等等。

7. 完成《北京历史文化名城保护规划实施办法》制定工作

为确保《北京历史文化名城保护规划》、《北京皇城保护规划》、《北京旧城历史文化保护区》三个保护规划的顺利实施，市规划委制定了《北京历史文化名城保护规划实施办法》，并在内部试行。《实施办法》主要立足于三个保护规划在规划管理、规划监督及与其他专项规划衔接上进行规定。主要内容包括：历史文化名城保护的原则组织实施的方式；在历史文化名城保护范围内进行改、扩建的申办程序及修改程序等方面进行了明确的规定和要求，对违反上述规定或者违反历史文化名城保护规划的，也相应做了具体的处罚管理规定。

五、2003 年规划审批统计

加强规划管理审批工作 市规划委机关全年共受理各类工程项目 11424 件，与去年相比增长 0.85%。核发建设用地规划许可证 575 件，用地面积约 3741.01hm^2；核发建设工程规划许可证 2303 件，建筑面积约 3774.93 万 m^2；在市政工程审批中，核发建设用地规划许可证 37 件，用地规模约 577.86hm^2；核发市政工程规划许可证 2496 件，总长度约 488.62 延米。委属各规划分局全年共审批各类建设工程 6634 件，核发建设用地规划许可证 735 件，用地规模约 2643.86hm^2；核发建设工程规划许可证 4229 件，建筑面积约 3664.37 万 m^2。

六、2003 年北京市重大工程

2003 年的北京市重大项目建设原则：一是认真贯彻了市委、市政府关于集中力量加快全市轨道交通建设这一重大决策，确保在 2008 年前建成 300km 左右轨道交通的任务。二是继续加大对奥运场馆、现代制造业和高新技术产业化、环境治理、危旧房改造等重点建设项目的投资力度。三是安排好大型标志性公建与社会事业项目等项目建设，促进首都现代化城市面貌的进一步改善。按照上述原则，市政府选择了重大项目 60 项，其中城市交通项目 19 项，环境治理项目 11 项，城市供水项目 2 项，供电项目 1 项，生态绿化及水利项目 2 项，现代制造业及高新技术产业化项目 7 项，大型公建及社会事业项目 14 项，政法公安项目 2 项，危旧房改造及经济适用房 2 项。

1. 城市基础设施项目

在城市基础设施项目中，重点安排了地铁五号线、马家堡西路、西直门交通枢纽外部路网改善工程、路网加密等项目。其中：

(1) 地铁五号线工程。国家计委于 2001 年 6 月批准了北京地铁五号线工程项目建议书，2002 年 7 月批准了可行性研究报告，2002 年 11 月下达了开工计划。

(2) 马家堡西路。该项目北起南二环，南至南四环，建设城市主干道 4600 米，道路红线宽 50 米，道路断面采取三幅路形式，并在马家堡西路与南二环、南三环相交处建设两座立交桥。截止到 2003 年底，完成工程总量的 70%。

(3) 西直门交通枢纽外部路网改善工程。西直门交通枢纽是北京客运系统的重要组成部分，为市区规划的大型客运枢纽之一。规划总用地面积 6hm^2，集地铁、城铁、国铁和公共汽车多种交通方式于一体的综合大型客运枢纽。预计到 2010 年，枢纽每日客流量将达 60 万人次。通过对枢纽交通影响评价分析认为，现况周边道路无法满足今后枢纽建成后的交通需求，需进行较大范围的改造。本次西直门交通枢纽外部路网改善工程重点涉及“一桥五路”等工程项目，即：西北角小立交、西外大街、高梁桥路、学院路、索家坟路及西北二环。2003 年开工建设。

(4)路网加密工程。为改善市中心交通拥堵状况，二环路内城区路网加密工程于1999年启动。“十五”期间北京市计划实施路网加密道路43条，竣工40条，长度约65km(其中新建13km)。届时，城区$62km^2$内的道路网密度将从目前的$3.80km/km^2$增到$5.27km/km^2$，道路平均间距从530米缩小至380米。在老城区内构成了四纵五横的干道网骨架，使市区交通的可达性得到极大提高，交通拥堵问题得到一定程度的改善。

(5)怀柔应急备用水源管线工程。怀柔应急备用地下水源管线工程为怀柔应急备用地下水源工程的配套工程。该工程位于怀柔区怀河和雁栖河两河一带。新建输水管线12.89km，管径DN600～1600毫米。2003年9月已全部完成建设。

2. 农林水利及生态环境项目

在农林水利及生态环境项目中，重点安排了京津风沙源治理工程等项目。京津风沙源治理工程是为遏制北京及周边地区土地沙化趋势，改善京津周围生态环境，经国务院批准实施的国家生态建设重点工程，建设期为2000年至2010年。

3. 文教卫生等社会事业项目

在文教卫生等社会事业项目中，重点安排了国家大剧院、首都博物馆等项目。

(1)首都博物馆项目。总建筑面积$60000m^2$，总投资122277万元。2001年12月25日该项目正式开工建设。2003年底，首都博物馆钢结构屋盖施工的最后一环中，在34米高度上的276个承重支点的沙漏千斤顶卸荷，1200吨整体屋面钢结构稳落在下面的混凝土结构上，标志着该工程钢结构施工全面完成。

(2)国家大剧院。总占地面积11.839hm^2，总建筑面积$149520m^2$，工程概算总投资268838万元。2003年末，大剧院钢结构壳体安装工程完成。

(3)北京天文馆新馆，主要建设内容为天文动感立体剧场、天文立体剧场、数字化太空剧场、展览大厅、大众天文台、太阳观测台、教室、阅览室等。项目总建筑面积$20789m^2$，总投资24407万元。2003年，完成了项目主体工程、内外装修、设备安装等工作。

4. 危旧房改造专项

全年城八区完成危旧房改造投资203.9亿元，比上年增长13.7%；拆除房屋184.6万m^2，其中危房70万m^2，动迁居民近5.3万户。

七、奥运工程规划实施情况

1. 场馆建设

2003年12月24日上午，举世瞩目的2008年奥运会主体育场——国家体育场举行开工奠基仪式，这标志着北京奥运会场馆建设工程全面启动。

国家体育场位于北京奥林匹克公园内，占地面积20.4万m^2，建筑面积25.8万m^2，能够容纳10万名观众，计划2006年底建成。2008年奥运会期间，国家体育场将承担开幕式、闭幕式、田径比赛、男子足球比赛等重大活动和赛事。

与国家体育场相邻的国家游泳中心工程，也在2003年12月24日上午开工。

国家游泳中心位于北京奥林匹克公园内，是2008年北京奥运会标志性建筑物之一。其与国家体育场分列于北京城市中轴线北端的两侧，共同形成相对完整的北京历史文化名城形象。国家游泳中心规划建设用地$62950m^2$，总建筑面积

65000－80000m^2，其中地下部分的建筑面积不少于15000m^2。

2008年奥运会期间，国家游泳中心承担游泳、跳水、花样游泳、水球等比赛，可容纳观众坐席17000座，其中永久观众坐席为6000座，奥运会期间增设临时性座位11000个(赛后将拆除)。赛后将建成为具有国际先进水平的、集游泳、运动、健身、休闲于一体的中心。

2003年12月28日上午，2008年北京奥运会老山自行车馆、北京射击馆奠基典礼在京举行

老山自行车馆、北京射击馆均位于北京市石景山区，老山自行车馆位于西五环东侧，北京射击馆位于西五环西侧。

老山自行车馆总建筑面积32500m^2，赛道周长250米，观众席6000个，其中临时座席3000个。它的建成将弥补我国目前尚无符合奥运会自行车比赛要求场馆的现状，同时也为促进我国自行车运动的发展创造必要条件。

北京射击馆总建筑面积48000m^2，奥运会期间将设观众席8552个，其中固定座席2101个，临时座席6451个，它不仅将承担奥运会的射击比赛任务，而且将成为射击运动的综合基地。

2．与奥运会相关的城市建设方面

第一、一批城市交通重点建设工程竣工并投入使用，交通条件进一步改善。去年轨道交通工程建设全面展开。高速公路、城市快速路、主干路和城区路网加密工程加快实施。年末，全市道路总长度约5500km，完成新改扩道路长度110km。轨道交通运营里程增加到114km。

第二、城市环境综合整治工作成效明显。去年完成了158项环境整治重点项目，环境总体水平又有新的提高。大气污染得到有效治理，全市空气质量与去年相比有了明显好转，二级和好于二级的天气达到61.4%；水环境治理取得新进展，城近郊区污水处理率达到56%，比去年提高9个百分点；完成1000hm^2绿化隔离带，奥林匹克公园等重大生态保护和建设项目陆续启动，全市林木覆盖率达到47.5%，城近郊区绿化覆盖率达到41%。

第三、文物古迹保护工作成果显著。“人文奥运”文物保护规划正式启动，2003年共有14片56万m^2的危改项目重新划入文化保护区；皇城墙遗址等共30多处文物被列入保护名单，十三陵进入世界文化遗产名录，元大都土城遗址公园建成开放。年末，全市拥有市级文物保护单位264处。全市面向社会开放的博物馆达到123个。

第三章

土地供应与市场

一、土地利用总体规划与土地利用现状情况

(一)北京市土地利用总体规划

《北京市土地利用总体规划(1997－2010)》(以下简称《规划》)是在市委、市政府的领导下,由首都规划建设委员会办公室、市房屋土地管理局、市城市规划设计院等有关部门共同组织编制的,并聘请国土资源部直属事业单位——中国土地勘测规划院作为技术指导单位。编制工作从1997年底开始,经过各方共同努力,于1999年6月完成初稿,经市人民政府常务会议讨论通过后,于同年8月报国土资源部预审,按预审意见修改后形成送审稿并于同年10月正式上报国务院审批,2000年1月8日国务院正式批准实施。

《规划》分析了北京市土地资源利用的状况和面临的形势,明确了规划的目标和方针,提出了规划期内的土地利用结构和布局调整以及实施《规划》的主要措施。规划的主要指标为:

(1) 到2010年,耕地面积保持在344000hm^2(516万亩)以上,其中基本农田保持在299400hm^2(449万亩)以上,占耕地面积的87%以上。园地以结构和布局调整为主,总面积不再增加,到2010年林地面积达到785800hm^2(约合1180万亩),林木覆盖率达到50%以上。牧草地有所增加,水面面积基本保持稳定。同时通过加强中、低产田和牵头农用地改造,耕地及其他农用地质量得以进一步提高。

(2) 规划期内,全市新增技术用地开展在36000hm^2(54万亩)以内,其中占用耕地不超过22000hm^2(33万亩),在各项技术用地中,城市技术用地新增控制在12200hm^{2}以内,卫星城及其他建制镇用地新增控制在9000hm^{2}以内,交通、水利等其他建设用地新增控制在14800hm^{2}以内。

(3) 到2010年全市通过土地整理和土地开发复垦增加耕地24290hm^2(36万亩)以上,增加其他农用地157000hm^2(235万亩)以上。

(4) 到2010年,基本控制住水土流失、风沙危害,水源区水质得到改善和提高,土地退化趋势得到控制。规划期间,将完成坡耕地、河滩地及库区耕地退耕2000hm^2(3万亩),治理水土流失面积304000hm^2,更新改造风沙区林地68700hm^2,开发治理沙荒地20000hm^2,自然保护区面积扩大到全市面积的8%,实现高标准农田林网化,城市绿化覆盖率达40%,人均公共绿地超过10m^2。

《北京市土地利用总体规划(1997—2010年)》(以下简称"上轮规划")自2000年经国务院批准实施以来,对于加强我市土地宏观管理、保护耕地特别是基本农田、促进土地集约合理利用发挥了重要作用。但是,随着我市社会经济的快速发展,特别是申奥成功后,上轮规划的指导思想和目标已无法满足我市社会经济各项事业发展的需要。主要表现在以下三个方面:

首先,上轮规划1997—2010年新增建设用地指标36000hm^2,其中建设占用耕地指标22000hm^2,1997－2003年实际已征地共约31000hm^2,其中占用耕地13927hm^2,分别占总指标的86%和63%。

其次,规划期末确定的耕地保有量目标为344270hm^2(516万亩),基本农田保护面积299330hm^2(449万亩),基本农田

保护率为87%。由于当时规划基数问题，加上农业结构调整、建设占用等原因，2003年全市耕地数量只有259330hm^2(389万亩)，已远远低于上轮规划确定的目标。

再次，规划提出的开发复垦整理增加耕地面积24290hm^2，7年来实际通过开发复垦整理增加耕地约14900hm^2，建设占用耕地实现了占补平衡。

上轮规划的指导思想和目标无法满足我市社会经济各项事业发展需要的主要原因有以下三点：

第一点，规划基数不实。由于1992年第一次土地利用现状调查延续的时间较长，1996年变更不到位且不及时，造成1996年我市有耕地面积343920hm^2(516万亩)的现状基数严重不实。为此，我市于2001年开展了土地利用现状全面更新调查，摸清了我市实有耕地面积291330hm^2(437万亩)。

第二点，建设占用耕地指标严重短缺。规划14年的新增建设用地指标在7年内就用了86%，未来奥运建设和城市化建设，仍需要占用相当数量的农用地，剩余用地指标无法满足上述需求。

第三点，耕地保有量和基本农田保护率目标过高。由于规划基数偏高，导致规划确定的耕地保有量和基本农田保护率目标脱离了我市实际，耕地保护和城市建设的矛盾十分突出，出现了大量违法占地现象。

目前，全国新一轮土地利用总体规划修编工作即将展开，《北京城市总体规划》修编工作也正在进行。北京市国土资源局已向市政府申请开展全市土地利用总体规划(以下简称《规划》)修编工作，并得到了市政府的批准。此次《规划》修编以2003年为规划基期年，以2020年为规划目标年，以2010年为近期目标年。规划修编的重点是：结合北京实际，明确土地利用的战略和目标，确定土地供应规模，调整和优化土地利用结构和布局，统筹协调社会经济发展、城市建设与生态环境保护之间的关系。通过《规划》修编，加强土地宏观调控能力，保护农用地特别是基本农田，提高土地利用效益和建设用地的集约化利用水平，改善生态环境。修编工作预计在2005年完成。

(二)各区县土地利用总体规划情况

大兴区于1997年12月被原国家土地管理局确定为全国县级土地利用总体规划试点单位，1998年开始编制规划，1999年9月通过市政府评审并且验收合格。其他各区县土地利用总体规划在2000年国务院批复了《北京市土地利用总体规划(1997－2010)》后开始编制。

2001年，北京市进行了土地利用更新调查(也称二次详查)，彻底查清了北京市的耕地总量。根据这次清查的实际耕地总量，给各区县下达了新的耕地保有量指标和基本农田指标，各区县重新修编了区县和乡镇土地利用总体规划，2004年3月北京市政府的批复了14个区县的土地利用总体规划。

表 3-1 北京市区(县)级土地利用总体规划各项控制指标统计表 万 hm^2

区县名称	耕地保有量	基本农田保护面积	建设占用耕地面积
朝阳区	0.55	0.49	0.60
丰台区	0.26	0.13	0.38
石景山区	0	0	0.03
海淀区	0.32	0.30	0.4
顺义区	4.25	3.44	0.32
通州区	4.37	3.55	0.31
大兴区	4.64	3.87	0.29
房山区	3.41	2.79	0.23
昌平区	1.67	1.33	0.36
平谷区	1.89	1.46	0.10
门头沟区	0.25	0.17	0.08
怀柔区	1.22	0.92	0.15
密云县	2.83	2.18	0.10
延庆县	3.50	2.73	0.13

(三)全市土地利用现状

全市土地总面积 164.10 万 hm^2(1.64 万 km^2),根据 2003 年土地利用现状变更调查结果,北京市土地利用现状情况如下(截止到 2003 年底):

1. 农用地

全市农用地 111.81 万 hm^2,占全市土地总面积的 68.13%。其中:

(1)耕地 25.99 万 hm^2,占全市土地总面积的 15.84%;

(2)园地 11.92 万 hm^2,占全市土地总面积的 7.26%;

(3)林地 68.35 万 hm^2,占全市土地总面积的 41.65%;

(4)牧草地 0.20 万 hm^2,占全市土地总面积的 0.13%;

(5)其他农用地 5.35 万 hm^2,占全市土地总面积的 3.26%。

2. 建设用地

建设用地 30.85 万 hm^2,占全市土地总面积的 18.80%。其中:

(1)居民点及工矿用地 25.74 万 hm^2,占全市土地总面积的 15.69%;

(2)交通用地 2.49 万 hm^2,占全市土地总面积的 1.51%;

(3)水利设施用地 2.62 万 hm^2,占全市土地总面积的 1.60%。

3. 未利用土地

未利用地 21.44 万 hm^2,占全市土地总面积的 13.07%。其中:

(1)未利用土地 18.10 万 hm^2,占全市土地总面积的 11.03%;(2)其他土地 3.34 万 hm^2,占土地总面积的 2.04%。

表 3-2　2003 年北京市各类土地面积表

地　类		面积(万 hm^2)	比例(%)
农用地	农用地合计	111.81	68.13
	耕地	25.99	15.84
	园地	11.92	7.26
	林地	68.35	41.65
	牧草地	0.20	0.13
	其他农用地	5.35	3.26
建设用地	建设用地合计	30.85	18.80
	居民点及工矿用地	25.74	15.69
	交通用地	2.49	1.51
	水利设施用地	2.62	1.60
未利用地	未利用地合计	21.44	13.07
	未利用土地	18.10	11.03
	其他土地	3.34	2.04

(四)土地变化情况分析

2003年,北京市耕地年内减少1.91万 hm^2,年内增加0.43万 hm^2,净减少量1.48万 hm^2。

1. 耕地减少的原因

(1)建设占用耕地情况

2003年度建设占用耕地0.35万 hm^2,占耕地减少总量的18.12%。

(2)农业结构调整情况

2003年度农业结构调整占用耕地0.54万 hm^2,占耕地减少总量的28.22%。

(3)生态退耕情况

2003年度生态退耕减少耕地0.98万 hm^2,占耕地减少总量的50.98%。

(4)其他方式引起耕地减少0.05万 hm^2,占耕地减少总量的2.70%。其中灾毁减少耕地0.02万亩。

2. 耕地增加的原因

(1)土地开发、整理、复垦

2003年度北京市土地开发、整理、复垦补充耕地0.33万 hm^2,占耕地增加总量的76.9%。

(2)其他方式增加耕地

2003年度北京市其他方式增加耕地0.10万 hm^2,占耕地增加总量的23.1%。其中农业结构调整增加耕地0.03万 hm^2

3. 建设用地

我市2003年建设用地增加0.73万 hm^2。其中建设占用农用地0.68hm^2,占建设用地增加量的93.5%;建设占用未利用地0.05hm^2,占建设用地增加量的6.5%。

对新增建设用地的细化调查显示,在新增建设用地中主要为工矿仓储用地、住宅用地、公共建设用地,分别增加0.36万 hm^2、0.16万 hm^2、0.05万 hm^2,三项建设共计增加0.57万 hm^2,占新增建设用地的77.71%;其他建设用地0.16万 hm^2,占新增建设用地的22.29%。

二、征　地

(一)征地审批依据

《中华人民共和国土地管理法》(1998年8月29家主席令第8号)

《中华人民共和国土地管理法实施条例》(1998年12月24日国务院令256号)

《中华人民共和国城市房地产管理法》(1994年7月5日国家主席令第29号)

《中华人民共和国城市规划法》(1989年12月26日国家主席令第23号)

《中华人民共和国森林法》(1998年4月29日修正)

《基本农田保护条例》(1994年8月18日国务院令第162号)

《北京市实施〈中华人民共和国土地管理法〉办法》

《北京市建设征地补偿安置办法》(京政发[2004]148)

(二)征地审批程序

1. 受理

申办人需要提交如下材料:

● 农用地转用、征(占)用建设项目用地申请书。申请内容包括:申请单位名称,项目的基本情况(立项、规划选址等情况),建设用地基本情况(用地位置,用地面积,土地利用现状情况等)。

● 计划部门批准立项文件和初步设计批准文件。中央单位的建设项目在国家计委或国家部委立项的,还需提交市建委的《项目计划通知书》内容包括:建设单位名称、项目名称、总投资、资金来源、建设内容等。

● 规划部门批准的《规划意见书》和附图及钉桩坐标成果通知单。对申办材料符合标准的,必须及时受理,填写《审批流程表》,给予申办人受理单,将申办材料转审核人员。对申办材料不符合标准的,不予受理,但必须及时将需要补齐补正材料的全部内容、要求及申办人的相关权利、投诉渠道以书面形式一次性告知申办人。

市国土房管局征地处负责收件受理重大工程(由市政府确定)、在京中央国家机关、军队及保密项目用地报件;区县局负责收件受理重在本区县行政区域范围内上述项目以外的其他项目用地报件。

2. 办理报批材料及初审

● 协助建设单位、被征地单位、区县局完成以下材料,并完成对申报材料的初审;

● 区、县人民政府的建设有地申请文件;

● 建设用地预审意见;

● 区县政府负责填报的建设用地“一书四方案”;

● 建设用地勘测定界技术报告书和勘测定界图,须达到原国家土地局发布的《建设项目用地勘测定界技术规程(试行)》的技术要求,并按国家和集体两种土地所有性质和农用地、建设用地、未利用地三种地类分别汇总面积;

● 拟占用土地1:10000分幅土地利用现状图;

● 补充耕地位置图及方案说明(不占耕地的免);

● 建设项目用地总平面图或线形工程平面图;

● 土地利用总体规划局部调整方案

及土地利用总体规划局部复印件(符合土地利用总体规划的免);

● 地质灾害危险性评估报告及认定书(通过预审的项目免);

● 征(占)地情况调查表;

● 建设拟征(占)地土地权属情况汇总表;

● 征(占)地协议书。用地单位与被征地的集体经济组织签定。

(注:报送材料份数:文字和图件材料各1套。)

在申办材料齐全、规范、有效后:

组织调查、核实征地调查表、权属、地类、面积,对拟征(占)用地进行现场踏查,填写《征用土地情况调查表》、《建设拟征(占)土地权属情况汇总表》,组织完成勘测定界等工作;

组织区县征地事务部门共同草拟"一书四方案"及准备其他相关资料、图件;

报批材料是否齐全后,拟订《征、占地办理情况说明》,装订后交市局征地处;

将办理征、占地的项目进展情况及时报市局征地处。

3. **审核**

● 确认初审所备材料齐全、规范、有效;确认符合土地利用总体规划和城市规划。

● 农用地转用的应列入本年度土地利用计划;

● 对占用耕地的项目,须先落实占补平衡问题;

● 计划主管部门合法的立项批复在有效期内,且在批准部门的审批权限之内;

● 征地补偿安置方案是否可行;

● 按照审核标准进行审核。

● 对符合标准的,必须出具审查报告、市政府批复代拟稿并填写《审批流程表》,将申办材料和审查报告、代拟稿转复审人员。

● 对不符合审核标准上述第1条的,中止审核,在《审批流程表》上签署本项申请"中止审核"的意见和理由,退受理人员。

● 对不符合审核标准上述第2条至第5条的,终结审批,但必须在《审批流程表》上签署审核未通过的意见及理由,初审人员限期补办。

4. **复审**

● 按照审核标准对审核意见进行复审。

● 同意审核人员意见的,在《审批流程表》上填写核准意见后报"市政府建设用地审查小组"上会讨论。

● 不同意审核人意见的,应与审核人员沟通情况,交换意见后,提出复审未通过的意见及理由,并填写《审批流程表》,由受理人填写告知单通知申办人。

5. **核准**

● 按照核准标准对复审意见进行核准。

● 同意复审人员意见的,在《审批流程表》上填写核准意见后报"市政府建设用地审查小组"上会讨论。

● 不同意复审人员意见的,应与复审人员沟通情况,交换意见后,提出核准未通过意见及理由,并填写《审批流程表》,由受理人填写告知单通知申办人。

6. **上会及报批**

● 市建设用地领导小组审查会。

● "市政府建设用地审查小组"按审批标准对审核意见进行审定。

同意审核意见的,在《审批流程表》上填写上会通过意见,上报市政府审批。

● 不同意审核意见的，应与市建设用地审查小组沟通情况、交换意见后，提出未通过意见及理由，填写在《审批流程表》上，由受理人填写告知单通知申办人。

7. **告知交费及领取用地批复**

● 及时、准确告知申办人审批结果及所缴有关费用；

● 制发的文书完整、正确、有效；

● 留存归档的审批文件材料齐全、规范；

● 按照工作标准进行告知，制发征地批复文并归档；

● 对市政府审批通过的项目，收缴相关费用，代市政府制作用地批复，通知申办人领取，并能过计算机网络等形式定期公布；

对退回的中止件，必须将需要补齐补正材料的全部内容、要求及申办人的相关权利、投诉渠道以书面形式一次性告知申办人，并将申办材料退申办人；

对不予以批准件，必须将理由及申办人的相关权利、投诉渠道以书面形式告知申办人，并将申办材料退申办人；

审批工作结束后，将审批过程中形成文书材料按要求归档。

(三)征地收费标准和依据

1. **新增建设用地土地有偿使用费**

2003年1月1日前收费标准：朝阳、海淀、丰台、石景山、通州、房山、门头沟区60元/m^2；昌平、大兴区24元/m^2；密云县、顺义区21元/m^2；平谷和怀柔区、延庆县17元/m^2。依据：财政部、国土资源部(财综字(1999)117号)；

2003年1月1日后(含2003年1月1日)收费标准：朝阳、海淀、丰台、石景山60元/m^2；通州区32元/m^2；昌平、大兴、顺义区28元/m^2；门头沟、房山区24元/m^2；怀柔区21元/m^2；平谷区、密云区和延庆县17元/m^2。依据：财政部、国土资源部(财综字(2002)93号)。

2. **耕地开垦费**

2002年12月1日前收费标准：基本农田60万元/hm^2(4万元/亩)；耕地45万元/hm^2(3万元/亩)。依据：中共中央国务院关于进一步加强土地管理切实保护耕地的通知。

2002年12月1日(含2002年12月1日)后收费标准：朝阳、海淀、丰台、石景山区的一般耕地30万元/hm^2(2万元/亩)基本农田37.5万元/hm^2(2.5万元/亩)；通州、昌平、大兴顺义区的一般耕地27万元/hm^2(1.8万元/亩)；基本农田33万元/hm^2(2.2万元/亩)；房山、门头沟、怀柔、平谷区和密云、延庆县的一般耕地22.5万元/hm^2(1.5万元/亩)，基本农田27万元(1.8万元/亩)。依据北京市政府办公厅文件(京政发[2002]51号)。

(四)1992年至2003年北京市审批征地面积

表3-3　1992年-2003年北京市审批征地面积　　hm^2

年度	1992	1993	1994	1995	1996	1997	1998	1999	2000	2001	2002	2003
建设项目用地面积	0.30	0.47	0.47	0.29	0.27	0.37	0.17	0.15	0.29	0.59	0.50	0.60
总计	4.52(67.8万亩)											

表 3-4　1999 年-2003 年北京市审批征地项目用地分类统计　　hm²

年度	总用地面积	征用集体土地				占用国有土地		
		农用地		建设用地	未利用地	合计	农用地	建设用地
		合计	其中耕地					
1999	1516.87	704.73	595.77	271.44	146.3	394.4	235.16	159.24
2000	2925.18	1853.56	1357.46	622.23	39.95	409.44	217.46	191.98
2001	5914.47	3162.13	2604.81	2494.84	148.86	108.64	65.11	43.53
2002	5044.18	2904.54	1901.27	1570.13	129.6	439.91	105.67	334.24
2003	6501.06	3515.68	2294.47	2277.13	146.62	561.63	196.47	365.16
总计	21901.76 (32.85 万亩)	12140.68 (18.21 万亩)	5753.77 (13.13 万亩)	7235.73 (10.85 万亩)	611.32 (0.92 万亩)	1914.03 (2.87 万亩)	819.87 (1.23 万亩)	1094.16 (1.64 万亩)

(五)市政府批准征(占)地文件登记表(2003 年)

表 3-5　2003 年市政府批准征(占)地文件登记表　　hm²

区县	用地面积(hm²)												
	合计	农用地转用	耕地	粮田	菜地	园地	林地	牧草地	居民点及工矿用地	交通用地	水域	未利用地	其他
朝阳	821.8381	403.8867	175.9847	141.6047	34.3800	7.5000	193.7303	19.5450	386.4673	14.9630	7.1267	10.6958	5.8253
海淀	902.4775	374.7261	230.5701	229.5432	1.0269	69.9550	57.5641	0.0000	444.0337	6.7287	16.6369	16.3789	60.6101
丰台	494.8850	108.9693	70.9731	20.8347	50.1384	1.4734	34.2934	0.0000	321.8672	10.0593	2.2294	6.4468	47.5415
石景山	592.0158	305.3439	100.1040	27.7401	72.3639	51.0569	136.7385	1.6215	197.2960	65.0122	15.8230	5.5814	18.7823
门头沟	62.6229	15.4039	4.2600	4.2600	0.0000	0.0000	11.1439	0.0000	12.1103	0.0000	0.0000	10.1041	25.0046
延庆	19.7245	14.1271	13.8063	13.8063	0.0000	0.3208	0.0000	0.0000	5.4090	0.0000	0.0000	0.1884	0.0000
昌平	1264.7128	790.7509	501.6310	501.6310	0.0000	57.1689	31.3348	0.3927	317.8624	44.8276	200.2235	27.2261	84.0458
怀柔	95.7246	85.5913	48.8130	48.4797	0.3333	3.9900	32.7883	0.0000	9.4833	0.0000	0.0000	0.0000	0.6500
密云	83.9219	62.8499	47.8796	43.1997	4.6799	4.4100	10.5603	0.0000	6.8475	0.0000	0.0000	8.3144	5.9101
平谷	34.9157	33.6307	33.6307	33.6307	0.0000	0.0000	0.0000	0.0000	1.2850	0.0000	0.0000	0.0000	0.0000
顺义	410.7280	258.3903	246.0443	246.0443	0.0000	6.1000	6.2460	0.0000	74.2498	9.5040	0.0000	40.0779	28.5060
通州	454.9770	335.4029	223.9538	207.4193	16.5345	0.0000	82.7425	0.8670	103.4936	8.8255	27.8396	3.6531	3.6019
大兴	1043.3403	760.8096	498.3805	426.1516	72.2289	180.1750	74.5123	0.0000	235.2047	3.3212	7.7418	13.8378	30.1670
房山	219.1761	162.2648	98.4420	98.4420	0.0000	24.4101	0.8866	0.0000	52.7913	0.0000	38.5261	4.1200	0.0000
合计	6501.0602	3712.1474	2294.4731	2042.7873	251.6858	406.5601	672.5410	22.4262	2168.4011	163.2415	316.1470	146.6247	310.6446

市政府批准征(占)地文件登记表(2003 年)　　hm²

区县	商服用地	工业仓储用地	公建用地	住宅用地	公用设施用地	交通用地	绿化用地	特殊用地	水利设施用地	其他用地	征(占)地小计	农转非(人)	农转工(人)
朝阳	101.3735	33.5181	60.7707	184.2495	4.6138	122.7090	306.4752	1.1208	3.5244	0.3075	818.6625	4145.0000	2579.0000
海淀	84.2838	154.3518	6.2994	295.5141	7.7449	185.5651	143.6824	25.0366	0.0000	0.0000	902.4781	1256.0000	752.0000
丰台	19.0981	4.6417	9.0156	248.5056	0.7123	104.8600	92.9810	8.6668	0.0000	8.4117	496.8928	2636.0000	1496.0000
石景山	1.1465	5.9322	20.4776	50.1311	1.5119	446.7042	66.1123	0.0000	0.0000	0.0000	592.0158	2264.0000	1302.0000
门头沟	1.9781	6.3669	5.4987	40.6227	1.4752	5.9213	0.6399	0.0000	0.0000	0.0000	62.5028	0.0000	0.0000
延庆	2.1880	0.0000	5.9222	8.4179	0.0000	1.3161	0.2500	0.0000	0.0000	1.6222	19.7164	0.0000	0.0000
昌平	108.8461	52.2747	19.2767	787.9594	5.0768	146.7944	166.2119	4.0834	0.0000	6.3985	1296.9219	1232.0000	735.0000
怀柔	0.0000	22.0893	0.0000	47.7576	0.0000	7.0865	18.7912	0.0000	0.0000	0.0000	95.7246	0.0000	0.0000
密云	3.1366	0.0000	1.9462	32.0036	15.1997	27.0156	4.6202	0.0000	0.0000	0.0000	83.9219	2225.0000	1163.0000
平谷	0.0000	24.0998	1.9793	0.0000	8.0747	0.3430	0.4191	0.0000	0.0000	0.0000	34.9159	735.0000	288.0000
顺义	0.0000	21.9811	68.0350	205.0367	0.0000	54.6581	43.1493	17.8678	0.0000	0.0000	410.7280	320.0000	144.0000
通州	0.0000	183.8486	0.0000	117.2247	26.5848	78.1198	43.9575	5.2215	0.0000	0.0000	454.9569	2566.0000	1446.0000
大兴	25.2811	421.9158	30.1255	46.7777	0.0000	220.6919	275.5441	0.0000	0.0000	30.8701	1051.2062	4850.0000	2888.0000
房山	4.1800	4.0436	2.3977	118.9152	33.6902	38.0192	14.8971	0.0000	3.0367	0.0000	219.1797	794.0000	141.0000
合计	351.5118	935.0636	231.7446	2183.1158	104.6843	1439.8042	1177.7312	61.9969	6.5611	47.6100	6539.8235	23023	12934

三、国有土地使用权出让情况

(一)2003 年北京市国有土地使用权出让概况

2003 年北京市共出让土地 2322 宗，出让土地总面积 4682hm²，合同地价款总额为人民币 328.49 亿元。其中市局审批出让土地 1154 宗，出让土地面积为 3133hm²，占全市出让总面积的 67%，合同地价款总额为人民币 302.32 亿元，占全市地价款总额的 92%；区县局审批出让土地 1168 宗，出让土地面积 1549hm²，占全市出让总面积的 33%，合同地价款总额为人民币 26.17 亿元，占全市地价款总额的 8%。

表3-6 按区域划分2003年北京市国有土地使用权出让情况

区县	宗数	宗地面积(hm^2)	合同地价款(万元)
东城区	61	29	200503
西城区	48	32	184645
崇文区	26	28	64504
宣武区	55	35	98549
朝阳区	355	720	1347360
海淀区	181	316	381008
丰台区	156	255	229878
石景山区	36	66	41500
昌平区	146	827	213981
房山区	226	287	22067
怀柔区	94	146	11858
门头沟区	17	41	5379
密云县	106	193	13420
平谷区	120	165	8731
顺义区	89	388	71673
通州区	75	302	67691
大兴区	356	428	190819
延庆县	112	69	8984
亦庄经济开发区	63	356	122368
合计	2322	4682	3284919

(二)2003年北京市国有土地使用权协议出让情况

2003年北京市共协议出让土地2260宗,出让土地总面积4514hm^2,合同地价款总额为人民币304.05亿元。其中市局审批出让土地1137宗,出让土地面积为3069hm^2,占全市出让总面积的68%,合同地价款总额为人民币286.11亿元,占全市地价款总额的94%;区县局审批出让土地1123宗,出让土地面积1445hm^2,占全市出让总面积的32%,合同地价款总额为人民币17.94亿元,占全市地价款总额的6%。

表 3－7　按区域划分 2003 年北京市国有土地使用权协议出让情况

区县	宗数	宗地面积(hm^2)	合同地价款(万元)
东城区	61	29	200503
西城区	47	29	172765
崇文区	26	28	64504
宣武区	54	35	97751
朝阳区	350	710	1332420
海淀区	175	308	363745
丰台区	154	254	227263
石景山区	36	66	41500
昌平区	145	824	212988
房山区	226	287	22067
怀柔区	93	145	11778
门头沟区	17	41	5379
密云县	106	193	13420
平谷区	113	148	7460
顺义区	86	374	47843
通州区	75	302	67691
大兴区	330	360	50150
延庆县	110	59	3969
亦庄经济开发区	56	323	97301
合计	2260	4514	3040498

(三)2003 年北京市国有土地使用权市场交易出让情况

2003 年,有 49 宗经营性土地分别在市和区县土地交易市场成交,涉及土地面积 215.84hm^2,规划建筑面积 307.88 万 m^2,成交价款 56.75 亿元。其中,在市土地交易市场成交 19 宗,土地面积 119.6hm^2,规划建筑面积 207.24 万 m^2,成交价款 49.33 亿元;在远郊区县土地交易市场成交 30 宗,土地面积 96.24hm^2,规划建筑面积 100.64 万 m^2,成交价款 7.42 亿元。

表 3－8　2003 年度北京市经营性土地使用权入市成交统计表

交易地点	成交宗数	交易类型			土地总面积(hm^2)	建设用地面积(hm^2)	规划建筑面积(hm^2)	成交价款(亿元)
		招标	拍卖	挂牌				
市土地交易市场	19	1	1	17	119.6	87.97	207.24	49.33
远郊区县土地交易市场	30	2	0	28	96.24	79.32	100.64	7.42
合计	49	3	1	45	215.84	167.29	307.88	56.75

(四)2003 年北京市国有土地使用权出让地价款收缴情况

2003 年,北京市共收取国有土地使用权出让地价款 713 亿元,其中市局实际收取地价款 695.6 亿元,占实收地价款总额 97.6%;各区县实际收取地价款 17.4 亿元,占实收地价款总额 2.4%。

(五)1992 年 - 2003 年北京市国有土地使用权出让情况

1992 年 - 2003 年北京市国土房管局共审批出让国有土地使用权 5422 宗,涉及土地面积约 12551hm^2,规划建筑面积约 19467 万 m^2。

2003 年,北京市共转让土地 43 宗,涉及土地面积 99.81hm^2,建筑面积 123.9 万 m^2,转让金额 25.46 亿元。

(六)1992 年 - 2003 年北京市国有土地使用权出让情况按用途分类

1992 年 - 2003 年北京市国土房管局审批出让国有土地使用权按用途分类情况见表 3 - 9:

表 3 - 9 1992 年 - 2003 年北京市国有土地使用权出让情况(按用途分类) hm^2

用途	年度	1992 - 1996	1997	1998	1999	2000	2001	2002	2003	合计
住宅	土地面积	506.5	213.5	215.7	308.1	461.4	714.4	1236.5	1904.7	5560.8
	建筑面积	217.3	495.2	647.3	926.9	1480.6	1903.4	3154.0	3573.3	12398.2
公寓	土地面积	153.7	38.3	3.6	11.6	12.7	12.8	39.7	37.7	310.1
	建筑面积	96.7	55.7	20.7	76.7	69.9	79.5	217.1	194.3	810.6
别墅	土地面积	826.7	17.0	0.0	0.0	34.2	0.0	75.9	131.1	1084.8
	建筑面积	10.4	5.9	0.0	0.0	5.0	0.0	42.3	67.0	130.7
工业	土地面积	645.0	712.0	352.0	213.8	265.6	199.4	419.7	357.4	3165.0
	建筑面积	112.8	231.4	136.9	29.7	114.1	113.4	211.5	222.9	1172.8
商业	土地面积	31.2	81.7	17.6	35.4	19.5	44.4	63.9	182.7	476.3
	建筑面积	77.7	37.3	13.7	58.3	52.6	75.5	165.1	242.9	723.2
综合	土地面积	161.2	65.0	18.5	41.4	22.7	60.2	45.3	58.5	472.7
	建筑面积	678.8	202.1	85.3	226.7	81.6	245.1	214.0	272.6	2006.2
办公	土地面积	32.9	9.3	12.3	8.1	17.7	30.7	31.5	52.7	195.3
	建筑面积	101.5	24.7	27.2	28.1	57.7	83.8	181.6	276.2	780.8
科教文卫	土地面积	49.3	0.2	0.0	0.0	5.5	10.0	7.0	14.2	86.2
	建筑面积	0.0	0.3	0.0	0.0	4.1	7.2	5.6	10.3	27.6
其他	土地面积	75.9	69.7	49.3	82.6	77.9	332.1	118.2	393.7	1199.4
	建筑面积	6.6	6.7	2.7	62.7	32.3	9.6	223.7	1072.9	1417.2
总计	土地面积	2482.3	1206.7	668.9	701.1	917.3	1403.9	2037.6	3132.8	12550.5
	建筑面积	1301.9	1059.4	933.9	1409.2	1898.0	2517.5	4415.0	5932.5	19467.4

(七)闲置地情况

2003年,北京市共收回出让后闲置的土地4宗(含解除出让合同的),涉及土地面积3.37hm²。

(八)土地价格分析

1.2003年各级别土地的楼面熟地均价

表3-10 2003年各级别土地的楼面熟地均价 元/m²

用途＼级别	1	2	3	4	5	6	7	8	9
综合	5914	4421	3497	2968	2258	2074	703	817	595
商业	7690	6885	4644	4418	3641	2442	1667	677	581
居住	5982	3634	2689	2057	1577	1074	759	563	448
工业	950	610	802	372	536	378	293	210	219

2.2003年各级别土地的楼面毛地均价

表3-11 2003年各级别土地的楼面毛地均价 元/m²

用途＼级别	1	2	3	4	5	6	7	8	9
综合	2634	1731	1372	1111	996	720	277	253	194
商业	3236	2153	1763	1346	1147	738	416	364	241
居住	1274	1242	759	595	470	291	142	195	202
工业	250	372	298	160	155	100	72	81	54

3.地价监测分布、趋势

表3-12 2001-2003年北京各用途平均地面熟地价 元/m²

年份	地价类别	城市平均	一级	二级	三级	四级	五级	六级
2001	综合平均地价	3602	11773	8400	8054	5467	3911	2587
	商业平均地价	5731	23519	13468	12079	9439	6036	4868
	居住平均地价	4437	10850	10731	11148	6174	5181	2535
	工业平均地价	637	949	1000	936	789	517	359

续表

年份	地价类别	城市平均	一级	二级	三级	四级	五级	六级
2002	综合平均地价	3736	12579	9573	8737	6444	3861	2671
	商业平均地价	6165	26520	17280	14517	11956	6635	4925
	居住平均地价	4425	10268	10410	10789	6667	4436	2711
	工业平均地价	619	950	1029	905	709	512	377
2003	综合平均地价	3776	12729	9837	8843	6473	3941	2690
	商业平均地价	6168	26957	17621	14720	11980	6698	4899
	居住平均地价	4530	10280	10835	10902	6718	4590	2793
	工业平均地价	629	950	1056	906	721	536	378

表3－13　2001－2003年北京地价指数

年份	指数类别	城市平均	一级	二级	三级	四级	五级	六级
2001	商业	100	100	100	100	100	100	100
	居住	100	100	100	100	100	100	100
	工业	100	100	100	100	100	100	100
	综合指数	100	100	100	100	100	100	100
2002	商业	108	113	128	120	127	110	101
	居住	100	95	97	97	108	86	107
	工业	97	100	103	97	90	99	105
	综合指数	101	103	109	105	108	98	104
2003	商业	108	115	131	122	127	111	101
	居住	102	95	101	98	109	89	110
	工业	99	100	106	97	91	104	105
	综合指数	103	103	112	105	109	101	105

四、划拨城镇建设用地情况

（一）2003年划拨用地管理

2003年共办理划拨城镇建设用地79宗，总用地面积501.66hm²，其中建设用地358.66hm²，代征城市道路用地119.17hm²，代征绿地23.83hm²。

2003年共收取土地使用权出让预定金5712.8万元，征收防洪费1308.9万元。

表 3-14　2003 年划拨用地用途分类统计表

项目类型	宗数(宗)	比例	用地面积(hm^2)	比例
危　　改	24	30.38%	175.63	35.01%
经济适用住房	18	22.78%	192.5	38.37%
城市基础设施	6	7.59%	24.07	4.80%
行政办公	12	15.19%	28.61	5.70%
文化教育	11	13.92%	23.24	4.63%
其　　他	8	10.13%	57.61	11.48%
总　　计	79	100.00%	501.66	100.00%

2003 年市局办理划拨用地涉及我市 10 个区,从用地位置来看,西城、崇文、宣武、朝阳、海淀、丰台等六城区办理的最多,共 69 宗,占 87.34%,用地面积 409.6.64hm^2,占 81.64%。从用地面积来看,朝阳区最多,共 16 宗,用地面积 151.31hm^2,占 30.16%;其次是丰台区,15 宗,用地面积 101.91hm^2,占 20.31%;大兴区,共 2 宗,用地面积 63.71hm^2,占 12.7%;海淀区,共 9 宗,用地面积 61.61hm^2,占 12.28%;宣武区,崇文区 6 宗,用地面积 56.24hm^2,占 11.21%;东城区、西城区、宣武区、石景山区办理的较少。

表 3-15　2003 年各区县办理划拨用地统计表

区县	宗数(宗)	比例	用地面积(hm^2)	比例
东城	5	6.33%	7.08	1.41%
西城	10	12.66%	15.15	3.02%
宣武	13	16.46%	23.38	4.66%
崇文	6	7.59%	56.24	11.21%
海淀	9	11.39%	61.61	12.28%
朝阳	16	20.25%	151.31	30.16%
丰台	15	18.99%	101.91	20.31%
石景山	1	1.27%	9.53	1.90%
大兴	2	2.53%	63.71	12.70%
昌平	2	2.53%	11.74	2.34%
总计	79	100.00%	501.66	100.00%

(二)1992-2003 年划拨城镇建设用地情况

1992-2003 年的 12 年间,共办理划拨城镇建设用地 515 宗,总用地面积 2881.26hm^2(其中建设用地 2065.15hm^2,代征道路用地 700.50hm^2,代征绿地 97.53hm^2,其他用地 18.29hm^2)。

表3-16 划拨城镇建设用地分年度统计表 hm^2

年度	宗数	比例	面积	比例
1992	25	4.85%	204.64	7.10%
1993	36	6.99%	241.02	8.37%
1994	39	7.57%	404.80	14.05%
1995	36	6.99%	215.33	7.47%
1996	24	4.66%	55.16	1.91%
1997	33	6.41%	122.24	4.24%
1998	38	7.38%	157.76	5.48%
1999	33	6.41%	187.10	6.49%
2000	35	6.80%	67.40	2.34%
2001	72	13.98%	412.95	14.33%
2002	65	12.62%	311.21	10.80%
2003	79	15.34%	501.66	17.41%
总计	515	100.00%	2881.26	100.00%

(1)从用地宗数来看,从1992年的25宗开始逐年增加,至1994年达到最高点39宗,之后1995年开始下降,至1996年下降至最低点24宗,从1997年开始又逐年上升,到2003年达到最高点79宗。

从用地面积来看,从1992年的$204.64hm^2$开始逐年增加,至1994年达到最高峰$404.8hm^2$,之后1995年开始直线下降,至1996年下降至最低点$55.16hm^2$,从1997年开始又开始逐步上升,到1999年达到一个小高峰$187.1hm^2$,2000年有所下降至$67.4hm^2$,2003年达到又一个高点$501.66hm^2$。

无论从用地宗数还是用地面积来看,其发展趋势与我市房地产开发的整体形势是一致的,从1992年开始,我市房地产开发逐步升温,到1994年、1995年达到高潮,之后受亚洲金融危机等因素的影响,房地产开发商融资渠道受阻,大量商品房积压,到1996、1997年达到最低潮。其后随着我国经济形势逐年趋好,尤其是近几年随着我市危改工作和城市基础设施建设工作进一步深入,特别是北京申奥成功,房地产开发进入一个新的增长期,用地数量逐年增加。

(2)从用地项目来看,危改项目用地最多,共247宗,占47.96%,用地面积$1867.98hm^2$,占64.83%;其次是城市基础设施项目,共60宗,占12.39%,用地面积$247.42hm^2$,占10.4%;随后是经济适用住房项目共25宗,占5.73%,用地面积$156.19hm^2$,占6.56%;其他项目共45宗,占10.32%,用地面积$154.87hm^2$.51%;文化教育共38宗,占8.72%,用地面积$74.29hm^2$,占3.12%;最少的是行政办公项目共51宗,占11.7%,用地面积$54.49hm^2$,占2.29%。

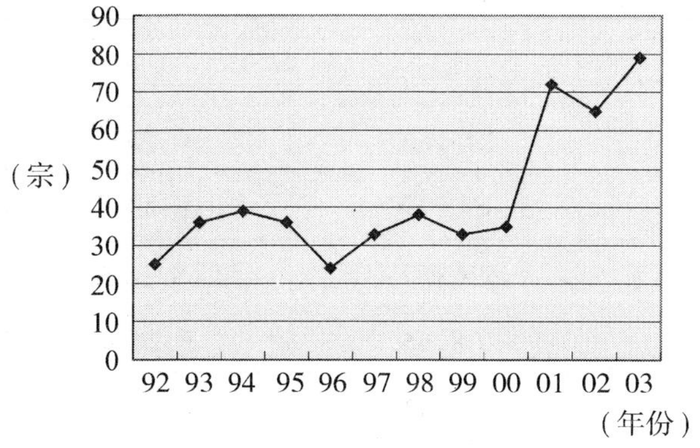

图 3－1　划拨用地分年度宗数统计图

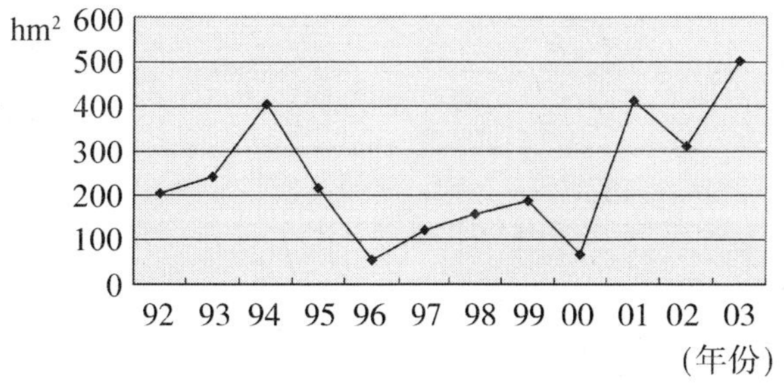

图 3－2　划拨用地分年度面积统计图

表 3－17　划拨城镇建设用地分项目统计表　hm²

项目名称	用地面积	比例	宗数	比例
危　　改	1867.98	64.83%	247	47.96%
经济适用住房	348.69	12.10%	43	8.35%
城市基础设施	271.49	9.42%	60	11.65%
行政办公	83.09	2.88%	63	12.23%
文化教育	97.53	3.38%	49	9.51%
其　　他	212.49	7.37%	53	10.29%
总　　计	2881.26	100.00%	515	100.00%

(3)自1992－2003年的12年间，市局办理划拨用地涉及我市12个区、县，从用地位置来看，东城、西城、崇文、宣武、朝阳、海淀、丰台等七城区办理的最多，共490宗，占95.15%，用地面积2694.01hm²，占93.5%。其中西城区最多，共105宗，占20.39%，用地面积553.79hm²，占19.22%；其次是海淀区，88宗，占17.09%，用地面积526.57hm²，占18.28%；崇文区，共75宗，占14.56%，用地面积465.79hm²，占16.17%；东城区，共76宗，占14.76%，用地面积428.1hm²，占14.86%；宣武区，57宗，占11.07%，用地面积295.68hm²，占10.26%；朝阳区，49宗，占9.51%，用地面积208.68hm²，占7.24%；丰台区，40宗，占7.77%，用地面积215.41hm²，占7.48%；而远郊区县办理的较少。

表 3－18　划拨城镇建设用地分区县统计表　hm²

区县	宗数(宗)	比例	用地面积(hm²)	比例
东城	76	14.76%	428.10	14.86%
西城	105	20.39%	553.79	19.22%

续表

区县	宗数(宗)	比例	用地面积(hm^2)	比例
宣武	57	11.07%	295.68	10.26%
崇文	75	14.56%	465.79	16.17%
海淀	88	17.09%	526.57	18.28%
朝阳	49	9.51%	208.68	7.24%
丰台	40	7.77%	215.41	7.48%
石景山	11	2.14%	51.46	1.79%
大兴	4	0.78%	67.75	2.35%
昌平	4	0.78%	55.29	1.92%
顺义	2	0.39%	5.74	0.20%
密云	4	0.78%	7.01	0.24%
总计	515	100.00%	2881.26	100.00%

五、外商投资企业用地管理

从1993年起到2003年底为止，我市依法办理外商投资企业土地使用合同156家，占地418.95hm^2，合同核定年土地使用费10200.07万元，土地使用费由财政局依合同收取。2001年1月18日，收费职能转市地税局。各年用地合同签定情况详见表3-19、表3-20。

表3-19　外商投资企业用地合同分年度统计表(1993-2002)

年度	宗数	用地面积(hm^2)	年土地使用费(万元)	备注
1993	9	17.42	203.74	
1994	19	27.57	541.65	
1995	23	82.07	1830.30	
1996	39	50.57	1743.78	
1997	23	66.57	1366.47	修订10宗
1998	11	17.32	640.70	修订13宗
1999	10	62.15	1061.37	修订5宗
2000	9	43.59	826.60	修订10宗
2001	4	2.16	23.21	修订6宗
2002	5	9.76	939.47	修订10宗
2003	4	39.76	1022.78	修订8宗
总计	156	418.95	10200.07	62宗

从各年办理用地情况看，1994年至1997年，外商投资企业要求完善用地手续的积极性较高，这与我市土地管理政策制度的不断完善及我局管理职能及管理规程的逐步规范化密切相关。通过办理用地手续，一方面核定了比较准确的土地使用收费，保证了国家财政收入；另一方面有利于境外资金尽快投入我市，同时，给外商投资企业的正常运营提供了法律保障。1998年至2001年间，由于新的土地使用费标准尚未批准实施，外商投资企业用地管理工作中核费依据不足，外商投资企业持有疑虑，财政部门对土地使用费既核又征等诸多原因，来我局办理用地手续的企业逐年减少。

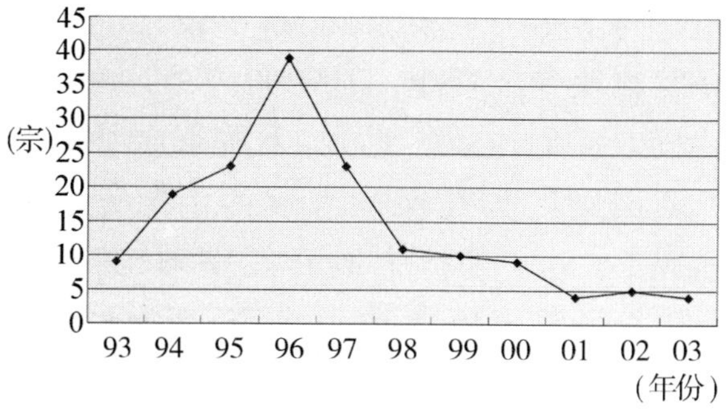

图3-3 外资用地分年度宗数统计图

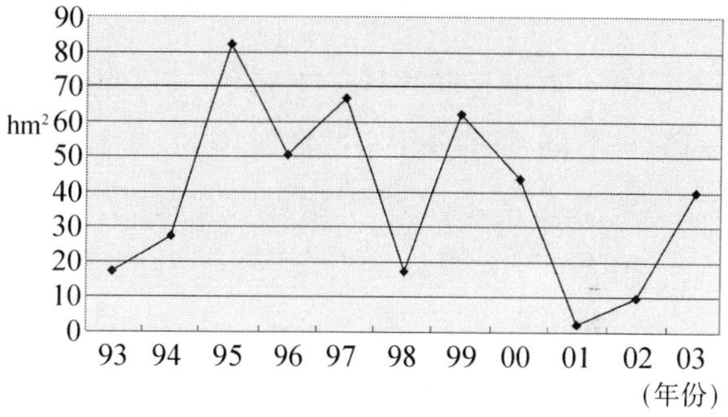

图3-4 外资用地分年度用地面积统计图

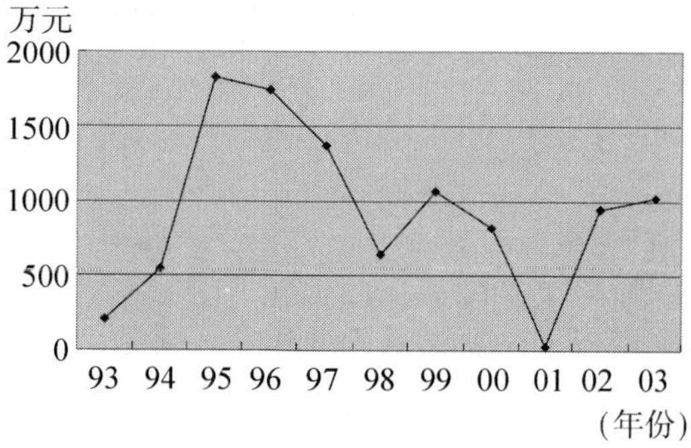

图3-5 外资用地分年度年土地使用费统计图

表3-20 外商投资企业用地分项目统计表（1993-2003）

项目名称	宗数	比例	用地面积(hm^2)	比例	年土地使用费(万元)	比例
工业	82	52.56%	313.92	74.93%	4050.81	39.71%
旅游饭店	40	25.64%	44.90	10.74%	4220.90	41.38%
综合	7	4.49%	12.90	3.08%	899.47	8.82%
写字楼	13	8.33%	9.12	2.18%	753.19	7.38%
其他	14	8.97%	38.11	9.10%	275.70	2.70%
总计	156	100%	418.95	100%	10200.07	100%

1993年以后,外商投资企业以缴纳土地使用费获得土地使用权的项目,主要是1992年6月以前成立的外商投资项目和1992年后利用中方原有场地,从事工业、农业、种植业及高新技术产业等生产型项目。从统计中可以看出,工业项目宗数上占到52.56%,用地面积占到74.93%;旅游饭店、综合、写字楼等早期经营性用地,由于土地等级及土地类别等原因,年土地使用费合同核定额占到总核定额的57.58%,而用地面积仅为16%。这些客观反映了不同土地等级及类别项目的土地使用状况和近年来土地使用制度的变化。

2003年新签外商投资企业用地合同4件,合同用地面积39.76hm^2,年应收土地使用费为1022.78万元,另外,修订用地合同8件。

六、集体土地利用情况

(一)土地开发整理情况

1. 市级土地开发整理项目情况

根据《土地管理法》和中发(1997)11号文件要求,非农业建设经批准占用耕地的要按照"占一补一"的原则补充新的耕地。为落实中央要求,北京市设立了土地开发整理专项资金,自1999年至2003年共投入资金约4.5亿元,采取资金补贴的方式鼓励区县在保护和改善生态环境的前提下,适度进行土地开发整理;共落实土地开发整理项目1200余个,新增耕地面积约18万亩,基本实现了非农建设占用耕地的占补平衡。(见表3-21)

表3-21　北京市1999-2003年市级土地开发整理情况表

年度	涉及区县个数(个)	新增耕地面积(hm^2)	市财政投入资金(万元)
1999	11	1220	2982
2000	10	2845	7489
2001	11	2227	10000
2002	11	2870	15000
2003	11	2917	10000
合计	—	12079	45471

2. 国家投资土地开发整理项目情况

按照国土资源部的要求,我市自1999年至2003年共组织完成19个国家投资土地开发整理项目的立项申报工作,建设规模7262.94hm^2,项目完成后可新增耕地1764.08hm^2,平均新增耕地率为24.3%。(见表3-22)

表 3-22　1999-2003 年北京市国家投资土地开发整理项目汇总表

申报时间	项目名称	类型	建设规模 (hm²)	新增耕地 (hm²)	建设期 (年)
1999 年	大兴区土地开发整理示范区	开发整理	607.02	252.03	3
2001 年(第一批)	延庆县土地开发项目	开发	275	233	2
	平谷县土地开发项目	开发	335	214	2
	怀柔县土地整理项目	整理	305	33	2
2001 年(第二批)	密云县高岭、北庄土地整理项目	整理	115.5	18.2	2
	门头沟区雁翅镇土地开发项目	开发	107.52	78.06	2
	顺义区赵全营镇土地整理项目	整理	554.64	102.78	2
	房山区长沟镇、张坊镇等土地整理项目	整理	684.31	72.7	1
	怀柔县长哨营乡土地整理项目	整理	173.7	36.01	2
	延庆县井庄镇、大榆树等土地整理项目	整理	563	127.71	2
	通州区觅子店土地整理项目	整理	771	77	3
2001 年(第三批)	顺义区土地整理项目(北小营、李桥)	整理	1121.1	130.1	3
2002 年	密云县巨各庄土地整理重点项目	整理	387.27	56.02	1
	延庆县土地整理示范项目	整理	121.56	23.76	1
	密云县古北口土地整理重点项目	整理	375.17	51.09	1
	延庆县土地开发重点项目	开发	190.64	121.77	2
2003 年	房山区大石窝镇土地开发整理项目	开发整理	315	71.51	2
	房山区张坊镇土地整理项目	整理	159.6	38.9	1
	密云县穆家峪土地开发复垦项目	开发整理	100.91	26.44	1
合计			7262.94	1764.08	

(二)耕地占补平衡情况

按照《土地管理法》、《北京市耕地开垦费收缴和使用管理办法》等有关法律政策规定，我市自 2003 年需落实补充耕地的建设项目 174 个，补充耕地 1991.1284hm^2，在全市区域内做到耕地数量占补平衡。

(三)基本农田保护情况

国土资源部、农业部《关于印发〈全国基本农田保护检查工作方案〉的通知》(国土资发[2004]32 号)印发后，市国土资源局与市农委、市农业局成立了北京市基本农田保护检查领导小组，下发了《北京市基本农田保护检查工作方案》和《关于核定基本农田面积及签定基本农田保护责任状的通知》。依据北京市土地利用总体规划，在2001年第二次土地更新调查的基础上，组织对全市13个区县、182个乡镇、3865个行政村的基本农田进行实地核查，共核定基本农田面积350.4万亩。

我市基本农田土地利用现状为：耕地250.0497万亩（166699.8hm^2），占全市基本农田总面积的71.36%；园地60.68179万亩（40454.53hm^2），占全市基本农田总面积的17.32%；苗圃用地19.80198万亩（13201.32hm^2），占全市基本农田总面积的5.65%；牧草地4.88914万亩（3259.43hm^2）占全市基本农田总面积的1.4%；有林用地14.97739万亩（9984.93hm^2），占全市基本农田总面积的4.27%。（如图3-6）

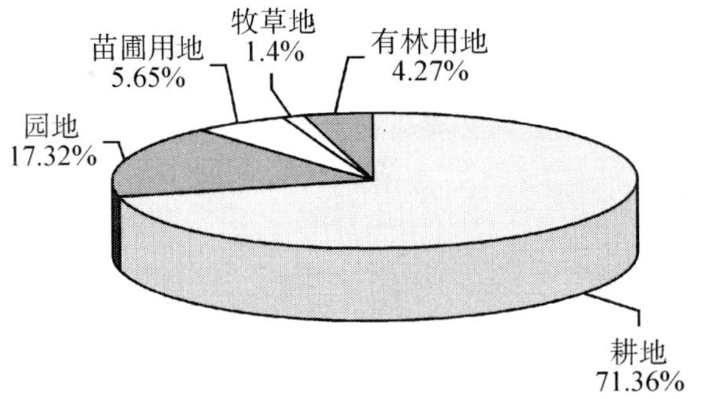

图3-6　北京市基本农田土地利用现状结构图

全市共签定基本农田保护责任状28291份，其中区县级责任状91份，乡镇级责任状1200份，村级责任状27000份；印制和发放《基本农田保护文件汇编》5000册、《宣传手册》5000册、《保护耕地法规摘要》5000册和宣传张贴画5000册，共计20000册。

(四)集体建设用地管理

1．集体建设用地使用权流转

⑴ 全市流转情况

据统计，北京市自1997至2001年共发生5000余宗集体建设用地使用权流转，涉及土地面积12万多亩，流转总价款达29.9亿元。

⑵ 相关政策规定

2003年8月，市国土房管局印发了《北京市农民集体建设用地使用权流转试点办法》（京国土房管集(2003)645号）和《北京市农民集体建设用地使用权流转试点方案》（京国土房管集(2003)750号），决定在怀柔区庙城镇和延庆县大榆树镇开展集体建设用地使用权流转试点。在试点范围内，符合土地利用总体规划和城镇建设规划、权属合法、界址清楚的集体建设用地使用权可按规定程序进行转让、租赁、作价出资（入股）等，用于工业、商业、旅游业等发展。

2．集体建设用地整理（旧村改造）

⑴ 集体建设用地整理（旧村改造）是一项有益的尝试，主要通过旧镇村改造，农民上楼，提高土地使用率，节约村镇建设用地；把节约的建设用地用于村镇的二、三产业，带动整个农村经济的发展。目前正在进行第一批集体建设用地整理

试点的可行性研究，共涉及16个村镇，主要分布在城乡结合部、卫星城内、卫星城郊、中心村、独立村等(见表3－23)。

⑵ 现行政策规定

《关于小城镇建新拆旧中用地周转指标有关问题的通知》(京国土房管集字[2001]284号)

《关于小城镇用地指标置换有关问题的通知》(京国土房管集字[2001]642号)

表3－23 第一批集体建设用地整理试点地理分布表

分布位置	村　　镇
城乡结合部	大兴区狼垡、朝阳区何各庄乡崔各庄村、朝阳区何各庄乡马泉营村、丰台区王佐镇、昌平区郑各庄
卫星城内	房山区城关镇八十亩地村、通州区梨园镇
卫星城郊	延庆县小鲁庄、延庆县营城子、延庆县赵庄村、平谷区白各庄
中心村	密云县溪翁庄、密云县穆家峪、平谷区王辛庄
独立村	顺义英各庄、密云巨各庄沙厂村

七、北京市土地储备制度推行情况

(一)近年来北京市推行土地储备制度情况

为了深入贯彻《国务院关于加强国有土地资产管理的通知》(国发[2001]15号)精神，北京市于2002年出台了《北京市人民政府批转市国土房管局关于加强国有土地资产管理建立土地储备制度意见的通知》(京政发[2002]4号)和《北京市人民政府办公厅转发市国土房管局等部门关于停止经营性项目国有土地使用权协议出让有关规定的通知》(京政办发[2002]33号)等文件，积极推行土地储备制度。

(1)市国土房管局会同市有关部门先后出台了推行土地储备制度和规范土地入市公开交易的13个配套文件，基本完善了土地储备相关配套政策。

(2)建立健全了土地储备机构，成立了市土地整理储备中心和18个区、县及重点功能区分中心。

(3)组建了市土地交易市场。2002年2月28日，市国土房管局正式组建了北京市土地交易市场。10个远郊区县也建立了土地交易市场，从2003年10月起，市和远郊区县土地交易市场之间的土地交易信息实现了联网。

表3－24 北京市土地整理储备中心各分中心成立情况一览表

分中心名称	批复文号	批复时间
宣武分中心	京国土房管出[2003]92号	2003.2.8
朝阳区分中心	京国土房管出[2002]325号	2002.4.24
海淀区分中心	京国土房管出[2002]826号	2002.9.20
丰台区分中心	京国土房管出[2002]861号	2002.9.29

续表

分中心名称	批复文号	批复时间
石景山区分中心	京国土房管出[2002]721号	2002.8.18
门头沟区分中心	京国土房管出[2002]827号	2002.9.20
房山区分中心	京国土房管出[2002]669号	2002.8.5
大兴区分中心	京国土房管出[2002]648号	2002.7.9
通州区分中心	京国土房管出[2002]667号	2002.8.5
顺义区分中心	京国土房管出[2002]825号	2002.9.20
平谷区分中心	京国土房管出[2002]668号	2002.8.5
怀柔区分中心	京国土房管出[2002]665号	2002.8.5
昌平区分中心	京国土房管出[2002]892号	2002.10.16
密云县分中心	京国土房管出[2002]747号	2002.8.26
延庆县分中心	京国土房管出[2002]748号	2002.8.26
中关村分中心	京国土房管出[2002]828号	2002.9.20
商务中心区分中心	京国土房管出[2002]324号	2002.4.24
经济技术开发区分中心	京国土房管出[2002]912号	2002.10.22

(4)土地储备工作开始起步。截至2003年12月31日,市土地储备中心和各区县分中心通过收购、征用、收回等方式储备土地61宗,土地面积约1051.14万m^2。其中,收购储备土地23宗,土地面积约87.96万m^2,收购价款约21.85亿元;征用储备土地32宗,土地面积约921.89万m^2;收回储备土地6宗,土地面积约41.29万m^2。

(5)政府行为的土地一级开发正式启动。从2002年下半年开始,市土地储备中心作为主体,开始组织实施奥运场馆北区和西红门经济适用住房项目等两个市政府重点工程土地一级开发。截至2003年12月31日,累计投入资金约43.3亿元,配合奥运场馆土地一级开发指挥部完成了奥运场馆北区3.1km^2(约313hm^2)的土地一级开发工作的征地拆迁和劳动力安置工作;累计完成西红门经济适用住房项目公产拆迁64781.66m^2,组织实施了一期大市政配套建设。

表3-25　2002-2003年北京市土地整理储备中心及分中心储备土地情况汇总表　hm^2

储备主体	储备土地总数		储备方式					
			征用		收购		收回	
	宗数	土地面积	宗数	土地面积	宗数	土地面积	宗数	土地面积
市中心	16	531.31	8	468.04	6	37.55	2	25.92
分中心	45	519.63	24	453.83	17	50.41	4	15.37
合计	61	1051.14	32	921.89	23	87.96	6	41.29

(6)为土地储备筹集授信资金558亿元。为支持奥运场馆北区3.1km^{2}土地一级开发和其他土地收购储备工作，从2002年3月起，市土地储备中心分别与中国建设银行北京分行等10家银行签订了贷款授信或借款协议，共筹集授信资金318亿元。各区县分中心也广泛开展“银政合作”，为各区县小城镇建设、危旧房改造和土地储备筹集银行授信约240亿元。

(7)经营性土地入市招标拍卖挂牌初见成效。从2001年11月至2003年12月31日，在市土地交易市场和远郊区县土地交易市场共成交土地58宗，土地面积约480.29万m^2，规划建筑面积约653.28万m^2，成交价款约121.27亿元。

表3－26 2001－2003年北京市经营性土地使用权入市交易成交统计表

年度	成交宗数	交易类型			土地面积(hm^2)	建设用地面积(hm^2)	规划建筑面积(hm^2)	成交价款(亿元)
		招标	拍卖	挂牌				
2001	1	1	0	0	13.97	13.97	14.14	3.17
2002	8	2	1	5	250.48	173.09	331.26	61.35
2003	49	3	1	45	215.84	167.29	307.88	56.75
合计	58	6	2	50	480.29	354.35	653.28	121.27

(二)2003年北京市土地储备工作开展情况

1．土地储备情况

2003年，市土地储备中心和各区县分中心通过收购、征用、收回等方式储备土地52宗，土地面积约638.56hm^2。其中，收购储备土地20宗，土地面积约76.21hm^2；征用储备土地26宗，土地面积约521.06hm^2；收回储备土地6宗，土地面积约41.29hm^2。

2．经营性土地入市成交情况

2003年，有49宗经营性土地分别在市和区县土地交易市场成交，涉及土地面积215.84万m^2，规划建筑面积307.88万m^2，成交价款56.75亿元。其中，在市土地交易市场成交19宗，土地面积119.6万m^2，规划建筑面积207.24万m^2，成交价款49.33亿元；在远郊区县土地交易市场成交30宗，土地面积96.24万m^2，规划建筑面积100.64万m^2，成交价款7.42亿元。

表3－27 2003年度北京市土地整理储备中心及分中心储备土地统计表 hm^2

储备主体	储备土地总数		储备方式					
			征用		收购		收回	
	宗数	土地面积	宗数	土地面积	宗数	土地面积	宗数	土地面积
市中心	8	127.61	2	67.21	4	34.48	2	25.92
分中心	44	510.95	24	453.85	16	41.73	4	15.37
合计	52	638.56	26	521.06	20	76.21	6	41.29

表 3-28　2003年度北京市土地整理储备中心及分中心储备土地统计表　　hm^2

分中心名称	储备土地总数		储备方式					
	宗数	土地面积	征用		收购		收回	
			宗数	土地面积	宗数	土地面积	宗数	土地面积
朝阳区	2	0.38	0	0	2	0.38	0	0
丰台区	1	36.43	1	36.43	0	0	0	0
石景山区	2	28.76	2	28.76	0	0	0	0
门头沟区	1	0.67	0	0	1	0.67	0	0
房山区	4	7.42	1	2.27	3	5.15	0	0
大兴区	12	100.36	9	78.21	3	22.15	0	0
通州区	3	56.31	2	54.65	1	1.66	0	0
平谷区	4	15.37	0	0	0	0	4	15.37
怀柔区	1	55.93	1	55.93	0	0	0	0
密云县	1	0.64	0	0	1	0.64	0	0
延庆县	5	11.08	0	0	5	11.08	0	0
北京市经济技术开发区	8	197.6	8	197.6	0	0	0	0
合计	44	510.95	24	453.85	16	41.73	4	15.37

表 3-29　2003年度北京市经营性房地产开发项目土地使用权入市成交统计表

交易地点	成交宗数	交易类型			土地面积(hm^2)	建设用地面积(hm^2)	规划建筑面积(hm^2)	成交价款(亿元)
		招标	拍卖	挂牌				
市土地交易市场	19	1	1	17	119.6	87.97	207.24	49.33
远郊区县土地交易市场	30	2	0	28	96.24	79.32	100.64	7.42
合计	49	3	1	45	215.84	167.29	307.88	56.75

表 3－30　2003 年度北京市远郊区县经营性房地产开发项目土地使用权入市成交统计表

区县	成交宗数	交易类型			土地面积 (hm^2)	建设用地面积 (hm^2)	规划建筑面积 (hm^2)	成交价款 (亿元)
		招标	拍卖	挂牌				
大兴	15	0	0	15	30.06	29.35	33.58	26579
平谷	5	0	0	5	19.82	19.4	16.76	6951
北京经济技术开发区	2	2	0	0	3.28	3.28	2.18	6494
顺义	3	0	0	3	28.36	13.53	22.83	23830
延庆	2	0	0	2	9.46	9.46	16.5	5014
昌平	1	0	0	1	3.53	2.99	5.45	3580
门头沟	1	0	0	1	0.67	0.67	1.34	630
房山	1	0	0	1	1.06	0.64	2	1079
合计	30	2	0	28	96.24	79.32	100.64	74157

(三) 北京市土地整理储备中心主要职责及办事程序

1. 北京市土地整理储备中心主要职责

根据《关于调整市国土房屋管理局所属事业单位的函》(市编办事[2001]8 号)和《北京市人民政府批转市国土房管局关于加强国有土地资产管理建立土地储备制度意见的通知》(京政发[2002]4 号)等文件的有关规定,北京市土地整理储备中心是市国土房管局直属事业单位,是市政府土地整理储备的办事机构,具体承担本市土地整理、征收、收购、收回、置换、储备、土地一级开发和交易等工作。

(1)土地开发整理方面的职责

① 承担本市土地资源的调查、评价、统计及规划设计;

② 建立相应的土地资源数据库,并负责数据库的管理和维护;

③ 承担国家和本市土地开发整理项目的立项预审、可行性研究、规划设计、招投标管理、项目实施管理和检查验收工作;

④ 对土地开发整理后形成的新增占补平衡指标进行储备管理和市场供应;

⑤ 承担有关土地开发整理专项资金的收缴、管理和使用;

⑥ 对区县土地开发整理工作进行技术指导。

(2)土地收购储备方面的职责

① 代表市政府对利用集体土地进行房地产开发等经营性用地依法进行征用;

② 负责存量国有土地的收购、收回和置换;

③ 建立市土地储备库,对依法征用、收回、收购和置换的土地进行实物储备;

④ 负责国有土地储备期间的利用和管理工作;

⑤ 负责土地收购储备资金的筹措;

⑥ 参与制定年度土地供应计划;

⑦ 对拟以"熟地"出让的土地组织拆迁和基础设施建设(七通一平)等前期开

发工作。

(3)土地交易市场方面的职责

① 负责组建和管理土地交易市场；

② 受政府或其他单位委托，具体实施国有土地使用权出让、转让的招标、拍卖和公开挂牌交易；

③ 负责划拨土地入市交易的核验和成交确认；

④ 发布土地交易信息行情；

⑤ 为政府主管部门对土地使用权出让、转让、土地登记发证和税费征收及中介机构现场办公提供“一站式”服务“窗口”。

2. 北京市土地交易市场交易程序及要求

(1)申请直接入市交易程序

① 交易申请，原土地使用权向市国土房管局提出入市申请；

② 批转，市国土房管局初审符合招标拍卖挂牌条件的转市土地整理储备中心；

③ 核查，市土地整理储备中心对中心权属、规划等内容进行初步核查，不具备规划条件的，市土地整理储备中心向市规划委发征询规划意见函；

④ 现场踏勘，市土地整理储备中心对拟入市交易的土地进行现场踏勘；

⑤ 价格评估，委托有资质的评估机构对拟入市的土地进行价格评估；

⑥ 报批，市土地整理储备中心就交易方式、底价以及对原土地使用权人的补偿拟订初步方案，报市国土房管局批准；

⑦ 签订协议，市土地整理储备中心依照市国土房管局批准的方案和原土地使用权人就权属、补偿等事宜签订协议；

⑧ 编制交易文件，编制工作方案和交易文件，报市国土房管局审核；

⑨ 组织交易，按照招标拍卖挂牌程序组织交易；

⑩ 支付价款，交易成功后按协议约定支付原土地使用权人补偿价款。

(2)申请直接入市交易需要提供的材料

① 土地以公开方式出让的申请(原件)；

②《房屋所有权证》(复印件)；

③《国有土地使用证》(复印件)，或国有土地权属来源文件(原件)；

④ 原土地使用者出具的无法院查封以及没有设定抵押等他项权利的证明(原件)；

⑤ 申请人的法人资格证明书或执照(复印件)；

⑥ 已取得规划条件的，提供《规划意见书》(复印件)、评估报告(原件5份)或其他规划文件(复印件)；

⑦ 在京中央单位办理出让手续的，需提交上级主管部门的同意文件(复印件)；

⑧ 军用土地办理出让手续的，需提交“总后勤部”的批准文件(复印件)；

⑨ 凡在东城区、西城区、崇文区、宣武区、朝阳区、海淀区、丰台区、通州区原划拨住宅用地上开发的项目需提交其所在区、县人民政府或房地局开据的该宗地已解决“标准租私房”问题的证明(原件)。

⑩ 其他必需的证明材料。

未取得《规划意见书》的，尚需提交1:2000或1:500地形图2份或3份(蓝晒图，用铅笔划出用地范围，不需要调整控规的，提交两份地形图；需要调整控规的，提交三份地形图)。

(3)国有土地使用权入市交易的范围

① 市政府通过收回、收购、置换、征用等方式储备的土地，需出让土地使用权的；

② 市和区、县开发企业或其他单位利用划拨土地进行一级开发后，需转让土地使用权的；

③ 区、县政府选择投资开发商进行危旧房改造或其他成片开发后，需转让土地使用权的；

④ 企业、事业等单位转让划拨土地使用权进行房地产开发的，或以划拨土地使用权进行联建、合作开发房地产的；

⑤ 协议出让国有土地使用权首次转让的；

⑥ 市政府规定的其他土地交易。

(4)招标程序

① 发布《招标公告》；

② 有意向的投标人购买招标文件；

③ 现场踏勘、答疑和标前会议；

④ 成立评标委员会；

⑤ 投标人交纳投标保证金；

⑥ 投标、开标、唱标；

⑦ 评标会。评标委员会对投标文件进行评价审议，并推荐中标候选人；

⑧ 确定中标人；

⑨ 发出《中标通知书》；

⑩ 退还未中标人的投标保证金；

⑪ 签订协议。中标人按照《中标通知书》规定的时间签订有关协议；

⑫ 公布出让结果。

(5)拍卖程序

① 发布《拍卖公告》；

② 有意向的竞买人购买拍卖文件；

③ 现场踏勘、答疑；

④ 竞买人提出竞买申请；

⑤ 竞买人交纳竞买保证金并领取竞买号牌；

⑥ 拍卖会；

⑦ 竞买人竞价；

⑧ 确定竞得人；

⑨ 签署《拍卖成交确认书》；

⑩ 退还未竞得人的竞买保证金；

⑪ 签订协议，竞得人按照《拍卖成交确认书》规定的时间签订有关协议；

⑫ 公布出让结果。

(6)挂牌程序

① 发布《挂牌公告》；

② 有意向的竞买人购买挂牌文件；

③ 现场踏勘、答疑；

④ 开始挂牌；

⑤ 竞买人提出竞买申请；

⑥ 竞买人交纳竞买保证金并领取竞买资格证明；

⑦ 竞买人填写竞买报价单，参与竞买；

⑧ 更新挂牌显示，接受新的竞价；

⑨ 现场竞价。挂牌截止时依然有两个以上竞买人要求报价的，举行现场竞价；

⑩ 确定竞得人；

⑪ 发出《挂牌成交确认书》；

⑫ 退还未竞得人的竞买保证金；

⑬ 签订协议。竞得人按照《挂牌成交确认书》规定的时间签订有关协议；

⑭ 公布出让结果。

第四章

房地产开发与建设

一、房地产开发企业情况

(一) 2003年房地产开发企业概况

截至2003年年底,全市具备房地产开发资质的企业总数为2967家,比2002年减少253家。

其中,具备资质等级的企业225家(一级企业38家,二级企业81家,三级企业79家,四级企业27家),占全部企业的7.5%,其余2742家企业为暂定资质。

表4-1 北京市房地产开发企业名录

资质等级	序号	企业名称	资质证书编号
一级资质	1	北京市崇文区城市建设开发公司	建开企〔2001〕187号
	2	北京兴隆置业有限公司	建开企〔2002〕308号
	3	北京北辰房地产开发股份有限公司	建开企〔2001〕179号
	4	北京华汇房地产开发中心	建开企〔2002〕309号
	5	北京北化房地产开发有限公司	建开企〔2003〕374号
	6	北京住总房地产开发有限责任公司	建开企〔2001〕175号
	7	北京市朝阳城市建设综合开发公司	建开企〔2001〕188号
	8	北京北辰实业股份有限公司	建开企〔2003〕368号
	9	北京市天鸿宝业房地产股份有限公司	建开企〔2000〕011号
	10	北京天鸿集团	建开企〔2001〕166号
	11	北京市东方康泰房地产开发经营有限责任公司	建开企〔2001〕183号
	12	北京市大兴城镇建设综合开发集团公司	建开企〔2001〕193号
	13	北京顺天通房地产开发有限责任公司	建开企〔2002〕305号
	14	北京昊远隆基房地产开发总公司	建开企〔2001〕195号
	15	北京市丰台区城建综合开发公司	建开企〔2001〕190号
	16	北京市高校房地产开发总公司	建开企〔2001〕180号
	17	北京海开房地产集团公司	建开企〔2001〕189号
	18	北京市云建房地产开发有限公司	建开企〔2002〕310号
	19	北新建材(集团)有限公司	建开企〔2003〕367号
	20	北京城建兴华房地产开发有限公司	建开企〔2002〕346号
	21	北京市门头沟区建设开发公司	建开企〔2003〕362号
	22	北京市密云县房地产开发总公司	建开企〔2002〕311号
	23	北京市裕发房地产开发集团	建开企〔2002〕306号
	24	北京嘉铭房地产开发有限责任公司	建开企〔2003〕361号

续表

资质等级	序号	企业名称	资质证书编号
一级资质	25	北京市石景山区城市建设开发公司	建开企〔2001〕191号
	26	北京市顺义大龙城乡建设开发总公司	建开企〔2001〕194号
	27	北京市通州区房地产开发总公司	建开企〔2001〕192号
	28	北京城建房地产开发有限公司	建开企〔2001〕176号
	29	北京市天创房地产开发公司	建开企〔2001〕182号
	30	北京城市开发集团有限责任公司	建开企〔2001〕165号
	31	北京建工集团总公司	建开企〔2001〕177号
	32	北京天恒房地产股份有限公司	建开企〔2001〕184号
	33	华润置地(北京)股份有限公司	建开企〔2001〕185号
	34	北京大成开发集团有限公司	建开企〔2001〕178号
	35	北京新中实经济发展有限责任公司	建开企〔2001〕181号
	36	北京市宣武区城市建设综合开发总公司	建开企〔2001〕186号
	37	北京房开置业股份有限公司	建开企〔2002〕307号
	38	北京城市开发股份有限公司	建开企〔2002〕347号
二级资质	1	北京市昌平房地产开发总公司	CP－A－2002
	2	北京百环房地产开发有限责任公司	CP－A－2097
	3	北京城和房地产开发有限责任公司	CW－A－0503
	4	北京鸿运置业股份有限公司	CW－A－0518
	5	北京能源房地产开发有限责任公司	CW－A－0519
	6	北京金朝城乡建设开发股份有限公司	CY－A－0615
	7	北京旭日房地产开发有限责任公司	CY－A－0643
	8	北京世纪城房地产开发有限公司	CY－A－0675
	9	北京金隅嘉业房地产开发公司	CY－A－0732
	10	北京市朝阳区房地产经营开发公司	CY－A－0783
	11	北京天运房地产综合开发经营有限责任公司	CY－A－3622
	12	北京市王府井房地产综合开发公司	DC－A－0001
	13	北京市世源城市建设综合开发公司	DC－A－0004
	14	北京东方置地投资发展有限公司	DC－A－0023
	15	北京宝晟住房股份有限公司	DC－A－0067
	16	北京宏业房地产开发有限责任公司	DC－A－0072

续表

资质等级	序号	企业名称	资质证书编号
二级资质	17	北京市新兴房地产开发总公司	DC－A－0074
	18	北京兴集房地产开发有限公司	DX－A－1761
	19	北京美晟房地产开发有限责任公司	DX－A－1777
	20	北京东和嘉业房地产开发有限公司	DX－A－1903
	21	北京银信光华房地产开发有限公司	FS－A－1308
	22	北京鹏润房地产开发有限责任公司	FS－A－1311
	23	北京集达房地产开发公司	FS－A－1315
	24	北京市泰华房地产开发集团有限公司	FS－A－1378
	25	北京市新时特房地产开发有限公司	FT－A－1117
	26	北京市丰台区鸿华房地产开发经营公司	FT－A－1123
	27	北京银地房地产开发有限责任公司	FT－A－1129
	28	华凯投资集团有限公司	FT－A－1131
	29	北京益恒房地产开发有限责任公司	FT－A－1134
	30	北京东兴联房地产开发有限责任公司	FT－A－1136
	31	北京恒兴物业管理集团	FT－A－1166
	32	北京龙腾房地产开发有限公司	FT－A－1180
	33	北京安地房地产开发有限责任公司	HD－A－0925
	34	北京泰跃房地产开发有限责任公司	HD－A－0928
	35	北京市公交房地产开发公司	HD－A－0938
	36	北京市京门房地产开发公司	HD－A－0951
	37	北京市威凯房地产开发经营公司	HD－A－0952
	38	北京亚信房地产开发有限责任公司	HD－A－1072
	39	北京科技园建设股份有限公司	HD－A－3821
	40	北京中关村开发建设股份有限公司	HD－A－3806
	41	北京飞腾房地产开发有限公司	HR－A－2801
	42	北京万通实业股份有限公司	HR－A－2817
	43	北京远坤房地产开发有限公司	HR－A－2903
	44	北京新荣房地产开发有限公司	HR－A－2907
	45	北京珠江房地产开发有限公司	MT－A－1593
	46	北京恒居房地产开发公司	MY－A－3003

续表

资质等级	序号	企业名称	资质证书编号
二级资质	47	北京世豪房地产开发有限责任公司	MY－A－3012
	48	全联房地产开发公司	MY－A－3037
	49	昊宇东方集团有限公司	MY－A－3165
	50	北京魏公元鼎房地产开发集团有限公司	MY－A－3194
	51	北京九洲房地产综合开发有限责任公司	MY－A－4471
	52	北京都市房地产开发有限责任公司	PG－A－2521
	53	北京当代鸿运房地产经营开发有限公司	PG－A－2573
	54	北京泰格经济开发公司	PG－A－2588
	55	北京市城乡房屋建设开发公司	PG－A－2612
	56	北京金第房地产开发有限责任公司	PG－A－2739
	57	北京市天竺房地产开发公司	SY－A－2402
	58	北京万科企业有限公司	SY－A－2419
	59	北京泰福恒房地产开发有限责任公司	SY－A－2445
	60	北京市民望房地产开发有限责任公司	TZ－A－2252
	61	北京顺开房地产开发有限公司	TZ－A－2253
	62	北京嘉利恒德房地产开发有限公司	TZ－A－2280
	63	北京金致达房地产开发有限公司	TZ－A－2287
	64	北京市京工房地产开发有限公司	TZ－A－2369
	65	北京新世界房地产有限公司	TZ－B－2266
	66	金融街控股股份有限公司	XC－A－0228
	67	北京金融街建设开发有限责任公司	XC－A－0233
	68	北京市通达房地产开发建设总公司	XC－A－0259
	69	北京市恒泰房地产开发有限责任公司	XC－A－0289
	70	北京天创世缘房地产开发有限公司	XC－A－0297
	71	北京世安住房股份有限公司	XC－A－0302
	72	北京敬远房地产开发有限公司	XC－B－0266
	73	北京国际建设集团总公司	XW－A－0404
	74	北京宣兴房地产开发股份有限公司	XW－A－0461
	75	北京广华轩房地产开发有限责任公司	XW－A－0469
	76	北京中北长城房地产开发有限公司	YQ－A－3201

续表

资质等级	序号	企业名称	资质证书编号
二级资质	77	北京市基础设施投资开发公司	YQ－A－3202
	78	北京宏怀房地产开发有限公司	HR－A－2802
	79	北京西都地产发展有限公司	XC－A－0232
	80	北京怡海花园房地产开发有限公司	FT－B－1152
	81	北京兆泰房地产开发有限责任公司	XC－A－0240
三级资质	1	北京法政实业有限公司	CP－A－2005
	2	北京九台房地产开发有限责任公司	CP－A－2006
	3	北京元龙房地产开发有限责任公司	CP－A－2010
	4	北京新龙房地产开发有限公司	CP－A－2017
	5	北京碧水庄园房地产开发有限公司	CP－A－2035
	6	北京杰盛华房地产开发有限公司	CY－A－0606
	7	北京鸿天泽房地产开发有限公司	CY－A－0695
	8	北京华阳房地产发展有限责任公司	CY－A－0735
	9	北京嘉业住房股份有限公司	CY－A－0855
	10	北京京南住房开发有限责任公司	DX－A－1752
	11	北京顺苑房地产开发有限公司	DX－A－1760
	12	北京日月星房地产开发有限责任公司	DX－A－1764
	13	北京儒林房地产开发有限责任公司	DX－A－1767
	14	北京兴红顺房地产开发公司	DX－A－1774
	15	北京宣颐房地产开发有限责任公司	DX－A－1778
	16	北京兴涛房地产开发有限责任公司	DX－A－1784
	17	北京大兴华房地产集团	DX－A－1791
	18	北京春光房地产开发有限公司	DX－A－1829
	19	北京万成房地产开发有限责任公司	DX－A－1839
	20	北京龙熙房地产开发有限责任公司	DX－A－1840
	21	北京军建利司达房地产开发有限公司	DX－A－1855
	22	北京玺萌房地产开发有限公司	FS－A－1327
	23	北京锦秋知春房地产开发有限公司	FS－A－1339
	24	北京市立元房地产开发有限责任公司	HD－A－0953
	25	北京市安达房地产开发公司	HD－A－0954

续表

资质等级	序号	企业名称	资质证书编号
三级资质	26	北京海天房地产开发有限公司	HD－B－1098
	27	北京慧友房地产开发有限责任公司	HR－A－2803
	28	北京大地房地产开发有限责任公司	HR－A－2804
	29	北京金泰房地产开发有限责任公司	HR－A－2962
	30	北京凯帝克房地产有限责任公司	JK－A－3308
	31	北京颂阳房地产开发有限责任公司	JK－A－3313
	32	北京石龙工业开发区投资开发总公司	MT－A－1559
	33	北京中协诚达房地产开发有限公司	MT－A－1571
	34	北京万年永隆房地产开发有限责任公司	MT－A－1574
	35	北京中际房地产开发有限公司	MT－A－1590
	36	北京市祺洋房地产开发有限责任公司	MT－A－1671
	37	北京中鑫源房地产开发集团有限公司	MY－A－3052
	38	北京富通基业房地产有限责任公司	MY－A－3184
	39	北京金都房地产实业股份有限公司	MY－A－4301
	40	北京市长地房地产开发建设有限责任公司	MY－A－4350
	41	北京寅丰房地产开发有限责任公司	PG－A－2525
	42	北京京盛房地产开发中心	PG－A－2553
	43	北京佳隆房地产有限公司	PG－A－2557
	44	北京鑫昌盛房地产开发公司	PG－A－2607
	45	北京市万森房地产开发公司	PG－A－2608
	46	北京首建建设有限责任公司	PG－A－2720
	47	北京龙洋房地产开发有限责任公司	PG－A－2773
	48	北京城韵房地产开发有限公司	PG－A－2796
	49	北京斯贝兰房地产开发公司	PG－A－3404
	50	首创置业方舟房地产发展有限公司	PG－A－2502
	51	北京市金鼎房地产开发公司	SJ－A－1203
	52	北京市兴华房地产开发公司	SJ－A－1204
	53	北京市房顺房地产开发有限责任公司	SY－A－2422
	54	北京市裕鑫房地产开发有限公司	SY－A－2428
	55	北京建升房地产开发有限公司	SY－A－2433

续表

资质等级	序号	企业名称	资质证书编号
三级资质	56	北京甄氏房地产开发有限公司	SY－A－2443
	57	北京首汽房地产开发公司	SY－A－2447
	58	北京东方太阳城房地产开发有限责任公司	SY－A－2456
	59	北京市开原房地产开发有限责任公司	TZ－A－2254
	60	北京潞隆房地产开发有限责任公司	TZ－A－2255
	61	北京富河房地产开发有限责任公司	TZ－A－2274
	62	北京华源京都房地产开发有限公司	TZ－A－2294
	63	北京市紫金恒房地产开发有限责任公司	TZ－A－2334
	64	北京天旭达房地产开发有限责任公司	TZ－A－2363
	65	北京市利达汇通房地产开发公司	XC－A－0210
	66	北京市兴地房地产经营开发公司	XC－A－0230
	67	中国海洋置业公司	XC－A－0249
	68	北京中融物产有限责任公司	XW－A－0411
	69	北京市天枫房地产开发公司	XW－A－0420
	70	北京二商集团有限责任公司	XW－A－0490
	71	北京市华野房地产开发有限公司	YQ－A－3206
	72	北京中盛鑫房地产开发有限公司	YQ－A－3207
	73	北京京西北房地产开发有限公司	YQ A－3208
	74	北京夏都房地产开发有限公司	YQ－A－3209
	75	北京建雄房地产开发有限责任公司	YQ－A－3216
	76	北京天伦房地产开发经营公司	PG－A－2777
	77	北京市天桥投资开发公司	XW－A－0433
	78	北京实兴经济技术开发总公司	SJ－A－1202
	79	北京亿本房地产开发有限公司	CY－A－0655
四级资质	1	北京翰宏基业房地产开发有限公司	CP－A－2057
	2	北京高德房地产有限责任公司	CY－A－0881
	3	北京东安恒产房地产开发经营公司	DC－A－0005
	4	北京星岛置业有限公司	DX－A－1775
	5	北京汇源房地产开发有限公司	HR－A－2805
	6	北京东升房地产开发有限公司	HR－A－2806

续表

资质等级	序号	企业名称	资质证书编号
四级资质	7	北京正成房地产开发有限责任公司	HR－A－2906
	8	北京京西新远房地产经营开发公司	MT－A－1556
	9	北京熠都房地产开发有限公司	MT－A－1570
	10	北京优力凯置业有限责任公司	MT－A－1585
	11	北京瑞达世纪房地产开发有限公司	MT－A－1588
	12	北京新润房地产开发有限公司	MT－A－1618
	13	北京泰然房地产开发有限公司	MY－A－3144
	14	北京鼎泰房地产开发有限责任公司	MY－A－4354
	15	北京地杰房地产开发有限责任公司	PG－A－2543
	16	北京杨镇房地产开发有限责任公司	SY－A－2420
	17	北京太合万兴房地产开发有限责任公司	TZ－A－4108
	18	北京市供销房地产开发公司	XC－A－0229
	19	北京市京都商业中心管理公司	XC－A－0229
	20	北京世茂房地产开发有限公司	XW－A－0417
	21	北京市建房房地产开发公司	XW－A－0421
	22	北京京电房地产开发经营公司	XW－A－0425
	23	北京市天工房地产开发有限责任公司	XW－A－0462
	24	北京安康房地产开发有限责任公司	YQ－A－3205
	25	北京富源通房地产开发有限责任公司	YQ－A－3238
	26	北京极地房地产开发有限公司	HR－A－2828
	27	北京顺林房地产开发中心	SY－A－2416

(二) 北京市历年在册房地产开发企业总量情况

1. 近三年我市房地产开发企业总量情况

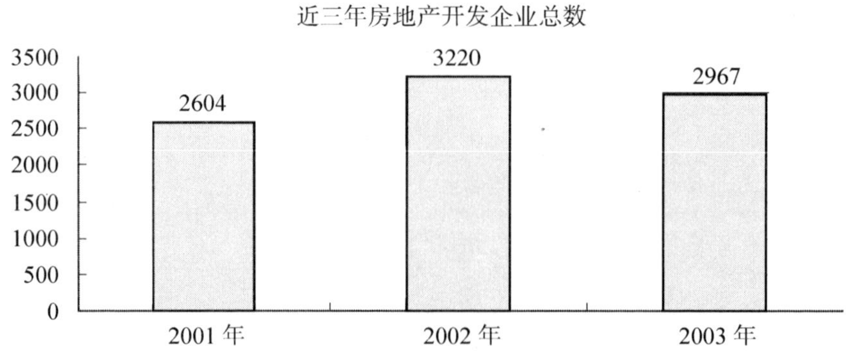

图4-1 近三年我市房地产开发企业总量情况

2. 近几年新设立房地产开发企业情况

2003年到市建委办理资质的房地产开发企业共512家，新设立开发企业数量是2000年以来最低的(具体如图)。

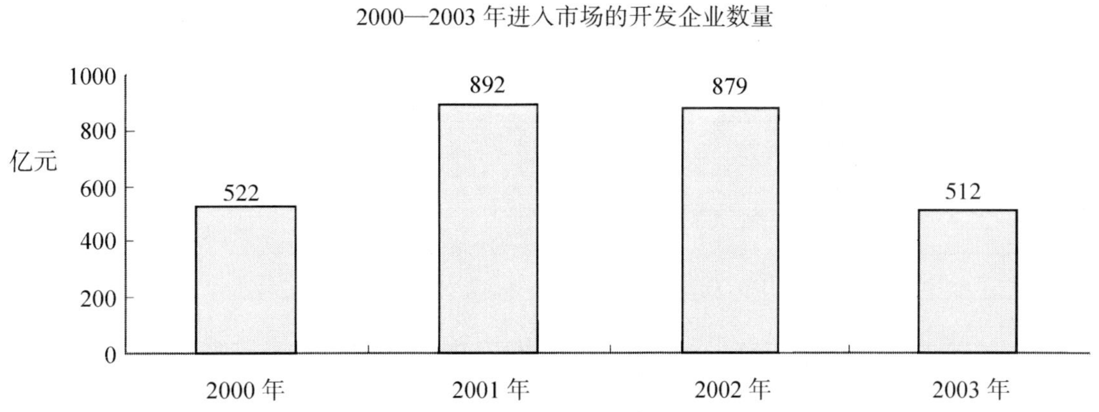

图4－2　2000—2003年进入市场的开发企业数量

二、房地产开发投资

(一)完成投资情况

1.2003年我市房地产开发完成投资情况

2003年，我市完成全社会固定资产投资2157.1亿元，同比增长18.9%，其中，房地产开发完成投资1202.5亿元，同比增长21.5%，占全市全社会固定资产投资的比重达到55.7%。

从投资构成来看，基础设施投资和商品房建设投资分别为24.8亿元和623.3亿元，同比增长8.5%和12.9%；土地开发投资39.5亿元，同比下降10.1%；国有单位投资额有所下降，为178.8亿元，同比下降21.4%。房地产开发投资中商品住宅投资633亿元，占房地产开发投资总额的52.6%，同比增长7.9%。

从投资用途来看，商品住宅完成投资633亿元，同比增长7.9%，其中公寓别墅完成投资99.5亿元，同比增长15.1%；办公楼完成投资142.7亿元，同比增长46.7%；商业用房完成投资61.3亿元，同比增长6.5%；其他商品房完成投资365.4亿元，同比增长47.5%。各区县房地产开发完成投资情况如表4－2。

表4－2　2003年各区县房地产开发完成投资情况表(亿元)

	住　宅	办公楼	商业用房	其　他	合　计
东城区	20.6	26.1	4.4	41.5	92.6
西城区	16.8	15	4.3	36.6	72.7
崇文区	19.5	1.9	6.6	13.1	41.2
宣武区	24.9	0.7	4.7	17	47.3
朝阳区	151.5	20.9	9	124.3	305.7
海淀区	90.3	65.4	13.8	83.8	253.3

续表

	住 宅	办公楼	商业用房	其 他	合 计
丰台区	57.9	1.2	4.9	31	95
石景山区	8.7	0	1	9.7	19.4
门头沟区	3.6	0.3	0.2	2.3	6.4
大兴区	44	0.4	1.3	29	74.7
昌平区	60.4	0.6	3.4	30.4	94.8
通州区	34.8	0	1.9	4.8	41.5
房山区	11	0	0.1	0.7	11.8
顺义区	19	0	0.1	1.4	20.5
怀柔区	5.9	0	0.7	0.1	6.7
平谷区	0.5	0.2	0	0.1	0.8
密云县	9.8	0.7	2	1	13.5
延庆县	4	0	0.3	0.3	4.7

2. 近几年房地产开发完成投资情况

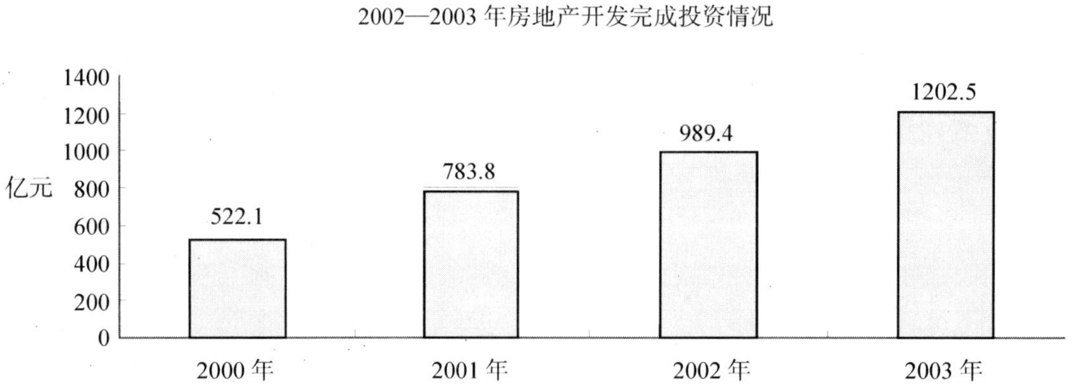

图4-3 2000—2003年我市房地产开发投资情况

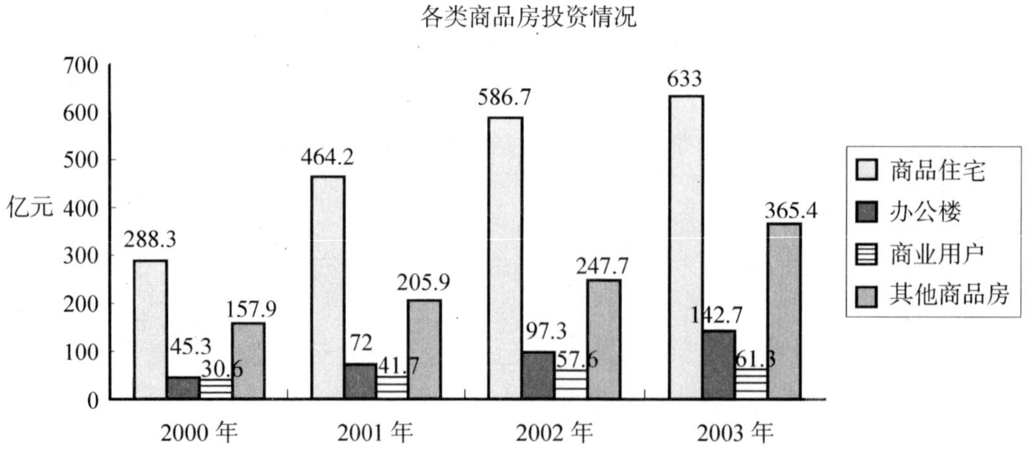

图4-4 2000—2003年我市各类商品房投资情况

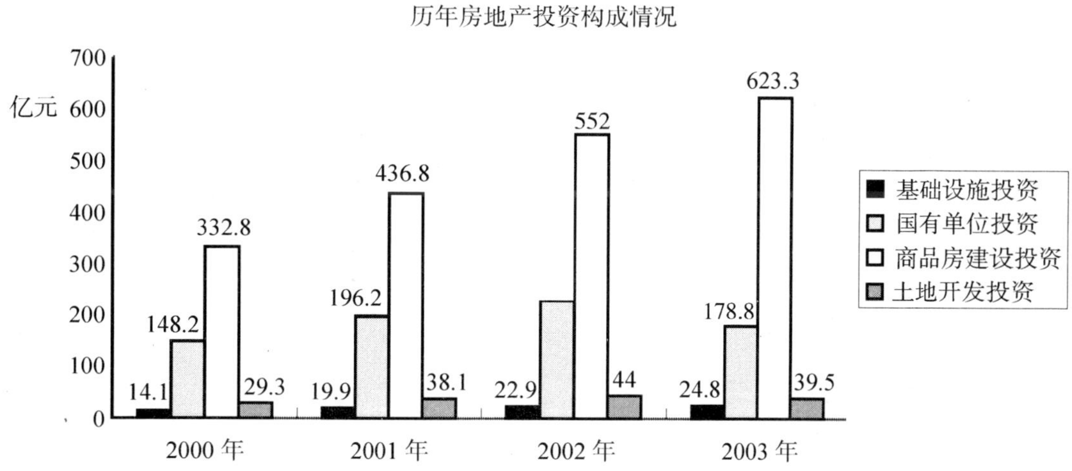

图 4-5　2000—2003 年我市房地产开发投资构成情况

(二)开发资金来源

2003 年我市房地产开发资金来源结构有所改善,企业自有资金和利用外资增速较快。

从全市房地产资金来源结构来看,本年资金来源小计 1871.4 亿元,其中国内贷款 586.9 亿元,同比增加 53.3%,占总量的 31.4%;企业自筹资金 375.8 亿元,同比增加 31%,占总量的 20.1%,其中房地产企业自有资金 192 亿元,同比增长 34%;定金及预收款等其他资金来源 875.5 亿元,同比增加 28.6%,占总量的 46.8%;利用外资 33.2 亿元,同比增加 98%,较去年同期有较大水平的提高,占资金来源总量的 1.8%。

三、商品房空置情况

(一) 2003 年北京市商品房空置情况

2003 年,我市商品房空置总量继续上升,截至 12 月底,全市商品房空置面积达到 1123.4 万 m^2,同比增长 22.2%。其中,商品住宅空置面积为 896.9 万 m^2,同比增长 17.5%,占空置总量的 79.8%,其中公寓别墅空置 160.1 万 m^2,同比下降 5.7%;办公楼空置面积为 94.2 万 m^2,同比增长 29.1%,占空置总量的 8.4%;商业营业用房空置面积为 81.2 万 m^2,同比增长 65.8%,占空置总量的 7.2%;其他商品房空置面积为 51.1 万 m^2,同比增长 50.8%,占空置总量的 4.5%。

从空置时间上看,截至 12 月底,全市空置一年以上的商品房 377.9 万 m^2,同比下降 7%,其中住宅 310.7 万 m^2,同比下降 3.8%;从空置房位置上看,三环路以外空置商品房面积为 883.2 万 m^2,同比增长 41%,占空置总量的 78.6%,其中住宅 743.9 万 m^2,同比增长 35.4%。各区县空置房情况如表 4-3:

表 4－3　各区县各类空置房情况明细表　　万 m^2

	商品住宅	办公楼	商业用房	其　他	合　计
东城区	26.4	5.8	5.5	3.5	41.3
西城区	8	16.1	2.2	2	28.3
崇文区	32.5	3.9	14	4.2	54.6
宣武区	22.4	0.2	2.7	1.6	27
朝阳区	197.9	37.1	10.4	18.9	264.3
海淀区	95.2	27.8	15.4	9.9	148.2
丰台区	91.9	1.5	5.5	2.4	101.2
石景山区	14.4	0	0	0.4	14.8
门头沟区	4.2	0	0	0	4.2
大兴区	60.7	0	1.1	6.1	67.9
昌平区	91.2	1.2	7	1.2	100.5
通州区	70.5	0	2.5	0	72.9
房山区	37.3	0	2	0	39.4
顺义区	62.8	0.4	0.3	0.5	64.1
怀柔区	16.7	0	1.8	0	18.5
平谷区	0	0	0	0	0
密云县	43.9	0.1	9.2	0.5	53.8
延庆县	21	0.1	1.5	0	22.5

(二) 近几年商品房空置情况

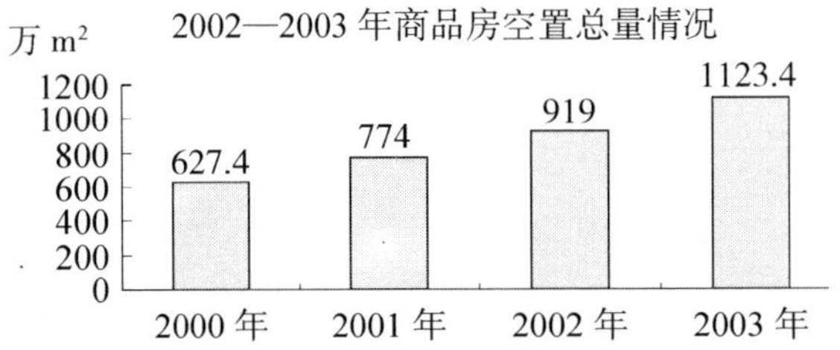

图 4－6　2000—2003 年我市商品房空置总量

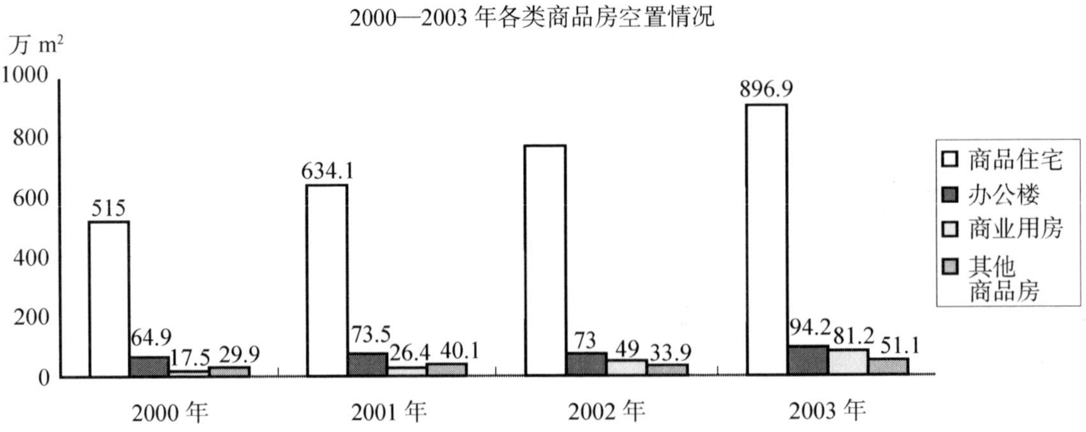

图 4－7　2000—2003 年我市各类商品房空置情况

四、房屋拆迁管理及行业

(一) 北京市拆迁管理体制

本市城市房屋拆迁实行市和区县二级管理体制。根据《北京市城市房屋拆迁管理办法》规定,市国土房管局主管本市城市房屋拆迁管理工作,负责拆迁办法的组织实施和监督检查;区县国土房管局负责本行政区域内的城市房屋拆迁管理工作。具体拆迁项目的管理以区县为主,区县国土房管局负责进行拆迁公示、核发拆迁许可证、拆迁纠纷裁决等。

(二)北京市现行拆迁政策主要内容

根据国务院《城市房屋拆迁管理条例》,本市制定了《北京市城市房屋拆迁管理办法》及其他一系列拆迁相关规定。根据这些规定,本市城市房屋拆迁主要有以下方式:

1. 国有土地房屋拆迁项目

根据国务院《城市房屋拆迁管理条例》和《北京市城市房屋拆迁管理办法》规定,本市房屋拆迁实行货币补偿,拆迁人对被拆迁房屋所有权人按照被拆迁房屋的房地产市场评估价给予补偿,也可以实行产权调换。

本市就拆迁评估出台了一系列配套规定,主要包括:《北京市房屋估价办法》(1996 年)、《北京市住宅楼房估价技术规范》(1999 年)、《北京市非住宅房屋拆迁评估技术标准》(1999 年)、《北京市房屋拆迁评估规则(暂行)》(2001 年)、《北京市房屋拆迁评估管理暂行规定》(2001 年)等。

对于公有住宅房屋,本市规定了承租人可以先按房改政策购买现住房,然后作为房屋所有权人按照拆迁办法规定得到拆迁补偿。本市规定拆迁范围内的公有住房,不论平房楼房、成套非成套,都可以按照房改政策出售。

2. 集体土地房屋拆迁

《北京市集体土地房屋拆迁管理办法》自 2003 年 8 月 1 日起开始实施,其规定:宅基地上的房屋拆迁,可以实行货币补偿或者房屋安置,有条件的地区也可以另行审批宅基地。配合该办法北京市国土房管局出台了《<北京市集体土地房屋拆迁管理办法>实施意见》和《北京市宅基地房屋拆迁补偿规则》等文件,对集体土地房屋拆迁作出了具体的规定。

(三)本市房屋拆迁情况统计

1.2003 年城八区拆迁情况

(1) 所有项目拆迁情况总计

2003 年本市共拆迁住宅房屋 251811 间,建筑面积 4825359m^2,拆迁居民 74386 户,196278 人;拆迁非住宅房屋 1380279m^2。其中,城近郊八区共拆迁住宅房屋 189756 间,建筑面积 3699635.73m^2,拆迁居民 64884 户,159005 人;拆迁非住宅房屋 1096683.72m^2。

(2) 各区拆迁情况比较

表 4-4 2003 年城八区拆迁情况 户

区　县	西城区	东城区	崇文区	宣武区	朝阳区	海淀区	丰台区	石景山区
拆迁户数	2399	9422	10475	3899	17801	14832	4797	1259

2. 近十年本市居民拆迁情况

1991－2003年，本市共完成拆迁居民540150户，1618896人，拆除住宅房屋1255057间，建筑面积19325263.18m^2。具体见表4－5。

表4－5 近十年本市居民拆迁情况

年度	户	人	间	建筑面积(m^2)
1991	15663	50359	31197	505348
1992	30411	100238	66157	1015576
1993	39238	125429	91367	1482655
1994	34120	109517	76204	1188279
1995	25750	79576	49966	811772
1996	21140	70489	40933	651025
1997	23272	72214	47942	692430
1998	34018	108590	90771	1163829
1999	16878	49250	47597	802642
2000	40673	112974	105628	841721
2001	98336	307300	147504	1966720
2002	86265	236682	207980	3377907
2003	74386	196278	251811	4825359.18
总计	540150	1618896	1255057	19325263.18

(四)拆迁单位情况

国务院《城市房屋拆迁管理条例》和建设部《城市房屋拆迁单位管理规定》，1995年本市制定了《北京市城市房屋拆迁单位管理暂行办法》，1999年11月又修改公布了《北京市城市房屋拆迁单位管理办法》。

《北京市城市房屋拆迁管理办法》规定："本市对城市房屋拆迁单位实行资格管理、资质等级评审和资质年审制度。"凡在本市从事房屋拆迁服务的单位，都必须取得本市房屋拆迁资质；本市房屋拆迁单位分为自行拆迁单位和受托拆迁单位两种；受托房屋拆迁单位资质分为一、二、三级；本市对房屋拆迁单位的资质实行年度审核制度；拆迁工作人员必须经培训考核、持证上岗。

截止2003年12月31日，全市共有房屋拆迁单位309个，其中自行拆迁单位42个，一级受托拆迁单位37个，二级受托拆迁单位29个，三级受托拆迁单位201个。

表4－6 1997年至2003年北京市拆迁单位数量一览表

年度	1997	1998	1999	2000	2001	2002	2003
拆迁单位数量(个)	98	137	180	206	242	306	309

(五)拆迁信息网的开发研制

北京市国土房管局牵头开设了北京市拆迁信息网(网址为 www.bjchaiqian.gov.cn),其主要功能包括网上办公、网上审批、发布相关信息以及接待网上咨询和投诉等。该信息网已于2003年10月1日开始试运行,并定于2004年1月1日开始正式运行。

五、危旧房改造情况

从2000年开始,我市危旧房改造工作进入了一个新的阶段,危改步伐大大加快。从2001到2003年底,我市累计拆除危房274.07万m^2,动迁居民21.99万户,累计新开工面积1531.77万m^2,竣工面积969.25万m^2,投入危改资金共计556.2亿元。同时,随着国民经济发展水平的提高,城市国际化程度的深入,旧城保护意识逐渐加强,风貌保护成为旧城改造工作的重点,三年来,在市委、市政府的统一领导下,已经初步构建完成历史文化名城整体保护、历史文化保护区和文物保护单位三层次保护体系。制定了历史文化保护区保护和修缮办法,明确了保护和修缮的工作原则、总体目标和工作程序。

为保证我市危旧房改造和古都风貌保护工作的稳步推进,近年来我市先后出台了一系列的危改与文保政策。目前实行较为普遍的改造方式主要执行三个政策,即:《北京市加快危旧房改造实施办法》(京政办发〔2000〕19号);《北京市城市房屋拆迁管理办法》(市政府令第87号);《北京旧城历史文化保护区的房屋保护和修缮工作的若干规定》(京政办发〔2003〕65号)。

(1)运用19号文政策的危改方式通称房改带危改,主要保证居民回迁安置,另外也可采取货币补偿的做法。回迁房购买价格,对被拆除的非成套住宅房屋和公有成套住宅房屋,属安置房建筑面积未超过原建筑面积以内的部分,应按照房改成本价格购买,并可享受规定的优惠政策;属安置房建筑面积超过原建筑面积,但未超过人均15 m^2(含)以内的部分,应按照房改成本价格购买,不享受相关的优惠政策;属安置房建筑面积超过人均15 m^2的部分,应按照当地经济适用住房价格购买。对按照房改成本价购买的成套住宅房屋,安置房建筑面积等于原建筑面积的部分不找差价,超过或者不足原建筑面积的部分按照当地经济适用住房价格结算差价。这样的回迁安置政策给居民购房价格上很大的优惠,深受百姓支持和欢迎,推动了危改进程。

(2)运用87号令的危改方式通称开发带危改,主要是采用货币补偿和产权置换方式,以货币补偿为主,执行的货币补偿标准为:根据被拆迁房屋的区位、用途、建筑面积等因素,以房地产市场评估价确定。被拆迁房屋的房地产市场评估价包括房屋的重置成新价和区位补偿价。

(3)65号文是在我市进一步加大古都风貌工作力度的背景下出台的,政策明确了旧城区房屋保护修缮工作的指导思想、工作原则、保护要求以及修缮责任等,对于加大旧城区文保工作有很好的指导意义。

表4－7　我市2001—2003年危旧房情况

年　度	拆除危房（万 m^2）	动迁居民（户）	新开工面积（万 m^2）	竣工面积（万 m^2）	完成投资（亿元）
2001	114.2	93443	468.5	255	173
2002	89.9	73670	454.6	332.2	179.3
2003	69.97	52772	608.67	382.05	203.9
合计	274.07	219885	1531.77	969.25	556.2

第五章

房地产交易市场

一、新建商品房市场

(一) 新建商品房批准预售情况

1.2003 年北京市新建商品期房批准预售情况

2003 年,全市累计批准上市期房建筑面积 3206.53 万 m^2, 比 2002 年增长 56.76%;批准预售商品房 2606.91 万 m^2, 比 2002 年增长 49%;批准预售经济适用住房建筑面积 599.62 万 m^2, 是 2002 年的 2 倍多。其中,批准住宅类房屋上市建筑面积占总量的 84.9 %。

表 5-1 2003 年商品房供应情况表

万 m^2

年　份	普通住宅	高档住宅	办　公	商　业	车位及其他	合　计
2002 年	1592.16	187.28	138.49	119.24	1.21	2038.38
2003 年	2441.51	279.94	148.15	188.77	148.16	3206.53
同比增加	53%	49%	7%	58%	12144%	57%

2. 北京市历年商品房批准预售面积

表 5-2 北京市历年商品房批准预售面积

年　　份	面积(万 m^2)
1999 年	1146.09
2000 年	1444.42
2001 年	2107
2002 年	2038.38
2003 年	3206.53

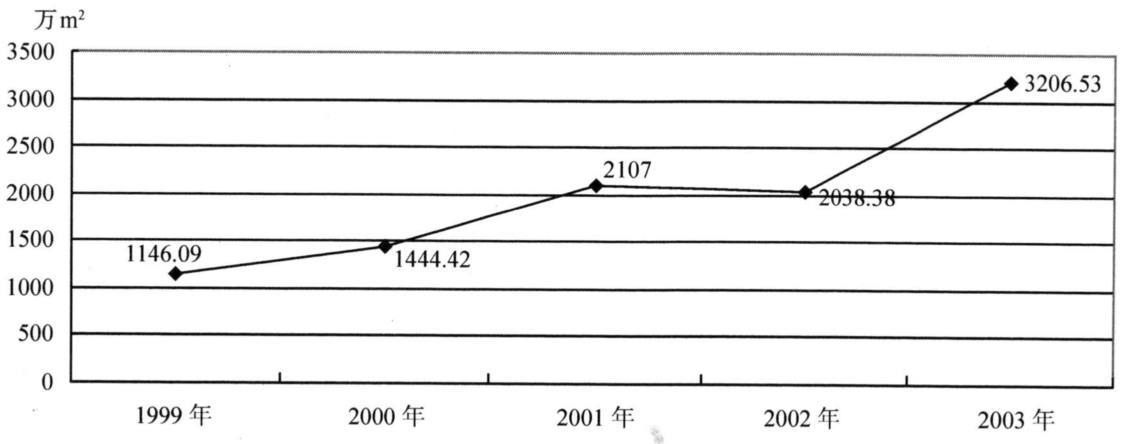

图 5-1 1999—2003 批准预售商品房上市情况

3. 北京市历年商品住宅批准预售面积

表5－3　北京市历年商品住宅批准预售面积

万 m^2

年　份	经济适用住房	普通住宅	高档住宅	合　计
1999年	221.9	729.12	129.54	1080.56
2000年	127.95	1034.98	187.81	1350.74
2001年	564.3	1251.01	186.38	2001.69
2002年	286.72	1305.44	187.28	1779.44
2003年	599.62	1841.89	279.94	2721.45

4. 北京历年办公用房批准预售建筑面积

表5－4　北京历年办公用房批准预售建筑面积

万 m^2

1999年	2000年	2001年	2002年	2003年	合　计
43.09	56.87	61.21	138.49	148.15	447.81

5. 北京历年商业、工业用房批准预售建筑面积

表5－5　北京历年商业、工业用房批准预售建筑面积

万 m^2

1999年	2000年	2001年	2002年	2003年	合　计
22.44	36.81	44.1	120.45	233.7	457.5

表5－6　2003年发放预售许可证工程

项　目　名　称	预售许可证号	开　发　商
光大名筑园(原北小营居住小区)	京房售证字(2003)1号	北京光大房地产开发有限公司
创业者家园	京房售证字(2003)2号	北京归谷园有限责任公司
朝通嘉园	京房售证字(2003)3号	北京国锐房地产开发有限公司
官书院小区	京房售证字(2003)4号	北京天石恒房地产开发有限公司
木樨园危改商业一期北段	京房售证字(2003)5号	北京恒泰基业房地产开发有限公司
恋日嘉园	京房售证字(2003)6号	北京华野投资管理有限公司
通泰小区(郦城)	京房售证字(2003)7号	北京永泰房地产开发有限责任公司
美林小镇	京房售证字(2003)8号	北京美林房地产开发有限公司
万霖博雅明园	京房售证字(2003)9号	北京世纪兴业房地产开发有限公司

续表

项目名称	预售许可证号	开发商
裕泽园	京房售证字(2003)10号	北京裕泽房地产开发有限责任公司
海云轩	京房售证字(2003)11号	北京西瀛房地产开发有限公司
万柳亿城大厦	京房售证字(2003)12号	北京亿城房地产开发有限公司
俊景苑	京房售证字(2003)13号	北京亿洋星城房地产开发有限公司
葡东小区27#住宅楼	京房售证字(2003)14号	北京石龙工业开发区投资开发总公司
北洼路住宅楼	京房售证字(2003)15号	北京建房房地产开发有限公司
清澄名苑	京房售证字(2003)16号	北京龙熙房地产开发有限责任公司
星标住宅小区二期	京房售证字(2003)17号	北京亿城房地产开发有限公司
富力家园	京房售证字(2003)18号	北京富力城房地产开发有限公司
百子园	京房售证字(2003)19号	北京金马文华园房地产开发有限公司
华城住宅小区	京房售证字(2003)20号	神华房地产有限责任公司
新月家园	京房售证字(2003)21号	北京市裕发东瑞房地产开发有限公司
中华家园	京房售证字(2003)22号	北京大宅房地产开发中心
新桥路小白楼危改小区	京房售证字(2003)23号	北京京西百灵房地产开发有限公司
青塔西里危改小区	京房售证字(2003)24号	北京市丰台区鸿华房地产开发经营公司
北辰绿色家园;北苑北辰居住区	京房售证字(2003)25号	北京北辰实业股份有限公司
韩村河花园住宅小区	京房售证字(2003)26号	北京韩村河房地产开发有限公司
海通梧桐苑(昊宇家园一期)	京房售证字(2003)27号	昊宇房地产开发有限公司
润枫德尚苑	京房售证字(2003)28号	北京润丰房地产开发有限公司
慈云嘉园	京房售证字(2003)29号	三能达置业有限公司
黄土岗新村二期(风格与林一期)	京房售证字(2003)30号	北京元亨房地产开发有限公司
南宫苑住宅小区	京房售证字(2003)31号	北京中宸房地产开发有限公司
闻涛苑	京房售证字(2003)32号	北京旭日房地产开发有限责任公司
珠江华景家园	京房售证字(2003)33号	北京合生北方房地产开发有限公司
兴隆家园	京房售证字(2003)34号	北京天翌房地产开发有限责任公司
沁春家园	京房售证字(2003)35号	北京都市房地产开发有限责任公司
中海凯旋园	京房售证字(2003)36号	北京中海豪庭房地产开发有限公司
苹果园四区13#楼(苹果园2号楼)	京房售证字(2003)37号	北京首钢房地产开发有限公司
倚林佳园3区(出让合同C区)	京房售证字(2003)38号	北京科林房地产开发有限公司
新华联锦园三期	京房售证字(2003)39号	北京新华联房地产开发有限公司
远洋天地二区	京房售证字(2003)40号	中远房地产开发公司
鑫兆雅园	京房售证字(2003)41号	北京市城乡房屋建设开发公司

续表

项目名称	预售许可证号	开发商
广华园	京房售证字(2003)42号	北京广华轩房地产开发有限责任公司
佳兴园住宅小区	京房售证字(2003)43号	北京首佳兴房地产开发有限公司
安苑东里住宅楼	京房售证字(2003)44号	北京市万森房地产开发公司
天赐良园三期	京房售证字(2003)45号	北京富河房地产开发有限责任公司
中鑫嘉园二期	京房售证字(2003)46号	北京中鑫源房地产开发集团有限公司
银科大厦	京房售证字(2003)47号	北京建银福商房地产开发有限公司
城市亮点	京房售证字(2003)48号	北京荣达伟业房地产开发有限公司
京城雅居	京房售证字(2003)49号	北京柏宇兴业房地产开发有限公司
群芳丽景苑	京房售证字(2003)50号	北京万德福房地产开发有限公司
北京青年城小区	京房售证字(2003)51号	北京新华联恒业房地产开发有限公司
阳光100国际公寓	京房售证字(2003)52号	北京银信光华房地产开发有限公司
在水一方家园	京房售证字(2003)53号	北京黄海房地产开发有限公司
管庄西里东小区	京房售证字(2003)54号	北京金隅嘉业房地产开发公司
格兰晴天家园	京房售证字(2003)55号	北京鑫裕阳房地产开发有限公司
曙光花园望河园(曙光花园二期)	京房售证字(2003)56号	北京天鸿宝业房地产股份有限公司
中泽雅园	京房售证字(2003)57号	北京中泽房地产开发有限公司
泰悦豪庭	京房售证字(2003)58号	北京银泰置地房地产开发有限公司
通用时代国际中心	京房售证字(2003)59号	北京通润房地产开发有限公司
当代城市家园二期	京房售证字(2003)60号	北京当代房地产开发有限责任公司
星源公寓(望京金座阳光公寓)	京房售证字(2003)61号	北京市利达汇通房地产开发公司
圆梦居	京房售证字(2003)62号	北京兴源房地产开发有限公司
学院国际大厦	京房售证字(2003)63号	北京鸿威房地产开发有限公司
橘郡花园	京房售证字(2003)64号	北京温碧源住宅有限公司
月桂庄园	京房售证字(2003)65号	北京月桂苑房地产开发有限公司
流星花园B区	京房售证字(2003)66号	北京新龙房地产开发有限公司
西马小区	京房售证字(2003)67号	北京金易房地产开发有限公司
华源之星大厦(中纺里41#楼)	京房售证字(2003)68号	北京华源京都房地产开发有限公司
石景雅居	京房售证字(2003)69号	北京天海兆业房地产开发有限公司
鑫兆佳园二期	京房售证字(2003)70号	北京市城乡房屋建设开发公司
锦秋知春花园电子商务信息中心(锦秋国际大厦)	京房售证字(2003)71号	北京锦秋知春房地产开发有限公司
华天大厦	京房售证字(2003)72号	北京华天房地产有限责任公司

续表

项目名称	预售许可证号	开发商
八里庄南里新区住宅及地下车位	京房售证字(2003)73号	北京京朝房地产开发有限公司
京都商业中心	京房售证字(2003)74号	北京市京都商业中心管理公司
名佳花园二期、三期	京房售证字(2003)75号	北京佳隆房地产开发有限公司
武夷花园	京房售证字(2003)76号	北京武夷房地产开发有限公司
元嘉国际公寓	京房售证字(2003)77号	北京三元嘉铭房地产开发有限公司
赵登禹路办公楼	京房售证字(2003)78号	北京市建平房地产开发有限公司
世纪星河名苑	京房售证字(2003)79号	北京永泰宏基房地产开发有限公司
建欣苑	京房售证字(2003)80号	北京金隅嘉业房地产开发公司
源景苑小区(十八里店乡住宅)	京房售证字(2003)81号	北京中鼎基业房地产开发有限公司
建华小区	京房售证字(2003)82号	北京牧华伟业房地产开发有限责任公司
通典铭居	京房售证字(2003)83号	北京福润达房地产开发有限公司
淯龙台大厦	京房售证字(2003)84号	北京亚中置业房地产开发有限责任公司
南太平庄危改小区	京房售证字(2003)85号	北京天石恒房地产开发有限公司
天秀花园1号地(秋水园)	京房售证字(2003)86号	北京海开万科房地产开发有限责任公司
乙型住宅	京房售证字(2003)87号	北京岳安实业股份有限公司
韵竹园	京房售证字(2003)88号	北京鲁能陶然房地产开发有限公司
金地国际花园	京房售证字(2003)89号	北京金地鸿业房地产开发有限公司
习习景园	京房售证字(2003)90号	北京都鹏房地产开发有限公司
宝山新村一期	京房售证字(2003)91号	北京锦绣大地房地产开发有限公司
华腾北搪商务大厦	京房售证字(2003)92号	北京华升兴业房地产开发有限公司
(昆泰国际中心)朝外商业中心	京房售证字(2003)93号	北京昆泰嘉华房地产开发有限公司
南曦大厦	京房售证字(2003)94号	北京楠溪房地产开发有限公司
福怡苑小区	京房售证字(2003)95号	北京市基础设施投资开发公司
倚景园	京房售证字(2003)96号	北京万馨房地产开发有限公司
京东丽景苑	京房售证字(2003)97号	北京城建房地产开发有限公司
欧陆经典北区	京房售证字(2003)98号	北京太合龙脉房地产开发有限责任公司
沁春家园1#楼	京房售证字(2003)99号	北京城建房地产开发有限公司
半山枫林公寓	京房售证字(2003)100号	北京雕刻时空投资管理有限公司
未来假日花园一期	京房售证字(2003)101号	北京名流未来置业有限公司
东域大厦(原雪莲大厦)	京房售证字(2003)102号	北京恒阳华隆房地产有限公司
圆明园花园	京房售证字(2003)103号	北京圆明园花园别墅有限公司
世纪新景园	京房售证字(2003)104号	北京隆鑫园房地产有限公司

续表

项目名称	预售许可证号	开发商
蓝靛厂居住区(世纪城三期)	京房售证字(2003)105号	北京金源鸿大房地产有限公司
松园小区(宁馨苑)	京房售证字(2003)106号	北京都市岳华房地产开发有限公司
郑常庄住宅小区2#楼	京房售证字(2003)107号	北京市京政房地产开发有限责任公司
骏景园北区	京房售证字(2003)108号	北京珠江房地产开发有限公司
芳菁苑	京房售证字(2003)109号	北京华森房地产开发有限公司
北京天方苑小区	京房售证字(2003)110号	北京天方房地产开发有限责任公司
锦官苑	京房售证字(2003)111号	北京中民信房地产开发有限公司
曙光花园二期	京房售证字(2003)112号	北京海青曙光房地产开发中心
金榜园	京房售证字(2003)113号	北京元龙房地产开发有限责任公司
天地美墅家园	京房售证字(2003)114号	北京恒帝隆房地产开发有限公司
新华联家园	京房售证字(2003)115号	北京新世界房地产有限公司
易构空间嘉园	京房售证字(2003)116号	北京国锐房地产开发有限公司
方舟苑三期(城市月光)	京房售证字(2003)117号	北京方恒房地产开发有限公司
南湖生活区改造项目	京房售证字(2003)118号	北京金隅嘉业房地产开发公司
文慧园	京房售证字(2003)119号	北京市威凯房地产开发经营公司
海天大厦二期N座(北段)	京房售证字(2003)120号	北京海天房地产开发有限公司
百富国际大厦	京房售证字(2003)121号	北京恒富广场开发有限公司
中泽雅园	京房售证字(2003)122号	北京中泽房地产开发有限公司
北辰澜桥国际花园一期(东郊和平项目)	京房售证字(2003)123号	北京北辰房地产开发股份有限公司
公园大道万盛家园	京房售证字(2003)124号	北京富然大厦有限公司
珠江愉景家园	京房售证字(2003)125号	北京合生愉景房地产开发有限公司
风度柏林	京房售证字(2003)126号	北京融利达房地产开发有限公司
宝盛北里小区、宝盛里小区	京房售证字(2003)127号	北京宝晟住房股份有限公司
珠江国际家园	京房售证字(2003)128号	北京珠江中天和置业有限公司
金福苑小区	京房售证字(2003)129号	北京金隅嘉业房地产开发公司
天坛嘉园	京房售证字(2003)130号	北京金隅嘉业房地产开发公司
长银大厦	京房售证字(2003)131号	北京邦泰置业有限公司
金融街华荣公寓	京房售证字(2003)132号	北京华荣建业房地产开发有限公司
京通苑	京房售证字(2003)133号	北京华润京通房地产开发有限公司
翡翠苑	京房售证字(2003)134号	北京华润曙光房地产开发有限公司
西山美墅馆	京房售证字(2003)135号	北京三九建业房地产开发有限公司

续表

项　目　名　称	预售许可证号	开　发　商
富东嘉园	京房售证字(2003)136 号	北京富利房地产开发有限责任公司
太阳宫新区 F 区一期	京房售证字(2003)137 号	北京太阳宫房地产开发有限公司
方南家园	京房售证字(2003)138 号	北京市物资房地产开发公司
南太平庄危改小区	京房售证字(2003)139 号	北京御川房地产开发有限公司
燕平家园	京房售证字(2003)140 号	北京都市岳华房地产开发有限公司
紫南家园;世纪东方嘉园	京房售证字(2003)141 号	北京世纪城房地产开发有限公司
回龙观南店住宅小区	京房售证字(2003)142 号	北京市玉龙吉胜房地产开发有限公司
上八十住宅小区	京房售证字(2003)143 号	北京龙泰华房地产开发有限责任公司
银地家园	京房售证字(2003)144 号	北京银地房地产开发有限责任公司
京达国际公寓	京房售证字(2003)145 号	北京京达房地产开发有限公司
温榆庄园一期东区	京房售证字(2003)146 号	北京碧水源房地产开发有限公司
温榆庄园一期东区	京房售证字(2003)147 号	北京绿水源房地产开发有限公司
彩虹园(世纪人居商住小区)	京房售证字(2003)148 号	北京东和嘉业房地产开发有限公司
望京 K5 区二期(银领国际)	京房售证字(2003)149 号	北京城市开发集团有限责任公司
右外头条危改小区	京房售证字(2003)150 号	北京晨益房地产开发有限责任公司
朗琴园	京房售证字(2003)151 号	北京润博房地产开发有限公司
紫金成苑二期	京房售证字(2003)152 号	北京顺开房地产开发有限公司
运乔嘉园	京房售证字(2003)153 号	北京顺开房地产开发有限公司
慧谷阳光嘉园	京房售证字(2003)154 号	北京望京新兴产业区综合开发公司
朝外们写字中心	京房售证字(2003)155 号	北京成荣房地产发展有限公司
建外 SOHO	京房售证字(2003)156 号	北京红石建外房地产开发有限公司
晓月苑	京房售证字(2003)157 号	北京市宛平房地产开发有限责任公司
甜水园小区	京房售证字(2003)158 号	北京市朝阳城市建设综合开发公司
金泽大厦	京房售证字(2003)159 号	北京金泽房地产开发有限公司
霍营小区西区	京房售证字(2003)160 号	北京腾昌兴房地产开发有限公司
流星花园	京房售证字(2003)161 号	北京新龙房地产开发有限公司
果岭里	京房售证字(2003)162 号	北京世纪春天房地产开发有限公司
三星庄园	京房售证字(2003)163 号	北京恒鑫房地产开发有限公司
荣尊堡	京房售证字(2003)164 号	北京新荣房地产开发有限公司
龙阁(枣子营金龙水道住宅楼)	京房售证字(2003)165 号	北京华阳房地产发展有限责任公司
高丽营住宅小区一期	京房售证字(2003)166 号	北京东君房地产开发有限公司
盛鸿大厦	京房售证字(2003)167 号	北京元鸿房地产开发有限公司

续表

项 目 名 称	预售许可证号	开 发 商
炫特嘉园(广厦时代住宅小区)	京房售证字(2003)168号	北京广厦京都置业有限公司
世纪芳庭 飘HOME(世纪芳园住宅小区)	京房售证字(2003)169号	北京正华房地产开发有限责任公司
黄村老街危改(瑞康家园)	京房售证字(2003)170号	北京瑞德康住房开发股份有限公司
宣颐家园	京房售证字(2003)171号	北京宣颐房地产开发有限责任公司
尚都国际中心	京房售证字(2003)172号	北京建华置地有限公司
柳岸景园	京房售证字(2003)173号	北京中泽房地产开发有限公司
月季园南里住宅小区	京房售证字(2003)174号	北京信立德房地产开发有限公司
芳城园一区20#楼	京房售证字(2003)175号	北京日月房地产开发有限公司
远见名苑	京房售证字(2003)176号	北京裕泰达房地产开发有限公司
京城仁合家园	京房售证字(2003)177号	北京市房地产综合开发经营公司
东恒时代家园	京房售证字(2003)178号	北京方恒房地产开发有限公司
绿岛家园	京房售证字(2003)179号	北京市西达房地产开发有限责任公司
辉煌时代大厦	京房售证字(2003)180号	北京辉煌世纪房地产开发有限公司
兰德华庭	京房售证字(2003)181号	北京罗兰德房地产开发有限公司
银创家园南区	京房售证字(2003)182号	北京银创房地产开发有限公司
鲁迅文化园上河村	京房售证字(2003)183号	北京市鲁艺房地产开发有限责任公司
北苑家园	京房售证字(2003)184号	北京城建兴华地产有限公司
国典华园	京房售证字(2003)185号	北京国电房地产开发有限公司
星河城住宅小区一期	京房售证字(2003)186号	北京晟博龙房地产开发有限公司
荣丰嘉园	京房售证字(2003)187号	北京荣丰房地产开发有限公司
力度家园	京房售证字(2003)188号	北京方恒房地产开发有限公司
木樨园住宅楼	京房售证字(2003)189号	北京大厚房地产开发有限公司
芍药居北里404#楼	京房售证字(2003)190号	北京市世源城市建设综合开发公司
海晟名苑	京房售证字(2003)191号	北京海晟房地产开发有限公司
华贸中心	京房售证字(2003)192号	北京国华置业有限公司
大湖山庄(金来欣住宅小区)	京房售证字(2003)193号	北京金来欣房地产开发有限公司
天玉大厦	京房售证字(2003)194号	北京中天亿房地产开发有限公司
宾都苑二期	京房售证字(2003)195号	北京市大成房地产开发总公司
永泰园小区	京房售证字(2003)196号	北京群薇房地产开发有限责任公司
原生墅(颐合天地)	京房售证字(2003)197号	北京震环房地产开发有限公司
置地星座大厦	京房售证字(2003)198号	华润置地(北京)股份有限公司

续表

项目名称	预售许可证号	开发商
凯恒中心	京房售证字(2003)199号	北京凯恒房地产有限公司
北京人家佳园一期B区	京房售证字(2003)200号	北京新龙房地产开发有限公司
建外SOHO四期	京房售证字(2003)201号	北京红石建外房地产开发有限公司
欧园	京房售证字(2003)202号	北京嘉里锦华房地产开发有限公司
莲水怡园小区	京房售证字(2003)203号	北京怡园伟业房地产开发有限公司
靓景明居(香秀苑(怡乐园一期))	京房售证字(2003)204号	北京津华通达房地产开发有限公司
丽水园小区	京房售证字(2003)205号	北京市丽水嘉园房地产开发中心
百旺家苑	京房售证字(2003)206号	北京德成兴业房地产开发有限公司
海润大厦	京房售证字(2003)207号	北京凯迪宝房地产开发有限公司
嘉诚花园	京房售证字(2003)208号	北京三元嘉铭房地产开发有限公司
慧谷金色家园二期	京房售证字(2003)209号	北京望京新兴产业区综合开发公司
九号书院(鼎成大厦(服饰科技综合展览馆))	京房售证字(2003)210号	北京鼎成房地产开发有限公司
北京新世界家园二期	京房售证字(2003)211号	北京崇裕房产开发有限公司
龙腾家园	京房售证字(2003)212号	北京腾昌兴房地产开发有限公司
富河园小区	京房售证字(2003)213号	北京市开原房地产开发有限责任公司
望京南湖西园	京房售证字(2003)214号	北京世安住房股份有限公司
天润花园	京房售证字(2003)215号	北京天润和信房地产开发有限公司
天益大厦	京房售证字(2003)216号	北京天居房地产有限公司
嘉铭园	京房售证字(2003)217号	北京嘉铭房地产开发有限责任公司
翰宏花园	京房售证字(2003)218号	北京翰宏基业房地产开发有限公司
新康小区	京房售证字(2003)219号	北京市恒泰房地产开发有限责任公司
长辛店住宅小区3#楼	京房售证字(2003)220号	北京市丰台区鸿华房地产开发经营公司
佳运园	京房售证字(2003)222号	北京市裕发房地产开发集团
方庄芳古园一区西口商业及住宅楼	京房售证字(2003)223号	北京双林房地产开发有限公司
畅茜园	京房售证字(2003)224号	北京市龙鼎华源房地产开发有限责任公司
慧谷阳光嘉园	京房售证字(2003)225号	北京阳光嘉业房地产开发有限公司
碧河花园	京房售证字(2003)226号	北京中坤锦绣房地产开发有限公司
博龙家园	京房售证字(2003)227号	北京博龙置业有限责任公司
新城国际二期	京房售证字(2003)228号	北京万置房地产开发有限公司
雅景嘉园(东方豪景住宅小区)	京房售证字(2003)229号	北京市宏远置业房地产开发有限公司

续表

项　目　名　称	预售许可证号	开　发　商
世纪风景A,C区地下车库及配套	京房售证字(2003)230号	北京世纪景房地产开发有限公司
当代万国城	京房售证字(2003)231号	北京当代鸿运房地产经营开发有限公司
含晖苑	京房售证字(2003)232号	北京市门头沟区建设开发公司
玉渊潭乡吴家场住宅小区	京房售证字(2003)233号	北京耀辉置业有限公司
东方太阳城二期A区	京房售证字(2003)234号	北京东方太阳城房地产开发有限责任公司
逸成东苑	京房售证字(2003)235号	北京泰跃房地产开发有限责任公司
金雅园	京房售证字(2003)236号	北京华泰方圆房地产开发有限公司
月亮河休闲寓所(月亮河美家园)	京房售证字(2003)237号	北京凯瑞房地产开发有限公司
兴城嘉园	京房售证字(2003)238号	北京方正房地产开发有限公司
阳光丽景	京房售证字(2003)239号	北京首创风度房地产开发有限责任公司
亢山住宅小区	京房售证字(2003)240号	北京天方房地产开发有限责任公司
胜古馨园(北京冶金设备制造厂厂区改造工程)	京房售证字(2003)241号	北京金基力房地产开发有限公司
菜园街危改小区一期(恬心家园)	京房售证字(2003)242号	北京市天工房地产开发有限责任公司
天和人家家园	京房售证字(2003)243号	北京金华房地产开发公司
元件四厂住宅楼	京房售证字(2003)244号	北京中企联合房地产开发有限责任公司
康泽园小区	京房售证字(2003)245号	北京长兴房地产开发有限公司
清缘小区	京房售证字(2003)246号	北京市恒泰房地产开发有限责任公司
美然北美态度	京房售证字(2003)247号	北京美晟房地产开发有限责任公司
小红门新村一期	京房售证字(2003)248号	北京恋日房地产开发有限公司
岳各庄小区东区	京房售证字(2003)249号	北京京大昆仑房地产开发有限公司
润民柳芳居	京房售证字(2003)250号	北京市朝阳区房地产经营开发公司
西三旗西二里小区	京房售证字(2003)251号	北京新奥广厦房地产开发有限公司
山水文园	京房售证字(2003)252号	北京荣泰恒嘉房地产开发有限公司
温特莱中心	京房售证字(2003)253号	北京世纪恒丰房地产开发有限公司
北京长空机械有限责任公司49号住宅	京房售证字(2003)254号	北京天鸣房地产开发有限公司
七里庄小区(庄维花园二期)	京房售证字(2003)255号	北京庄维房地产开发有限责任公司
姜庄湖园林别墅	京房售证字(2003)256号	北京姜庄湖园林别墅开发有限公司
叁空间家园	京房售证字(2003)257号	北京君龙房地产开发有限公司

续表

项目名称	预售许可证号	开发商
碧水庄园	京房售证字(2003)258号	北京碧水庄园房地产开发有限公司
蓝调沙龙雅园	京房售证字(2003)259号	北京天行雅坤房地产开发有限公司
常青藤嘉园	京房售证字(2003)260号	北京常青藤房地产开发有限公司
万柳蜂鸟家园	京房售证字(2003)261号	北京恒宇佳泰房地产开发有限公司
嘉豪国际中心	京房售证字(2003)262号	北京华顺方圆房地产开发有限公司
立业人家	京房售证字(2003)263号	北京立业房地产开发有限公司
安化寺危改小区1号地A座办公楼	京房售证字(2003)264号	北京通正置业有限公司
海特花园商住楼	京房售证字(2003)265号	北京伟恩房地产开发有限公司
盈都大厦	京房售证字(2003)266号	北京华远盈都房地产开发有限公司
非常生活红人轩	京房售证字(2003)267号	北京天相房地产开发有限公司
铸诚大厦	京房售证字(2003)268号	北京鸿润房地产开发有限公司
崇外2号地危改小区公建(庚)	京房售证字(2003)269号	北京兴隆置业有限公司
华冠丽景嘉园	京房售证字(2003)270号	北京市泰安房地产开发有限公司
长河大厦	京房售证字(2003)271号	北京嘉友房地产开发有限公司
核桃园小区住宅楼	京房售证字(2003)272号	北京市天工房地产开发有限责任公司
左安漪园	京房售证字(2003)273号	北京崇开嘉信房地产开发有限公司
天雅木樨园服装大厦	京房售证字(2003)274号	北京三利商城房地产开发有限公司
华鼎世家3、4号楼	京房售证字(2003)275号	北京城市开发集团有限责任公司
锋阁嘉园(怡乐园二区)	京房售证字(2003)276号	北京万德福房地产开发有限公司
万达广场一期	京房售证字(2003)277号	北京万达广场房地产开发有限公司
北杨洼小区	京房售证字(2003)278号	北京福瑞房地产开发有限公司
万方源住宅/商业中心	京房售证字(2003)279号	北京万方源房地产开发有限公司
北京世贸商城	京房售证字(2003)280号	恒逸房地产开发有限公司
蓝堡北区办公楼	京房售证字(2003)281号	北京建华时代房地产有限公司
筑梦园	京房售证字(2003)282号	北京远中房地产开发有限公司
紫芳园一区	京房售证字(2003)283号	北京城市开发股份有限公司
成寿寺住宅	京房售证字(2003)284号	北京浩鹏房地产开发有限公司
麒麟家园	京房售证字(2003)285号	北京东方卓越房地产开发有限公司
中关村金融中心	京房售证字(2003)286号	北京科技园置业股份有限公司
阳光上东园(嘉润园国际社区)	京房售证字(2003)287号	北京星泰房地产开发有限公司
信远大厦	京房售证字(2003)288号	北京信远房地产开发有限公司
亮丽园	京房售证字(2003)289号	北京裕泽房地产开发有限责任公司

续表

项目名称	预售许可证号	开发商
杨庄路22号院	京房售证字(2003)290号	北京市开原房地产开发有限责任公司
龙鼎园小区	京房售证字(2003)291号	北京隆鹤房地产开发有限公司
金侨时代家园	京房售证字(2003)292号	北京时代金侨房地产开发有限公司
西潞苑小区	京房售证字(2003)293号	北京正圆房地产开发有限公司
永泰园小区12#楼	京房售证字(2003)294号	北京嘉华联合房地产开发有限责任公司
魏公大厦B座	京房售证字(2003)295号	北京魏公元鼎房地产开发集团有限公司
蓝天苑居住小区	京房售证字(2003)296号	北京首都机场房地产有限公司
蓝天苑居住小区5-8#楼	京房售证字(2003)297号	北京埃力生房地产开发有限公司
水岸明阁	京房售证字(2003)298号	北京金环房地产开发有限公司
泽洋科贸大厦	京房售证字(2003)299号	北京泽洋房地产开发有限公司
财富嘉园	京房售证字(2003)300号	北京中基恒业房地产开发有限公司
德林园住宅小区	京房售证字(2003)301号	北京兴海创业投资管理有限公司
依水庄园	京房售证字(2003)302号	北京泰格经济开发公司
花市枣苑贰号裙房	京房售证字(2003)303号	北京城和房地产开发有限责任公司
祥和家苑	京房售证字(2003)304号	北京房开置业股份有限公司
北京工商联大厦	京房售证字(2003)305号	北京惠丰基业置业开发有限公司
嘉园66#楼	京房售证字(2003)306号	北京市宣武区城市建设综合开发总公司
鹿港嘉苑(嘉轩城市花园)	京房售证字(2003)307号	北京嘉轩房地产开发有限公司
美树假日嘉园	京房售证字(2003)308号	北京新普纪元房地产开发有限公司
道丰科技商务园	京房售证字(2003)309号	北京中关村丰台园道丰科技商务园建设发展有限公司
美然.动力街区	京房售证字(2003)310号	北京美晟房地产开发有限责任公司
奥林匹克花园一期	京房售证字(2003)311号	北京奥林匹克置业投资有限公司
青年路小区北区10#楼商业	京房售证字(2003)312号	北京市大成房地产开发总公司
北京佳程广场	京房售证字(2003)313号	北京佳程房地产开发有限公司
怡佳家园二期	京房售证字(2003)314号	北京民兴房地产开发有限公司
白云时代大厦	京房售证字(2003)315号	北京华安房地产开发有限公司
千禧家园	京房售证字(2003)316号	北京市鸿翔房地产开发有限责任公司
格瑞雅居	京房售证字(2003)317号	北京宏泰旸房地产开发有限公司
华隆住宅小区	京房售证字(2003)318号	北京依莲轩房地产开发有限责任公司
红莲西里(马连道东街15号院)	京房售证字(2003)319号	北京宣兴房地产开发股份有限公司
凤凰城	京房售证字(2003)320号	北京华润曙光房地产开发有限公司

续表

项 目 名 称	预售许可证号	开 发 商
千鹤家园	京房售证字(2003)321号	北京住总集团有限责任公司
西三旗花园	京房售证字(2003)322号	北京首创阳光房地产有限责任公司
京门商住楼	京房售证字(2003)323号	北京市华世房地产开发公司
点击未来沁居(花家地住宅楼)	京房售证字(2003)324号	北京诚通恒业房地产开发有限公司
庐峰公寓二期	京房售证字(2003)325号	北京城市开发股份有限公司
天秀花园	京房售证字(2003)326号	北京海开房地产股份有限公司
丽园小区	京房售证字(2003)327号	北京市大兴城镇建设综合开发集团公司
天桥危改小区	京房售证字(2003)328号	北京市天桥投资开发公司
百善园	京房售证字(2003)329号	顺驰置地(北京)房地产开发有限公司
铂宫国际中心(金菲国际公寓)	京房售证字(2003)330号	北京京隆房地产开发有限公司
百子园A区会所	京房售证字(2003)331号	北京金马文华园房地产开发有限公司
富力家园	京房售证字(2003)332号	北京富力城房地产开发有限公司
时村小区	京房售证字(2003)333号	北京市永联房地产开发有限责任公司
太阳宫新区E区	京房售证字(2003)334号	北京金隅嘉业房地产开发公司
兵器装备大厦	京房售证字(2003)335号	南方兵器装备产业有限责任公司
琳琅庄园	京房售证字(2003)336号	北京首钢房地产开发有限公司
红莲山庄	京房售证字(2003)337号	北京大地房地产开发有限责任公司
豪柏公寓	京房售证字(2003)338号	北京新松家园房地产开发有限公司
西北旺新村	京房售证字(2003)339号	北京德成置地房地产开发有限公司
玉桥东里小区	京房售证字(2003)340号	北京潞隆房地产开发有限责任公司
达富雅园(达富佳园)	京房售证字(2003)341号	北京联成房地产开发有限公司
杨庄北区9号楼(规划23#楼)	京房售证字(2003)342号	北京市金鼎房地产开发公司
公共通信机房及商务写字楼	京房售证字(2003)343号	北京中关村信息工程股份有限公司
达华庄园	京房售证字(2003)344号	北京达华庄园房地产开发有限公司
西豪逸景家园	京房售证字(2003)345号	北京宣福房地产开发有限责任公司
万恒家园	京房售证字(2003)346号	北京万恒永泰房地产开发有限公司
风林绿洲	京房售证字(2003)347号	北京盛世兆业房地产开发有限责任公司
宏鑫家园一期	京房售证字(2003)348号	北京宏鑫源房地产开发有限责任公司
兴源大厦	京房售证字(2003)349号	北京兴源房地产开发有限公司
远洋新干线(北京地质仪器厂一期)	京房售证字(2003)350号	北京林达华夏房地产开发有限公司
西红门经济适用住房一期底商部分	京房售证字(2003)351号	北京鸿坤伟业房地产开发有限公司
锋线阁	京房售证字(2003)352号	北京恒乾房地产开发有限公司

续表

项目名称	预售许可证号	开发商
幸福家园	京房售证字(2003)353号	北京金第房地产开发有限责任公司
园景阁	京房售证字(2003)354号	北京住总集团有限责任公司
巷上嘉园	京房售证字(2003)355号	北京中房万丰房地产开发有限公司
港湾庭	京房售证字(2003)356号	北京兴隆基置业有限公司
水木兰亭花园	京房售证字(2003)357号	北京大地林肯房地产开发有限公司
都市晴园	京房售证字(2003)358号	北京宣兴房地产开发股份有限公司
绿城百合公寓	京房售证字(2003)359号	北京阳光绿城房地产开发有限公司
福海小区	京房售证字(2003)360号	北京市永联房地产开发有限责任公司
常营居住区	京房售证字(2003)361号	北京天鸿房地产开发有限责任公司
浩庭花园	京房售证字(2003)362号	北京浩隆房地产开发有限责任公司
城市时尚家园	京房售证字(2003)363号	北京芳城房地产开发有限公司
颐德家园	京房售证字(2003)364号	北京颐德房地产开发有限公司
裕隆园(裕园居)	京房售证字(2003)365号	北京市裕发房地产开发集团
京门商住楼	京房售证字(2003)367号	北京市华世房地产开发公司
善美家园	京房售证字(2003)368号	北京善美房地产开发有限责任公司
世纪科贸大厦	京房售证字(2003)369号	北京市保福房地产开发有限公司
大宁山庄	京房售证字(2003)370号	北京集达房地产开发公司
清枫华景园	京房售证字(2003)371号	北京华清投资有限公司
领行国际中心	京房售证字(2003)372号	北京信茂房地产开发有限公司
忠实里小区	京房售证字(2003)373号	北京市崇文区城市建设开发公司
京汉旭城家园	京房售证字(2003)374号	北京京汉房地产开发有限公司
大湖山庄(金来欣住宅小区)	京房售证字(2003)375号	北京金来欣房地产开发有限公司
星河城住宅小区一期	京房售证字(2003)376号	北京晟博龙房地产开发有限公司
新华联家园	京房售证字(2003)377号	北京新世界房地产有限公司
中海馥园综合楼	京房售证字(2003)378号	北京中海房地产开发有限公司
亿时代大厦	京房售证字(2003)379号	北京泰怡轩房地产开发有限责任公司
于家园住宅小区	京房售证字(2003)380号	北京汇都家园房地产开发有限公司
丰汇时代	京房售证字(2003)381号	北京兆泰房地产开发有限责任公司
常青藤嘉园	京房售证字(2003)382号	北京常青藤房地产开发有限公司
崇文区东花市大街枣苑11#7#楼	京房售证字(2003)383号	北京城和房地产开发有限责任公司
盛业家园办公楼	京房售证字(2003)384号	北京盛业房地产开发有限公司
蓝调沙龙雅园	京房售证字(2003)385号	北京天行雅坤房地产开发有限公司

续表

项目名称	预售许可证号	开发商
北京新裕家园	京房售证字(2003)386号	北京崇文.新世界房地产发展有限公司
裕泽园小区1、2#楼	京房售证字(2003)387号	北京裕泽房地产开发有限责任公司
南湖生活区改造项目	京房售证字(2003)388号	北京金隅嘉业房地产开发公司
双花园小区17#地	京房售证字(2003)389号	北京金隅嘉业房地产开发公司
金典庄园	京房售证字(2003)390号	北京典雅房地产开发有限公司
恒润商住中心	京房售证字(2003)391号	北京世纪鼎盛房地产开发有限公司
北园一区	京房售证字(2003)392号	北京慧友房地产开发有限责任公司
富力家园	京房售证字(2003)393号	北京富力城房地产开发有限公司
金鱼池危改小区	京房售证字(2003)394号	北京市华城房地产开发公司
盈创动力	京房售证字(2003)395号	北京实创科技园开发建设股份有限公司
天恒大厦(万亨大厦)	京房售证字(2003)396号	北京万亨房地产开发有限公司
南苑镇红房子二期危改	京房售证字(2003)397号	北京市丰台区鸿华房地产开发经营公司
燕平家园	京房售证字(2003)398号	北京都市岳华房地产开发有限公司
信义大厦(安外大街综合楼)	京房售证字(2003)399号	北京信义华信房地产开发有限公司
新奥特科技大厦	京房售证字(2003)400号	北京新奥特集团有限公司
京通新潮嘉园	京房售证字(2003)401号	北京鹏程房地产开发有限公司
南八里庄商业综合楼	京房售证字(2003)402号	北京筑博苑房地产开发有限公司
博特花园	京房售证字(2003)403号	北京京辰房地产开发有限公司
远洋天地	京房售证字(2003)404号	中远房地产开发有限公司
柳岸景园	京房售证字(2003)405号	北京中泽房地产开发有限公司
西上园小区	京房售证字(2003)406号	北京市通州区房地产开发总公司
世纪星河名苑	京房售证字(2003)407号	北京永泰宏基房地产开发有限公司
置地星座大厦	京房售证字(2003)408号	华润置地(北京)股份有限公司
绿海甜园	京房售证字(2003)409号	北京兴港房地产有限公司
北京奥林匹克花园	京房售证字(2003)410号	北京奥林匹克置业投资有限公司
珠江华景家园	京房售证字(2003)411号	北京合生北方房地产开发有限公司
当代城市家园	京房售证字(2003)412号	北京当代房地产开发有限责任公司
易购空间嘉园	京房售证字(2003)413号	北京国锐房地产开发有限公司
京贸国际公寓	京房售证字(2003)414号	北京天旭达房地产开发有限责任公司
世纪城	京房售证字(2003)415号	北京金源鸿大房地产有限公司
创富大厦	京房售证字(2003)416号	北京海淀科技园建设股份有限公司
临枫嘉园	京房售证字(2003)417号	北京天方世城房地产开发有限公司

续表

项目名称	预售许可证号	开发商
天创科技大厦	京房售证字(2003)418号	北京天科创业科技有限公司
白领家园住宅小区一期	京房售证字(2003)419号	北京翔峰房地产开发有限公司
逸成东苑	京房售证字(2003)420号	北京泰跃房地产开发有限责任公司
美然北美态度	京房售证字(2003)421号	北京美晟房地产开发有限责任公司
幸福家园	京房售证字(2003)422号	北京金第房地产开发有限责任公司
海通梧桐苑	京房售证字(2003)423号	昊宇房地产开发有限公司
万柳光大西园	京房售证字(2003)424号	中国光大房地产开发公司
城市月光家园(方舟苑)	京房售证字(2003)425号	北京方恒房地产开发有限公司
京城雅居	京房售证字(2003)426号	北京柏宇兴业房地产开发有限公司
南宫苑生态居住区	京房售证字(2003)427号	北京南宫恒业房地产开发有限公司
水韵风情庄园	京房售证字(2003)428号	北京市裕发东瑞房地产开发有限公司

(二)新建商品房预售情况

1.2003年北京市各区县新建商品房预售登记情况

表5-7 2003年北京市各区县新建商品房预售登记情况

区县	成交套数	成交面积(万 m^2)	成交金额(亿元)
东城区	1353	22	20.83
西城区	1248	18.66	16.68
崇文区	2573	21.56	15.56
宣武区	5348	52.63	32.66
朝阳区	30016	335.23	188.23
海淀区	27309	330.71	239.14
丰台区	19648	202.74	91.12
石景山区	3119	31.26	12.59
通州区	9160	89.43	30.14
顺义区	1617	27.65	11.16
门头沟区	1135	11.24	3.19
大兴区	8349	84.68	26.01
怀柔区	625	8.76	3.31
昌平区	21763	282.84	81.61
开发区	3190	47.85	24.02
市交易所	15857	259.41	265.34
合计	152310	1826.65	1061.59

说明:2003年房山、密云、延庆、平谷未有预售登记数据

2.2003年北京市各区县新建商品房预售登记均价统计

表5-8 各区县预售登记均价统计表

元/m²

	登记套数	登记面积	登记金额	均价
住宅	147224	1704.43	900.66	5284
办公	1248	42.58	52.79	12399
商业营业用房	1953	35.9	53.43	14882
其他	1885	43.74	54.7	12506
合计	152310	1826.65	1061.59	

3.2003年各类用途商品房预售登记情况统计

表5-9 2003年各类用途商品房预售登记情况统计

元

区县	均价	普通住宅均价	区县	均价	普通住宅均价
东城	9470	9507	顺义	4035	3409
西城	8942	8780	门头沟	2835	2835
崇文	7218	6909	大兴	3071	3422
宣武	6206	6931	怀柔	3784	3255
朝阳	5615	6040	昌平	2885	3682
海淀	7231	6373	亦庄	5021	4973
丰台	4494	4413	市交易所	10229	7835
石景山	4026	4227	合计	5812	5588
通州	3370	3313			

4.2003年各类用途商品房预售登记均价

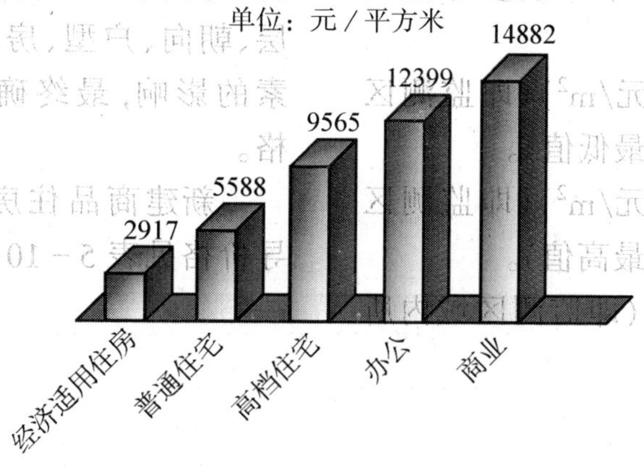

图5-2 2003年各类用途商品房预售登记均价

5. 购买对象结构情况分析

2003年个人购买占93%，其中北京个人、外省市个人、境外人士分别占70%，21%，2%；单位购买占7%。

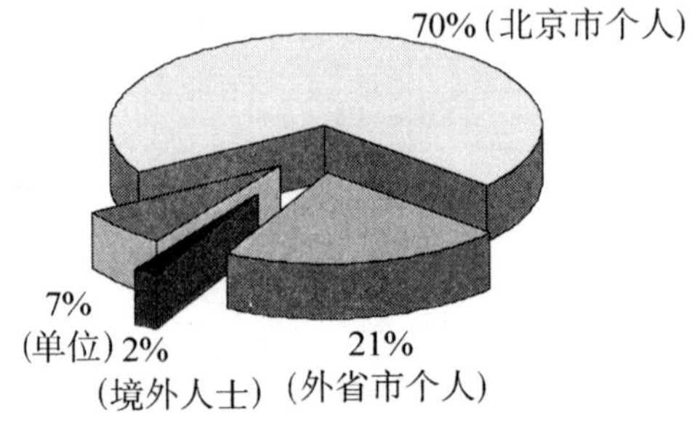

图5-3 商品房购买对象结构

(三) 2003年下半年新建商品住房买卖指导价格

新建商品住房买卖指导价格计算依据来自于市、区国土房管局房地产交易管理部门上报的2003年7-12月份新建商品住房买卖预售登记备案(房山、平谷、延庆为现售交易过户登记)成交数据。成交样本数据包括东城、西城、崇文、宣武、朝阳、海淀、丰台、石景山、昌平、大兴、通州、顺义、房山、平谷、延庆共15个区(县)。该价格是15区(县)2003年7-12月份的区(行政区域范围)内各新建商品住房买卖价格监测区域(监测区域范围)的住房买卖指导价格。其中，监测区域指导价格除了对外公布监测区域平均成交均价(核心监测指标)外，还包括以下六项参考监测指标：

①最低成交均价(元/m^2)(即监测区域内所有项目均价中的最低值)。

②最高成交均价(元/m^2)(即监测区域内所有项目均价中的最高值)。

③成交总套数(套)(即监测区域内所有项目的成交套数总和)。

④总成交建筑面积(m^2)(即监测区域内所有项目的成交建筑面积总和)。

⑤套平均成交建筑面积(m^2)(即监测区域总成交建筑面积除以成交总套数)。

⑥套平均成交价格(元)(即监测区域平均成交均价乘以套平均成交建筑面积)。

新建商品住房(普通住宅类和公寓类)指导价格，不是具体个案项目成交均价，也不是具体单套房屋买卖的个案成交价，它代表的是各区或各区内监测区域新建商品住房买卖市场价格的一般水平。买卖双方可以综合考虑供求关系、交通便捷程度、小区环境、公共设施完善程度、楼层、朝向、户型、房屋设施、装修状况等因素的影响，最终确定实际的买卖成交价格。

新建商品住房买卖价格监测区域指导价格见表5-10～5-24。

表 5－10 东城区新建商品住房买卖价格监测区域指导价格

监测区域	区域范围	项目类型	平均成交均价（元/m^2）	最低成交均价（元/m^2）	最高成交均价（元/m^2）	成交总套数	总成交建筑面积（m^2）	套平均成交建筑面积（m^2）	套平均成交价格（元）
安定门外区域	东至东土城路、西至人定湖公园、南至北二环东路、北至东城区界	普通住宅	8424	6881	8648	164	19430	118	998039
东北二环区域	东至东二环路、西至鼓楼大街－地安门大街－南池子大街、南至前门东大街－崇文门东大街、北至北二环路	普通住宅	8823	7337	9647	245	32901	134	1184839
东直门外区域	东至春秀路、西至东二环路、南至东城区界、北至东城区界	普通住宅	9997	9562	24298	362	58336	161	1611008
		公寓	13146	8545	14371	153	19353	126	1662840

表 5－11 西城区新建商品住房买卖价格监测区域指导价格

监测区域	区域范围	项目类型	平均成交均价（元/m^2）	最低成交均价（元/m^2）	最高成交均价（元/m^2）	成交总套数	总成交建筑面积（m^2）	套平均成交建筑面积（m^2）	套平均成交价格（元）
德外区域	东至北辰路、西至新街口外大街、南至德胜门东大街、北至裕民路	普通住宅	7681	7172	8224	407	54592	134	1030273
西直门外、阜成门外、复兴门外区域	东至西三环路、西至三里河路、南至莲花池东路、北至西城区界	普通住宅	9114	6880	12491	184	25227	137	1249559
西北二环内区域	东至鼓楼大街－地安门大街－北长街、西至西二环路、南至前门西大街－宣武门东大街－宣武门西大街、北至北二环路	普通住宅	10944	9160	13201	57	14894	261	2859648

表5-12 崇文区新建商品住房买卖价格监测区域指导价格

监测区域	区域范围	项目类型	平均成交均价(元/m^2)	最低成交均价(元/m^2)	最高成交均价(元/m^2)	成交总套数	总成交建筑面积(m^2)	套平均成交建筑面积(m^2)	套平均成交价格(元)
前门、崇外、东花市区域	东至崇文区界、西至前门大街、南至朱市口东大街-广渠门内大街、北至前门东大街-崇文门东大街	普通住宅	7519	5958	8736	967	87457	90	680030
天坛、体育馆路、龙潭区域	东至广渠门南滨河路、西至前门大街-天桥南大街、南至永定门东滨河路-左安门西滨河路、北至朱市口东大街-广渠门内大街	普通住宅	7478	6009	8658	70	8865	127	947035
永外区域	永外街道行政区域	普通住宅	5408	4582	5533	189	15155	80	433642

表5-13 宣武区新建商品住房买卖价格监测区域指导价格

监测区域	区域范围	项目类型	平均成交均价(元/m^2)	最低成交均价(元/m^2)	最高成交均价(元/m^2)	成交总套数	总成交建筑面积(m^2)	套平均成交建筑面积(m^2)	套平均成交价格(元)
广外区域	广外街道行政区域	普通住宅	6275	5250	6783	2530	187843	74	465895
广内、牛街、白纸坊区域	东至宣武门外大街-菜市口大街、西至广安门北滨河路-广安门南滨河路、南至右安门西街-右安门东街、北至宣武门大街	普通住宅	6417	5822	7887	714	78895	110	709061
椿树、大栅栏、陶然亭、天桥区域	东至前门大街-永定门内大街、西至宣武门外大街-菜市口大街、南至永定门西滨河路、北至宣武门东大街-前门西大街	普通住宅	8280	7582	10402	422	46386	110	910133

表 5－14　朝阳区新建商品住房买卖价格监测区域指导价格

监测区域	区域范围	项目类型	平均成交均价（元/m^2）	最低成交均价（元/m^2）	最高成交均价（元/m^2）	成交总套数	总成交建筑面积（m^2）	套平均成交建筑面积（m^2）	套平均成交价格（元）
东四环南路、南四环东路沿线区域	东至双丰铁路线、西至朝阳区界、南至南顶村路、北至广渠路	普通住宅	5076	4082	5676	298	47967	161	817049
劲松、双井、南磨房、松榆区域	东至西大望路、西至西二环路、南至周家庄路、北至百子湾路	普通住宅	7575	5520	11213	1660	218313	132	996218
		公寓	10187	8025	10547	269	42213	157	1598602
豆各庄区域	豆各庄乡行政区域	普通住宅	5208	4973	5340	89	19992	225	1169869
管庄、双桥、三间房区域	东至朝阳区界、西至东五环、南至双桥东路、北至常营路	普通住宅	4999	3538	6186	1007	107841	107	535350
甘露园、高碑店区域	东至东五环路、西至京包铁路、南至建国路、北至姚家园路	普通住宅	5409	4439	6570	491	46568	95	513007
六里屯、八里庄区域	东至京包铁路、西至金台路－西大望路、南至百子湾路、北至农展南路	普通住宅	6226	4529	12032	1766	334046	189	1177673
三里屯、左家庄、农展馆、朝阳公园朝外、建外区域	东至枣营路－金台路－西大望路、西至东二环路、南至百子湾路、北至霄云路－顺源街	普通住宅	9709	5565	15239	737	112105	152	1476835
		公寓	13013	10499	17388	87	17586	202	2630421
望京区域	东至东五环路、西至北四环东路、南至京顺路、北至北五环东路	普通住宅	6195	4515	8181	1295	147817	114	707125
		公寓	6535	4834	9387	200	26095	130	852654
三元桥、太阳宫区域	东至霄云路、西至城铁13号线、南至香河园路、北至太阳宫路	普通住宅	6871	5500	8513	809	90638	112	769807
		公寓	10222	9889	14040	192	31523	164	1678271
安慧、世纪村（亚运村）区域	东至关庄路、西至天辰路－北辰东路、南至北四环东路、北至北五环路	普通住宅	7501	5306	13213	636	82256	129	970129

续表

监测区域	区域范围	项目类型	平均成交均价(元/m^2)	最低成交均价(元/m^2)	最高成交均价(元/m^2)	成交总套数	总成交建筑面积(m^2)	套平均成交建筑面积(m^2)	套平均成交价格(元)
酒仙桥区域	东至东五环路、西至东四环北路、南至亮马桥南路、北至酒仙桥北路	普通住宅	6392	5708	8983	301	33587	112	713249
		公寓	14339	7924	23310	105	19692	188	2689177
健翔桥区域	东至天辰路－北辰东路、西至八达岭高速路、南至小关路、北至科荟西路	普通住宅	6893	5451	9446	326	43646	134	922859
北五环外区域	东至来广营路、西至八达岭高速路、南至北五环路、北至朝阳区界	普通住宅	4979	4409	6202	1688	195527	116	576735
小关区域	东至城铁13号线、西至安定路、南至北三环路、北至北四环东路	普通住宅	6890	5734	7802	217	26845	124	852360
东坝区域	东坝乡行政区域	普通住宅	5153	4785	5297	263	40087	152	785431

表5－15 海淀区新建商品住房买卖价格监测区域指导价格

监测区域	区域范围	项目类型	平均成交均价(元/m^2)	最低成交均价(元/m^2)	最高成交均价(元/m^2)	成交总套数	总成交建筑面积(m^2)	套平均成交建筑面积(m^2)	套平均成交价格(元)
田村路、阜石路沿线区域	东至永定路－长润路、西至西五环路、南至金沟河路、北至杏石口路	普通住宅	4534	4004	5293	877	104314	119	539293
北太平庄、花园路区域	东至八达岭高速路－德外大街、西至学院路－西土城路－西直门北大街、南至德胜门西大街、北至北四环中路	普通住宅	7484	5697	7880	796	70679	89	664525
紫竹院、北下关区域	东至西土城路－西直门北大街、西至西三环路、南至西直门外大街－紫竹院路、北至北三环西路	普通住宅	7769	6320	11862	1408	105357	75	581334
		公寓	13146	8018	27910	120	19625	164	2149919

续表

监测区域	区域范围	项目类型	平均成交均价（元/m^2）	最低成交均价（元/m^2）	最高成交均价（元/m^2）	成交总套数	总成交建筑面积（m^2）	套平均成交建筑面积（m^2）	套平均成交价格（元）
北四环外、学院路区域	东至八达岭高速路、西至城铁13号线、南至北四环路、北至北五环路	普通住宅	6043	5638	6172	1481	132797	90	541858
中关村、双榆树区域	东至学院路－西土城路、西至万泉河路、南至北三环西路、北至北四环西路－成府路	普通住宅	8907	4971	13990	252	40688	161	1438127
		公寓	9996	8341	12061	299	31675	106	1058941
上地、马连洼区域	东至安宁庄西路－安宁庄路－城铁13号线、西至黑山扈路、南至北五环路、北至西二旗北路－后广村路	普通住宅	5907	4993	7275	2035	241748	119	701723
西三旗、清河区域	东至海淀区界、西至安宁庄西路－安宁庄路－城铁13号线、南至北五环路、北至海淀区界	普通住宅	4466	3488	9005	2782	288260	104	462750
万柳区域	东至万泉河路－西三环北路、西至常青路、南至紫竹院路、北至北四环西路	普通住宅	7680	7127	11001	1205	148689	123	947661
		公寓	10559	9460	11412	104	10939	105	1110624
甘家口、军博区域	东至三里河路、西至西三环路、南至莲花池东路、北至紫竹院路－西直门外大街	普通住宅	7460	7461	8241	603	55504	92	686666
翠微区域	东至西三环路、西至西四环路、南至太平路－太平东路、北至阜成路	普通住宅	7429	6091	10484	138	25682	186	1382548
莲花池区域	东至西三环路、西至西四环路、南至海淀区界、北至太平路－太平东路	普通住宅	5614	5484	5963	142	12558	88	496483

续表

监测区域	区域范围	项目类型	平均成交均价（元/m^2）	最低成交均价（元/m^2）	最高成交均价（元/m^2）	成交总套数	总成交建筑面积（m^2）	套平均成交建筑面积（m^2）	套平均成交价格（元）
北洼路区域	东至西三环路、西至恩济东街、南至阜成路、北至紫竹院路	普通住宅	7117	6342	7641	867	99999	115	820868
四季青、恩济庄、定慧寺区域	东至恩济庄路、西至永定路－常青路、南至阜成路、北至蓝靛厂路	普通住宅	6484	4020	8118	2394	409778	171	1109858
		公寓	6621	4638	7704	375	43028	115	759702

表5－16　丰台区新建商品住房买卖价格监测区域指导价格

监测区域	区域范围	项目类型	平均成交均价（元/m^2）	最低成交均价（元/m^2）	最高成交均价（元/m^2）	成交总套数	总成交建筑面积（m^2）	套平均成交建筑面积（m^2）	套平均成交价格（元）
南三环至南四环区域	东至京津塘高速路、西至京开高速路、南至南四环路、北至北三环路	普通住宅	4643	3681	6166	4775	452466	95	439958
方庄区域	东至方庄路、西至景泰路、南至南三环东路、北至北二环路	普通住宅	6396	4596	6875	1444	109184	76	483616
西南三环西南四环区域	东至京开高速路、西至西四环南路、南至南四环西路、北至丰台北路	普通住宅	4768	3914	5142	416	54542	131	625135
南四环外区域	东至丰台区界、西至京山铁路、南至丰台区界、北至南四环路	普通住宅	4258	3322	6573	1419	150994	106	453088
右安门外、西罗园、菜户营区域	东至马家堡路、西至西三环南路、南至南三环西路、北至西局东街－三路居路	普通住宅	4737	4289	5839	997	107167	107	509178
六里桥、太平桥区域	东至马连道路、西至小井南路、南至丰台北路－丽泽路、北至莲花池东路	普通住宅	6029	5741	6111	364	32447	89	537426

续表

监测区域	区域范围	项目类型	平均成交均价(元/m^2)	最低成交均价(元/m^2)	最高成交均价(元/m^2)	成交总套数	总成交建筑面积(m^2)	套平均成交建筑面积(m^2)	套平均成交价格(元)
青塔、岳各庄区域	东至万寿路、西至张仪村路、南至京石高速路、北至莲花池东路西延长线	普通住宅	4603	3941	5373	1101	86643	79	362232
长辛店、宛平城区域	长辛店、宛平城街道行政区域	普通住宅	2852	2417	3104	602	50868	84	240989

表 5－17 石景山区新建商品住房买卖价格监测区域指导价格

监测区域	区域范围	项目类型	平均成交均价(元/m^2)	最低成交均价(元/m^2)	最高成交均价(元/m^2)	成交总套数	总成交建筑面积(m^2)	套平均成交建筑面积(m^2)	套平均成交价格(元)
金项山、苹果园区域	东至八大处路、西至金顶山路、南至苹果园南路、北至金顶山路	普通住宅	5194	3517	6543	273	19855	73	377754
杨庄、八角区域	东至西五环路、西至北辛安路、南至石景山路、北至田村路	普通住宅	4628	3983	10825	783	64874	83	383444
八宝山区域	八宝山街道行政区域	普通住宅	4535	4111	5520	448	45621	102	461811

表 5－18 通州区新建商品住房买卖价格监测区域指导价格

监测区域	区域范围	项目类型	平均成交均价(元/m^2)	最低成交均价(元/m^2)	最高成交均价(元/m^2)	成交总套数	总成交建筑面积(m^2)	套平均成交建筑面积(m^2)	套平均成交价格(元)
永顺区域	东至新华北街、西至市场北路－通惠北路、南至通惠河、北至京哈高速公路	普通住宅	3668	3051	4598	1039	99769	96	352216
北苑区域	东至佟麟阁街－新城南路、西至北苑南路、南至运河西大街、北至通惠河	普通住宅	3419	2907	4999	1527	139007	91	311241

续表

监测区域	区域范围	项目类型	平均成交均价(元/m^2)	最低成交均价(元/m^2)	最高成交均价(元/m^2)	成交总套数	总成交建筑面积(m^2)	套平均成交建筑面积(m^2)	套平均成交价格(元)
梨园区域	东至玉桥中路、西至京塘路、南至玉桥中路、北至运河东大街	普通住宅	2993	2590	3688	990	93313	94	282107
玉桥区域	东至滨河路、西至玉桥西路、南至运河东大街、北至玉带河大街	普通住宅	3600	2555	4185	546	57532	105	379332
潞苑区域	东至公路二环、西至通州区界、南至京哈高速公路、北至潞苑中街	普通住宅	3406	2117	4608	1127	123155	109	372197
中仓区域	东至滨河路、西至车站路、南至玉带河大街、北至新华大街	普通住宅	3494	3494	3494	5	344	69	240387
潞河区域	东至车站路－玉桥西路、西至佟麟阁路－新城南路、南至运河东大街、北至新华大街	普通住宅	3127	3127	3127	108	10176	94	294633
马驹桥镇区域	马驹桥镇行政区域	普通住宅	2579	2579	2579	362	32599	90	232245

表5－19　大兴区新建商品住房买卖价格监测区域指导价格

监测区域	区域范围	项目类型	平均成交均价(元/m^2)	最低成交均价(元/m^2)	最高成交均价(元/m^2)	成交总套数	总成交建筑面积(m^2)	套平均成交建筑面积(m^2)	套平均成交价格(元)
黄村镇区域	黄村镇行政区域	普通住宅	3462	2582	5713	1373	172723	126	435519
西红门镇区域	西红门镇行政区域	普通住宅	4658	4634	4665	31	4602	148	691488
旧宫镇区域	旧宫镇行政区域	普通住宅	3556	3268	4475	235	25457	108	385213

表 5－20　昌平区新建商品住房买卖价格监测区域指导价格

监测区域	区域范围	项目类型	平均成交均价(元/m^2)	最低成交均价(元/m^2)	最高成交均价(元/m^2)	成交总套数	总成交建筑面积(m^2)	套平均成交建筑面积(m^2)	套平均成交价格(元)
昌平镇区域	昌平镇行政区域	普通住宅	2909	2350	6900	473	38612	82	237468
回龙观镇区域	回龙观镇行政区域	普通住宅	4011	3421	4396	260	21367	82	329627
东小口镇区域	东小口镇行政区域	普通住宅	3883	3265	4965	640	81250	127	492959

表 5－21　顺义区新建商品住房买卖价格监测区域指导价格

监测区域	区域范围	项目类型	平均成交均价(元/m^2)	最低成交均价(元/m^2)	最高成交均价(元/m^2)	成交总套数	总成交建筑面积(m^2)	套平均成交建筑面积(m^2)	套平均成交价格(元)
后沙峪镇区域	后沙峪镇行政区域	普通住宅	3177	1700	3468	61	8346	137	434683
李桥镇区域	李桥镇行政区域	普通住宅	3586	2380	7032	405	58485	144	517842
高丽营区域住宅	高丽营镇行政区域	普通住宅	5841	5087	7088	24	12111	505	2947660
天竺镇区域	天竺镇行政区域	普通住宅	3195	2851	11571	636	93117	146	467742

表 5－22　房山区新建商品住房买卖价格监测区域指导价格

监测区域	区域范围	项目类型	平均成交均价(元/m^2)	最低成交均价(元/m^2)	最高成交均价(元/m^2)	成交总套数	总成交建筑面积(m^2)	套平均成交建筑面积(m^2)	套平均成交价格(元)
长阳镇区域	长阳镇行政区域	普通住宅	2213	1000	2600	51	5486	108	238049
城关镇区域	城关镇行政区域	普通住宅	984	388	1500	34	2665	78	77128
韩村河镇区域	韩村河镇行政区域	普通住宅	1598	1108	2088	12	1297	108	172717
良乡镇	良乡镇行政区域	普通住宅	1726	673	3450	176	18460	105	181034

表5－23　平谷区新建商品住房买卖价格监测区域指导价格

监测区域	区域范围	项目类型	平均成交均价(元/m^2)	最低成交均价(元/m^2)	最高成交均价(元/m^2)	成交总套数	总成交建筑面积(m^2)	套平均成交建筑面积(m^2)	套平均成交价格(元)
平谷镇区域	平谷镇行政区域	普通住宅	1096	401	2790	932	106722	115	125501

表5－24　延庆县新建商品住房买卖价格监测区域指导价格

监测区域	区域范围	项目类型	平均成交均价(元/m^2)	最低成交均价(元/m^2)	最高成交均价(元/m^2)	成交总套数	总成交建筑面积(m^2)	套平均成交建筑面积(m^2)	套平均成交价格(元)
延庆镇区域	延庆镇行政区域	普通住宅	1572	1010	1737	884	90081	102	160189
永宁镇区域	永宁镇行政区域	普通住宅	627	627	627	1	96	96	60192
康庄镇区域	康庄镇行政区域	普通住宅	1183	858	1343	15	1480	99	116723

二、存量房交易

(一) 1999年至2003年存量房交易情况

表5－25　1999年至2003年存量房交易情况

年度	成交面积(万m^2)	成交金额(亿元)
1999年	184.07	53.87
2000年	267.4	63.67
2001年	300.12	71.27
2002年	311.53	84.59
2003年	390.03	122.2

(二) 北京历年已购公房和经济适用住房再上市情况

表5－26　北京历年已购公房和经济适用住房再上市情况

年度	1999年	2000年	2001年	2002年	2003年
成交套数	5	1669	4658	7978	17097
月均成交套数	3	139	388	657	1425
成交面积(万m^2)	0.0255	11	28.9	51.26	117.38
成交金额(亿元)	0.0041	2.43	7.83	14.2	36.5

(三) 1999年至2003年北京市各区县房地产转让成交面积

表 5－27　1999 年至 2003 年北京市各区县房地产转让成交面积　　万 m^2

区　县	1999 年	2000 年	2001 年	2002 年	2003 年	合　计
东城区	18.39	15.12	10.62	17.21	16.91	78.25
西城区	1.14	5.67	8.18	7.52	34.57	57.08
崇文区	4.98	22.69	13.75	15.62	22.4	79.44
宣武区	6.39	27.4	14.97	21.99	19.83	90.58
朝阳区	132.98	79.19	66.51	153.26	322.69	754.63
海淀区	89.41	116.91	86.05	133.17	267.88	693.42
丰台区	38.48	66.11	64.75	95.06	193.66	458.06
石景山区	22.16	24.13	24.82	42.93	31.92	145.96
通州区	23.55	37.82	72.65	82.94	129.57	346.53
顺义区	2.37	3.7	6.59	7.07	67.89	87.62
怀柔区	13.8	11.31	17.51	17.11	27.78	87.51
平谷区	17.57	19.87	29.25	27.01	35.27	128.97
密云县	4.98	25.37	11.24	13.45	25.01	80.05
延庆县	9.85	15.16	11.73	9.9	16.39	63.03
房山区	5.53	2.81	6.02	7.76	15.09	37.21
门头沟区	6.19	4.78	9.17	11.7	13.41	45.25
大兴区	37.98	68.59	97.41	108.29	161.67	473.94
昌平区	6.34	60.1	86.51	152.19	315.72	620.86
市交易所	48.95	44.12	32.1	36.13	79.18	240.48
合计	491.04	650.85	669.83	960.31	1796.84	4568.87

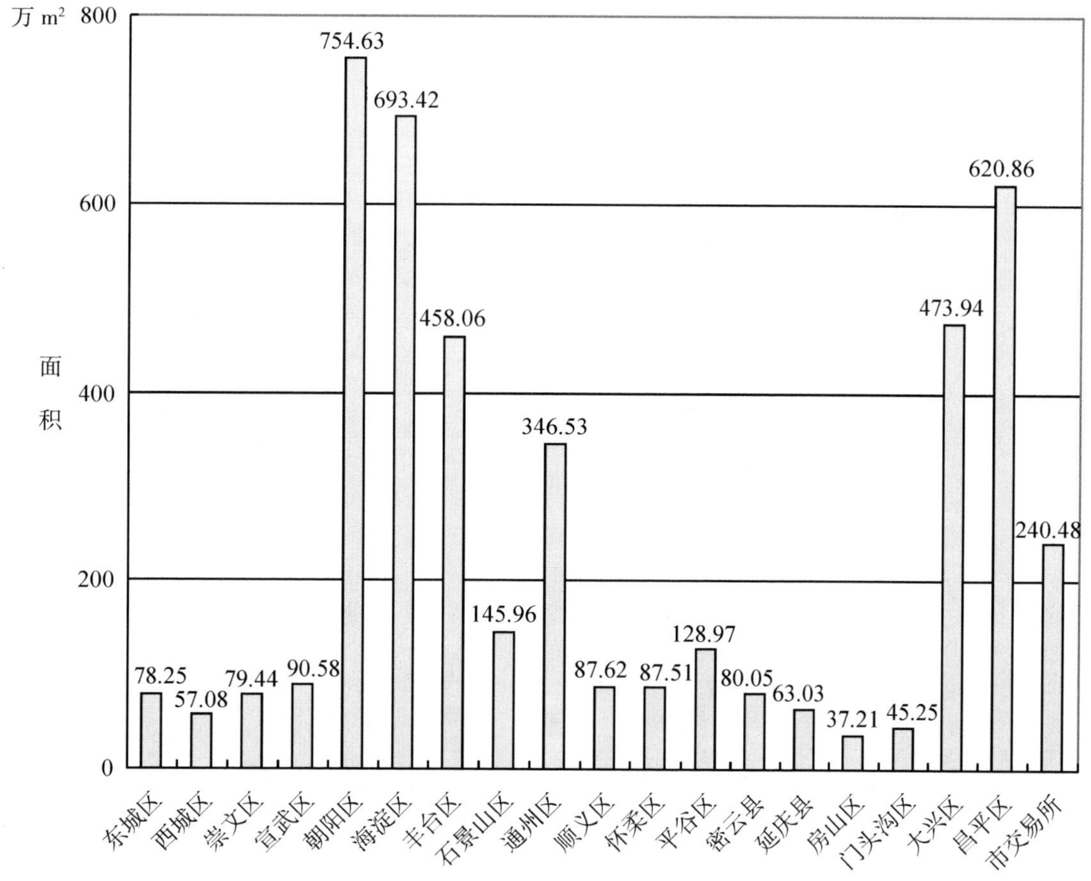

各区县房地产转让成交过户情况

(四)2003年已购公房和经济适用住房再上市买卖指导价格

1.说明

(1)公布的是各区(以行政区域为范围)和区内各典型区域(以典型区域为范围)两个层次的已购公房再上市买卖指导价格以及典型项目的经济适用住房再上市买卖指导价格,计价标准为每 m^2 建筑面积/单价。

(2)公布的指导价格是基准住房的指导价格,代表了各区和各区内典型区域已购公房和经济适用住房再上市买卖价格的市场水平,不包含买卖双方因房屋买卖发生的其他费用。买卖双方可以综合考虑供求关系、交通便捷程度、小区环境、公共设施完备度、建成年代、楼层、朝向、户型、房屋设施、装修状况等因素的影响,最终确定实际的实际成交价格。

(3)指导价格的基准住房的标准是:

①已购公房再上市基准住房标准:

上世纪八、九十年代建设;多层楼房2或4层,高层楼房中间层;一居室建筑面积 $40m^2-52m^2$,二居室建筑面积 $53m^2-65m^2$、三居室建筑面积 $66m^2-85m^2$;多层楼房正向房,高层楼房西房;配套设施齐全;一般装修的已购公房。

②经济适用住房再上市基准住房标准:

多层楼房2或4层,正向房;配套设施齐全;一般装修的经济适用住房。

2.2003年已购公房和经济适用住房再上市买卖指导价格

表5-28 2003年已购公房和经济适用住房再上市买卖指导价格

区属	典型区域	区域范围	2003年上半年已购公房再上市买卖指导价格(元/m^2)	2003年下半年已购公房再上市买卖指导价格(元/m^2)
东城区	建国门东单地区	东至朝阳门南大街 西至王府井大街 南至建国门内大街 北至金宝街	5750	5950
	东直门外地区	东至春秀路 西至东直门大街 南至吉市口八条 北至安定门东大街	5600	5600
	安定门外地区	东至东土城路 西至什坊街 南至安定门大街 北至健安东路	5400	5450
西城区	月坛三里河地区	东至复兴门大街 西至三里河路 南至莲花池东路 北至阜城门外大街	5850	6000

续表

区属	典型区域	区域范围	2003年上半年已购公房再上市买卖指导价格（元/m^2）	2003年下半年已购公房再上市买卖指导价格（元/m^2）
西城区	西直门内地区	东至西四北大街 西至三里河路 南至阜城门外大街 北至德胜门西大街	5750	5900
	德胜门外地区	东至鼓楼外大街 西至新街口外大街 南至德胜门东大街 北至裕民路	5400	5450
崇文区	前门东崇文门西大街沿线地区	东至崇文门外大街 西至前门大街 南至西打磨厂街 北至前门东大街	5300	5400
	花市地区	东至白桥大街 西至崇文门外大街 南至花市大街 北至崇文门东大街	5000	5100
	龙潭体育馆金鱼池地区	东至广渠门南滨河路 西至前门大街 南至长青路 北至广渠门内大街	4700	4800
	永定门外地区	东至景泰路 西至马家堡东路 南至南三环中路 北至永定门东滨河路	4350	4350
宣武区	前门西宣武门东大街沿线地区	东至前门大街 西至宣武门外大街 南至宣武门东大街 北至宣武门东街	5400	5500
	槐柏树西便门地区	东至宣武门外大街 西至广安门北街 南至广安门内大街 北至北滨河路	5000	5100

续表

区属	典型区域	区域范围	2003年上半年已购公房再上市买卖指导价格（元/m^2）	2003年下半年已购公房再上市买卖指导价格（元/m^2）
宣武区	白纸坊地区	东至菜市口大街 西至广安门南街 南至白纸坊街 北至南横西街	4800	5000
	右安门内地区	东至菜市口大街 西至广安门南街 南至右安门西街 北至白纸坊街	4600	4750
	广安门外地区	东至广安门南滨河路 西至西站南路 南至菜户营西街 北至莲花池东路	4350	4450
	红土店地区	东至太平街 西至菜市口大街 南至右安门东街 北至骡马市大街		4900
	天桥地区	东至天桥南大街 西至虎坊路 南至永定门西街 北至珠市口西大街		4950
	牛街地区	东至菜市口大街 西至广安门南街 南至枣林前街 北至广安门内大街		5050
朝阳区	三里屯地区	东至东三环北路 西至朝阳门大街 南至关东店北街 北至亮马河路	5500	5700
	团结湖地区	东至水碓子东路 西至东三环中路 南至朝阳路 北至农展馆南路	5200	5250

续表

区属	典型区域	区域范围	2003年上半年已购公房再上市买卖指导价格（元/m^2）	2003年下半年已购公房再上市买卖指导价格（元/m^2）
朝阳区	三源里地区	东至东三环北路 西至新东街 南至亮马河南路 北至东直门外斜街	5200	5300
	柳芳西坝河地区	东至东直门外斜街 西至城铁13号线 南至东直门大街 北至北三环东路	5150	5350
	和平里地区	东至城铁13号线 西至小黄庄北街 南至安定门东大街 北至北三环东路	5100	5250
	安贞安华地区	东至安定门外大街 西至八达岭高速路 南至外馆斜街 北至北四环中路	5050	5300
	小关地区	东至城铁13号线 西至北辰东路 南至北三环东路 北至慧忠路	5000	5200
	曙光里地区	东至霄云路 西至东坝河路 南至北三环东路 北至东坝河	5000	5000
	亮马桥地区	东至枣营路 西至东三环北路 南至农展北路 北至霄云路	4900	4900
	金台路地区	东至东三环北路 西至朝阳门大街 南至关东店北街 北至亮马河路	4900	4900

续表

区属	典型区域	区域范围	2003年上半年已购公房再上市买卖指导价格(元/m^2)	2003年下半年已购公房再上市买卖指导价格(元/m^2)
朝阳区	劲松地区	东至东三环南路 西至广渠门滨河路 南至华威南路 北至广渠门外大街	4800	4800
	大屯地区	东至北苑路 西至北辰东路 南至慧忠路 北至科荟东路	4800	4950
	芍药居地区	东至城铁13号线 西至惠新东街 南至北土城东路 北至北四环东路	4650	4650
	东八里庄地区	东至京包铁路 西至东四环中路 南至朝阳路 北至姚家园路	4600	4700
	双井地区	东至大望路 西至忠实里一巷 南至南磨房路 北至京秦铁路	4600	4600
	北沙滩地区	东至鼎成路 西至北苑路 南至北四环中路 北至小营北路	4600	4800
	世纪村地区	东至鼎成路 西至北苑路 南至北四环中路 北至小营北路	4500	4650
	甘露园地区	东至兴隆西街 西至东四环中路 南至京通快速路 北至朝阳路	4350	4350

续表

区属	典型区域	区域范围	2003年上半年已购公房再上市买卖指导价格(元/m^2)	2003年下半年已购公房再上市买卖指导价格(元/m^2)
朝阳区	松榆地区	东至大望路 西至东三环南路 南至松榆南路 北至南磨房路	4350	4450
	望京地区	东至望京街 西至望京西路 南至京顺路 北至利泽西街	4150	4350
	磨房地区	东至东四环南路 西至东三环南路 南至弘燕路 北至南磨房路	4050	4200
	酒仙桥地区	东至京包铁路 西至东三环北路 南至东风南路 北至酒仙桥北路	3850	4000
	定福庄地区	东至双桥路 西至东五环中路 南至通惠河 北至青年排水沟	3450	3450
	垡头地区	东至王村路 西至垡头街 南至化工路 北至京沈高速公路	3250	3250
	双桥农场地区	东至双桥东路 西至双桥路 南至大稿沟 北至京秦铁路	3050	3050
	朝外建外地区	东至大望路 西至朝阳门大街 南至通惠河 北至朝阳门外大街		6100

续表

区属	典型区域	区域范围	2003年上半年已购公房再上市买卖指导价格（元/m^2）	2003年下半年已购公房再上市买卖指导价格（元/m^2）
朝阳区	北苑地区	东至城铁13号线 西至安立路 南至北五环东路 北至城铁13号线		4100
	东坝地区	东至管庄路 西至东五环北路 南至楼梓庄路 北至姚家园路		3300
海淀区	甘家口地区	东至三里河路 西至西三环中路 南至阜成路 北至紫竹院路	5700	5900
	中关村大街地区	东至皂君庙路 西至西三环北路 南至民族大学南路 北至知春路	5600	5800
	万泉庄地区	东至苏州街 西至蓝靛厂北路 南至长春桥路 北至北四环西路	5500	5650
	小西天地区	东至新街口外大街 西至西直门北大街 南至德胜门西大街 北至学院南路	5400	5600
	皂君庙地区	东至城铁13号线 西至皂君庙路 南至娘娘庙胡同 北至北三环西路	5400	5500
	牡丹园地区	东至八达岭高速路 西至学院路 南至北三环中路 北至花园北路	5400	5550

续表

区属	典型区域	区 域 范 围	2003年上半年已购公房再上市买卖指导价格（元/m^2）	2003年下半年已购公房再上市买卖指导价格（元/m^2）
海淀区	成府路	东至矿大路 西至中关村东路 南至北四环西路 北至清华东路	5400	5600
	蓟门桥	东至西土城路 西至城铁13号线 南至学院南路 北至知春路	5250	5400
	翠微	东至西三环中路 西至西翠路 南至太平东路 北至玉渊潭南路	5250	5250
	北蜂窝	东至三里河路 西至西三环中路 南至莲花池东路 北至复兴路	5200	5400
	西八里庄	东至蓝靛厂南路 西至西四环北路 南至玉渊潭南路 北至徐庄路	5050	5100
	北洼	东至西三环北路 西至蓝靛厂南路 南至玲珑路 北至北三环西路	5000	5200
	二里庄	东至八达岭高速路 西至志新西路 南至北四环中路 北至清华东路	5000	5150
	上地	东至城铁13号线 西至上地西路 南至朱房路 北至东马连洼路	4500	4650

续表

区属	典型区域	区域范围	2003年上半年已购公房再上市买卖指导价格(元/m²)	2003年下半年已购公房再上市买卖指导价格(元/m²)
海淀区	永定路	东至西四环中路 西至玉泉路 南至京九铁路 北至大台铁路	4250	4400
	马连洼	东至树村路 西至黑山扈路 南至农大南路 北至东北旺路	4150	4400
	清河	东至黑泉路 西至城铁13号线 南至清河路 北至小营西路	3650	3800
	安宁庄	东至八达岭高速路 西至城铁13号线 南至小营西路 北至西二旗北路	3550	3650
	建材城	东至城铁13号线 西至八达岭高速路 南至西小口路 北至建材城路	3450	3500
	温泉	东至稻香湖东路 西至温阳路 南至温泉路 北至北清路	2100	2100
丰台区	卢沟桥	东至刘庄子路 西至西五环南路 南至丰裕路 北至卢沟桥南路	2500	2600
	南苑	东至南苑路 西至槐房路 南至警备西路 北至久敬庄路西延长线	2700	2700

续表

区属	典型区域	区域范围	2003年上半年已购公房再上市买卖指导价格（元/m^2）	2003年下半年已购公房再上市买卖指导价格（元/m^2）
丰台区	五里店	东至程庄路 西至京石高速路 南至丰台西路 北至卢沟桥路	2900	3000
	看丹桥	东至樊羊路 西至建新路 南至南四环西路 北至正阳大街	3050	3150
	丰台镇	东至东大街 西至程庄路 南至正阳大街 北至京石高速路	3150	3350
	西马场	东至南苑路 西至马家堡西路 南至南四环中路 北至临泓路	3250	3350
	草桥	东至马家堡西路 西至京开高速路 南至角门路 北至南三环西路	3550	3650
	马家堡	东至南苑路 西至马家堡西路 南至临泓路 北至南三环中路	3650	3800
	青塔	东至青塔西路 西至玉泉路 南至吴家村路 北至京九铁路	3850	3850
	刘家窑桥	东至南苑路 西至马家堡西路 南至临泓路 北至南三环中路	3850	3950

续表

区属	典型区域	区域范围	2003年上半年已购公房再上市买卖指导价格（元/m²）	2003年下半年已购公房再上市买卖指导价格（元/m²）
丰台区	西罗园	东至海户路 西至开阳路 南至南三环中路 北至右安门东街	4050	4050
	六里桥	东至西站南路 西至莲花池西路 南至西局东街 北至莲花池东路	4250	4400
	蒲黄榆	东至蒲黄榆路 西至景泰路 南至南三环中路 北至右安门西街	4250	4400
	玉林	东至开阳路 西至菜户营南路 南至南三环西路 北至右安门东滨河路	4350	4500
	方庄	东至方庄路 西至蒲黄榆路 南至南三环东路 北至右安门西街	4400	4500
石景山区	金顶街	东至金顶街 西至广宁路 南至金顶南街 北至模式口大街	2700	2800
	苹果园	东至八大处路 西至苹果园西大街 南至苹果园南路 北至永定河路	3050	3100
	古城	东至游乐场路 西至北辛安路 南至体育场路 北至阜石路	3450	3550
	永乐	东至严正路 西至京原路 南至人民渠 北至老山北街	3650	3750

续表

区属	典型区域	区域范围	2003年上半年已购公房再上市买卖指导价格（元/m^2）	2003年下半年已购公房再上市买卖指导价格（元/m^2）
昌平区	南口镇	南口镇行政区域	1400	1450
	昌平镇	昌平镇行政区域（除昌平科技园外其他区域）	1700	1800
	昌平科技园	东至龙水路 西至昌盛路 南至白浮宫路 北至南环东路	2000	2000
	沙河镇	沙河镇行政区域	2200	2250
	北七家镇	北七家镇行政区域	2900	2900
	东小口镇	东小口镇行政区域	3100	3100
	回龙观镇	回龙观镇行政区域	3300	3400
大兴区	天堂河	天堂河农场行政区域	1350	1350
	团河	团河农场行政区域	1700	1750
	义和	东至京山铁路 西至义和庄北路 南至矿林路 北至永华路	1900	1950
	新安	东至广阳大街南延长线 西至凤河 南至团河路 北至清源东路东延长线	2000	2050
	林校	东至黄村镇东交界线 西至兴华南路 南至林校北路 北至京山铁路	2100	2150
	双河	东至凤河 西至京广路 南至通黄公路 北至凤河	2100	2150
	小营	东至兴华北路 西至兴业北路 南至丽园路 北至康庄路	2200	2300

续表

区属	典型区域	区域范围	2003年上半年已购公房再上市买卖指导价格（元/m^2）	2003年下半年已购公房再上市买卖指导价格（元/m^2）
大兴区	黄村	东至京广路 西至兴华中路 南至黄村大街 北至清源路	2200	2250
	滨河	东至京广路 西至兴华北路 南至清源路 北至枣园路	2300	2350
	兴政	东至京广路 西至兴华 南路南至林校北路 北至黄村大街	2400	2500
	旧宫镇	旧宫镇行政区域	2500	2550
	亦庄镇	亦庄镇行政区域	2600	2650
	西红门镇	西红门镇行政区域	2550	2650
	三合	东至兴业中路 西至京山铁路 南至永华路 北至清源西路		2200
	丰台	南苑、和义、东高地街道行政区域		2700
	采育镇	采育镇行政区域		1650
通州区	北潞苑	东至潞邑西路 西至安顺路 南至京哈高速路 北至潞苑北街	1800	1800
	玉桥	东至九棵树西路 西至乔庄路 南至轻轨八通线 北至运河大街	2100	2150
	果园	东至新城南路 西至半壁店大街 南至翠屏西路 北至京秦铁路	2200	2250
	新城	东至玉桥中路 西至新城南路 南至运河东大街 北至玉带河大街	2300	2350

续表

区属	典型区域	区域范围	2003年上半年已购公房再上市买卖指导价格（元/m^2）	2003年下半年已购公房再上市买卖指导价格（元/m^2）
通州区	北苑	东至佟麟阁街 西至北苑南路 南至玉带河大街 北至通惠河	2300	2350
	永顺	东至新华北街 西至京承铁路 南至通惠河 北至京哈高速公路	2400	2450
	吉祥如意	东至滨河路 西至新华北街 南至通惠河 北至京哈高速公路	2500	2500
	中仓	东至故城东路 西至佟麟阁路 南至玉带河大街 北至新华大街	2500	2600
	西马庄	东至市场北街 西至京通快速路 南至八里桥南街 北至京哈高速公路	2600	2700
房山区	长阳镇	长阳镇行政区域		2400
	良乡镇	良乡镇行政区域		2200
	城关镇	城关镇行政区域		1000
	周口店镇	周口店镇行政区域		900
门头沟区	城子大街	东至滨河路 西至增峪路 南至门头沟路 北至民族胡同		1900
	黑山大峪	东至新桥大街 西至增峪路 南至大峪南路 北至门头沟路		2000
	双峪环岛	东至滨河路 西至新桥大街 南至中门寺沟 北至门头沟路		2100

续表

区属	典型区域	区域范围	2003年上半年已购公房再上市买卖指导价格（元/m²）	2003年下半年已购公房再上市买卖指导价格（元/m²）
平谷区	建设	东至新平东路 西至西环南路 南至新平南路 北至府前西街		1000
	旧城	东至洵河 西至新平东路 南至园田街 北至新平北路		800
	新平	东至新平东路 西至西环北路 南至府前西街 北至北环西路		900
	岳各庄	东至西环北路 西至洳河 南至新平南路 北至迎宾街		950
延庆县	川北	东至新城街 西至妫水北街 南至滨河街 北至高塔街		1950
	高塔新兴	东至京银路 西至三里河路 南至高塔街 北至庆园街		1600
	南菜园	东至京银路 西至菜园西街 南至八达岭路 北至妫水湖		1250
	石河营	东至京银路 西至东外小区东路 南至滨河街 北至东外大街		1200

续表

区属	典型区域	区域范围	2003年上半年已购公房再上市买卖指导价格（元/m^2）	2003年下半年已购公房再上市买卖指导价格（元/m^2）
延庆县	顺城街	东至妫水北街 西至三里河 南至南顺城街 北至高塔街		1050
	八达岭镇	八达岭镇行政区域		1350

三、房屋租赁

(一)流动人员房屋租赁

2003年年底出租房屋22.58万户，85.60万间。其中，房管部门已发放《房屋租赁许可证》的11.79万户，49.85万间，906.91万m^2，分别占总数的52.21%和58.24%；违章出租的10.79万户，35.75万间，分别占总数的47.79%和41.76%。

(二)涉外租赁

《中华人民共和国房地产管理法》第五十三条规定：房屋租赁，出租人和承租人应当签订书面租赁合同，“并向房产管理部门登记备案”，据此，市房管部门在1997年发布的《关于在全市范围实行房屋租赁证制度及加强租赁登记备案工作的通知》(京房地房字[1997]259号)中明确要求房屋租赁“属涉外的须向市房屋土地管理局提出申请”。所谓“涉外租赁”指一方当事人为境外组织或境外人员的房屋租赁行为。

2003年办理涉外租赁合同登记备案609件，13.86万m^2。平均租金水平为每m^2月租金18.49美元。

(三)2003年北京市住房租赁指导价格

1. 说明

(1)表内数字为区内各典型区域普通住宅楼房、平房的基准住房租赁指导价格。

(2)政府规定的各项税费由租赁双方各自交付，水电费由承租方交付，供暖费及物业费由出租方交付。

(3)租赁双方可参考指导价格，综合考虑装修状况、住房配套设施齐备程度、距公共交通站点的距离、所处小区环境和物业管理状况、住房租金付款方式等因素确定实际成交租金。

(4)指导价格的基准住房的标准是：

①楼房基准住房标准

20世纪80年代、20世纪90年代建设；一般装修(铺地砖，粉白墙，简单浴室及厨房装修)；有简单家具，简单家电；有管道天然气(或煤气)、管道暖气、热水器及厨具；一居室建筑面积40－52m^2；二居室建筑面积53－65m^2；三居室建筑面积66－85m^2；位于典型区域内交通便利的地点；周围环境一般。

②平房基准住房标准

一间建筑面积为13－19m^2；两间建筑面积为22－30m^2；上水下水通畅；带有简单厨房。

2. 租赁指导价格(见表5－29)

表 5－29　住房租赁指导价格

区属	典型区域名称	典型区域范围	一居室租赁指导价格(元/月)				二居室租赁指导价格(元/月)				三居室租赁指导价格(元/月)			
			1季度	2季度	3季度	4季度	1季度	2季度	3季度	4季度	1季度	2季度	3季度	4季度
东城区	安定门外地区	东至东土城路、西至人定湖公园、南至北二环、北至裕民路东延长线	1350	1350	1350	1350	1650	1650	1650	1650				
	朝内建内	东至东二环中路、西至北长街、南至前门东大街、北至朝阳门内大街	1450	1450	1450	1500	1800	1800	1800	1900				
	东四北新桥地区	东至东二环、西至鼓楼大街、南至朝阳门内大街、北至北二环	1450	1450	1500	1500	1800	1800	1800	1800				
	东直门外地区	东至亮马河南段、西至北、南池子大街、南至吉市口八条、北至安定门东滨河路	1500	1350	1350	1450	1800	1750	1700	1750				
西城区	德胜门外地区	东至鼓楼外大街、西至新街口外大街、南至北二环、北至裕民路	1450	1450	1450	1450	1700	1700	1700	1800				
	月坛三里河地区	东至西二环、西至三里河路、南至莲花池东路、北至阜成门外大街	1400	1400	1400	1400	1700	1700	1700	1700				
	展览路地区	东至新街口内大街、西至三里河路、南至阜成门外大街、北至德胜门西大街	1500	1450	1500	1500	1800	1750	1750	1750				
崇文区	前门东花市地区	东至忠实里一巷、西至前门大街、南至广安大街、北至前门东大街	1250	1250	1250	1250	1600	1550	1600	1650				
	广渠门龙潭地区	东至广和路、西至崇文门外大街、南至龙潭路、北至广渠门内大街	1200	1200	1200	1200	1500	1500	1500	1550				
	永定门外	东至景泰东路、西至永定门火车站、南至赵公口以北、北至永定门	1150	1100	1150	1150	1400	1350	1400	1400				

续表

区属	典型区域名称	典型区域范围	一居室租赁指导价格(元/月)				二居室租赁指导价格(元/月)				三居室租赁指导价格(元/月)			
			1季度	2季度	3季度	4季度	1季度	2季度	3季度	4季度	1季度	2季度	3季度	4季度
宣武区	椿树大栅栏地区	东至前门大街、西至长椿街、南至骡马市大街、北至宣武门东大街	1300	1300	1300	1300	1600	1600	1600	1600				
	广内白纸坊西便门地区	东至牛街、西至西护城河、南至右安门西街、北至西便门东街	1250	1250	1250	1250	1500	1500	1500	1500				
	牛街天桥地区	东至永内大街、西至牛街、南至白纸坊东街、北至骡马市大街	1200	1200	1200	1200	1500	1500	1500	1500				
	天宁寺鸭子桥地区	东至西二环、西至手帕口南街、南至三路居路、北至莲花池东路	1150	1150	1200	1200	1450	1450	1450	1500				
	小红庙马连道地区	东至手帕口南街、西至西客站南路延长线、南至三路居路、北至莲花池东路	1100	1100	1150	1150	1400	1400	1400	1450				
朝阳区	世纪村小营地区	东至关庄路、西至北苑路、南至北四环中路、北至辛店路	1150	1150	1150	1150	1450	1450	1450	1450				
	安慧亚运村地区	东至北苑路、西至北辰东路、南至北四环中路、北至科荟路	1250	1200	1200	1250	1600	1550	1500	1550				
	小关地区	东至轻轨13号线、西至安立路、南至北三环东路、北至北四环东路	1200	1200	1250	1250	1550	1500	1550	1550				
	安贞安华地区	东至安贞桥、西至北辰路、南至外馆斜街、北至北土城东路	1300	1300	1300	1300	1600	1600	1600	1600				
	和平里地区	东至太阳宫桥、西至小黄庄北街、南至安定门东滨河路、北至北三环东路	1250	1250	1300	1300	1550	1500	1550	1550				
	柳芳西坝河地区	东至燕莎桥、西至东土城路、南至新源南路、北至太阳宫桥	1300	1300	1350	1350	1600	1550	1600	1650	1900		1900	1900

续表

区属	典型区域名称	典型区域范围	一居室租赁指导价格(元/月)				二居室租赁指导价格(元/月)				三居室租赁指导价格(元/月)			
			1季度	2季度	3季度	4季度	1季度	2季度	3季度	4季度	1季度	2季度	3季度	4季度
朝阳区	三里屯地区	东至枣营路、西至春秀路、南至关东店北街、北至亮马河路	1300	1300	1350	1350	1650	1650	1650	1650				
	建外朝外地区	东至东大桥路、西至东二环、南至通惠河、北至新源南路	1500	1500	1500	1500	1900	1900	1900	1900	2300		2300	2300
	京广国贸地区	东至大望路、西至东大桥路、南至通惠河、北至关东店北街	1450	1450	1450	1450	1850	1850	1800	1850	2150		2150	2150
	团结湖地区	东至东四环中路、西至东三环中路、南至建国路、北至农展馆南路	1250	1250	1250	1250	1600	1550	1600	1600	1850		1850	1850
	十里堡地区	东至兴隆西街、西至东四环中路、南至京通路、北至姚家园路	1100	1050	1100	1150	1400	1350	1400	1400	1700		1700	1700
	定福庄地区	东至双桥路、西至东五环中路、南至京通路、北至定福北路北口	800	750	800	900	1050	1000	1050	1150				
	劲松地区	东至东三环南路、西至东二环、南至华威南路、北至京秦铁路线	1150	1150	1150	1200	1450	1400	1400	1450				
	松榆地区	东至东四环南路、西至东三环南路、南至十里河桥、北至广渠路	1050	1050	1050	1100	1350	1300	1300	1350				
海淀区	万泉庄地区	东至苏州街、西至北四环西路、南至板井路、北至四环西路	1450	1400	1450	1450	1700	1600	1650	1700				
	文慧园地区	东至新街口外大街、西至四道口路、南至德胜门西大街、北至北三环中路	1500	1450	1450	1450	1750	1750	1700	1750	2050		2050	2050
	西八里庄地区	东至西三环北路、西至西四环北路、南至阜成路、北至板井路	1250	1250	1300	1300	1550	1450	1500	1550				

续表

区属	典型区域名称	典型区域范围	一居室租赁指导价格(元/月)				二居室租赁指导价格(元/月)				三居室租赁指导价格(元/月)			
			1季度	2季度	3季度	4季度	1季度	2季度	3季度	4季度	1季度	2季度	3季度	4季度
海淀区	西客站地区	东至西二环中路、西至西三环中路、南至莲花池东路、北至复兴门外大街	1200	1150	1300	1300	1500	1500	1450	1500				
	中关村地区	东至四道口路、西至苏州街、南至西直门外大街、北至北四环西路	1500	1450	1500	1500	1850	1750	1750	1900	2200		2000	2100
	一线地铁沿地区线	东至木樨地桥、西至西四环中路、南至莲花河、北至阜成路	1350	1350	1300	1300	1600	1600	1500	1600	1900		1900	1900
	甘家口地区	东至三里河路、西至西三环北路、南至玉渊潭南路、北至紫竹院路	1300	1300	1350	1350	1600	1550	1600	1700				
	牡丹园地区	东至八达岭高速路、西至轻轨13号线、南至北三环中路、北至北四环中路	1400	1350	1400	1400	1650	1600	1600	1700	2000		2050	2050
	学院路四环地区外	东至健翔桥、西至颐和园路、南至北四环路、北至后八家路	1350	1350	1350	1400	1600	1600	1550	1650				
	四环外永定地区路	东至西四环路、西至玉泉路、南至莲花河、北至京门铁路线	1100	1050	1100	1100	1400	1350	1350	1400				
丰台区	方庄地区	东至成寿寺路北口、西至景泰路、南至南三环东路、北至南二环东路	1200	1200	1200	1200	1450	1450	1450	1500				
	丰台镇地区	东至万柳桥、西至五里店、南至南四环西路、北至岳各庄桥	850	800	800	850	1100	1050	1050	1150				
	六里桥地区	东至马连道路北口、西至莲花池西路、南至六里桥南丰管路、北至莲花池东路	1050	1000	1100	1100	1300	1250	1300	1350				
	南三环外地区	东至成寿寺路、西至京开高速路、南至南四环中路、北至南三环中路	850	800	850	900	1150	1100	1050	1200				

续表

区属	典型区域名称	典型区域范围	一居室租赁指导价格(元/月)				二居室租赁指导价格(元/月)				三居室租赁指导价格(元/月)			
			1季度	2季度	3季度	4季度	1季度	2季度	3季度	4季度	1季度	2季度	3季度	4季度
丰台区	青塔地区	东至西四环中路、西至玉泉路南段、南至吴家村路东口、北至莲花河	850	800	900	900								
丰台区	右外地区	东至木樨园桥、至莱户营南路、南至南三环西路、北至南二环西路	1000	1000	1000	1000	1300	1250	1300	1300				
石景山区	永乐地区	东至玉泉路、西至八宝山南路、南至吴家村路、北至田村山南路	950	900	900	1000	1150	1100	1100	1200				
石景山区	鲁谷地区	东至八宝山南路、西至西五环中路、南至京原高速路、北至田村南路	900	850	850	900	1100	1150	1050	1200				
石景山区	苹果园地区	东至西五环中路、西至金顶街北街、南至丰沙铁路、北至东下庄路	800	750	850	850	1050	1000	1000	1100				

四、房地产评估

(一) 房地产评估机构情况

自2000年北京市房地产价格评估机构脱钩改制以来，历年批准的估价机构情况如表5－30：

表5－30 脱钩改制后历年批准估价机构情况

年 度	2000	2001	2002	2003
新增机构数	39	37	18	21
当年累计机构数	39	76	94	115

2003年北京市房地产价格评估机构的经营业绩情况为：完成评估项目共计13864件，评估值4178.37亿元，评估总建筑面积11763.47万 m^2，评估的土地面积18244.76万 m^2。

(二)2003年北京市房地产评估机构名单

2003年，新申请设立并经北京市房管部门批准具备北京市房地产价格评估资质的机构有21家，历年合计115家。机构具体情况如表5－31。

表5－31 2003年北京市房地产评估机构名单

机构名称	资质证号	办公地址	联系人	联系人电话
北京东华天业房地产评估有限公司	(2000)国土房管资准字0001	宣武区右安门内大街65号弘棉商务大厦408室	王恒	63554219
北京华信房地产评估有限公司	(2000)国土房管资准字0002	东城区东长安街12号	李芳	85229330
北京中诚信房地产评估有限公司	(2000)国土房管资准字0003	顺义区顺通路李桥段7号	陈新仁	81474628
北京中企华仁达房地产评估有限公司	(2000)国土房管资准字0004	朝阳区泛利大厦912A	张颜	65883588
北京中恒永兴房地产评估事务所有限公司	(2000)国土房管资准字0005	朝阳区朝阳外大街96号	骆京生	65386981
北京国土联房地产评估中心有限公司	(2000)国土房管资准字0006	海淀区学院南路68号吉安大厦4012室	王军	13601190768
中地不动产评估有限公司	(2000)国土房管资准字0007	西城区西直门内南小街国英1号14层	梅荣	(010)58561255
北京市金利安房地产咨询评估有限责任公司	(2000)国土房管资准字0009	北京市海淀区蓝靛厂南路25号牛顿办公区801室	戚韵娅	88400890
北京建正房地产评估有限责任公司	(2000)国土房管资准字0011	朝阳区东土城路甲6号五环商贸写字楼4层	薛晶晶	64270349
北京中大行房地产评估有限公司	(2000)国土房管资准字0012	西城区西外大街132号1306室	王颖	13810938427

续表

机构名称	资质证号	办公地址	联系人	联系人电话
北京市中恒业房地产评估有限责任公司	(2000)国土房管资准字0013	西城区东煤厂胡同24号	郑玲	66531887
北京宝业恒房地产评估有限公司	(2000)国土房管资准字0014	崇文区广渠门外大街远洋德邑座室	赵燕萍	87757133
北京宝孚房地产评估事务所有限公司	(2000)国土房管资准字0015	海淀区车公庄西路甲19号华通大厦356,358,360a,360b,362a,362b,364,366	龙佳宜	68421114
北京龙泰房地产评估有限责任公司	(2000)国土房管资准字0016	朝阳区东土城路13号金孔雀艺术世界708	敬秀云	64481115转209
北京银房兆华评估有限责任公司	(2000)国土房管资准字0018	宣武区广安门南滨河路7号301－304房间	张兆文	63953604
北京中恒房地产评估有限公司	(2000)国土房管资准字0019	崇文区崇外大街5号	李庆松	67080718
北京市国盛房地产评估有限责任公司	(2000)国土房管资准字0020	东城区东直门外大街48号东方银座D座23C	王煊	84477677
北京鸿天涉外评估有限责任公司	(2000)国土房管资准字0021	西城区复兴门内大街156号北京国际金融大厦D座10层51室	宋戈	010－66426300
北京首佳房地产评估有限公司	(2000)国土房管资准字0022	朝阳区东土城路14号建达大厦15层	延安	85271500－201
北京银地房地产评估事务所	(2000)国土房管资准字0023	海淀区阜成路42号17B二层	门雅楠	88111184/94/64
北京北方房地产咨询评估有限责任公司	(2000)国土房管资准字0024	西城区金融大街27号投资广场	刘俊财	13311105400
北京诚达信房地产评估有限公司	(2000)国土房管资准字0026	大兴区科技大厦608	杨长明	69268085
北京华颂永兴房地产评估有限公司	(2000)国土房管资准字0027	东城区和平里南街龙绍衡大厦六层	刘玉茹	84210760
中威君平房地产价格评估有限责任公司	(2000)国土房管资准字0029	丰台区冠京饭店	王永男	86070978 13693566416
北京百成首信房地产评估有限公司	(2000)国土房管资准字0030	朝阳区三里屯南56号	姚洁	64132183
北京大公黛安不动产评估有限公司	(2000)国土房管资准字0031	朝阳区霄云路26号鹏润大厦B座20层	崔娜	64606677－485

续表

机构名称	资质证号	办公地址	联系人	联系人电话
北京卓德房地产评估有限公司	(2000)国土房管资准字0034	朝阳区北苑路36号金苑大厦一层	刘宇	13501200918
北京圣元房地产评估咨询有限公司	(2000)国土房管资准字0035	海淀区知春路113号银网中心A座304室	李绍玲	13661275543
北京方圆土地资产评估有限责任公司	(2000)国土房管资准字0036	海淀区海泰大厦	郭萍	64894401
北京益量行房地产评估有限公司	(2000)国土房管资准字0037	海淀区苏州街75号	孙立伟	82616485
北京宝鼎兴业房地产评估有限公司	(2000)国土房管资准字0038	东城区东四十条21号568室	赵德尊	64049524
北京圣达置业房地产评估有限公司	(2000)国土房管资准字0039	海淀区万泉河路68号紫金庄园9栋401	彭璐	82675204
北京中土源房地产评估有限公司	(2001)国土房管资准字0040	海淀区学院南路34号中商信大厦514室	刘燕,何哲	62268650
北京安泰祥房地产评估有限责任公司	(2001)国土房管资准字0041	石景山区玉泉路65号院北五号楼	顾忠	13311305579
北京国地不动产咨询中心	(2001)国土房管资准字0042	西城区西城车公庄大街乙一号富通大厦3016室	张桂芸	68305860
北京杜鸣联合房地产评估有限公司	(2001)国土房管资准字0043	西城区西直门南大街2号城铭大厦C座三层	王君	66003099 66003090
北京诚信房地产价格评估有限责任公司	(2001)国土房管资准字0044	丰台区文体路13号	李春华	63865274
北京康正宏基房地产评估有限公司	(2001)国土房管资准字0045	朝阳区中国国际科技会展中心B座1003	欧阳燕红	82253571
北京德祥长江房地产评估有限责任公司	(2001)国土房管资准字0046	朝阳区东大桥路关东店北街1号国安大厦12层	姚建明	65955743
北京鼎轩房地产评估有限责任公司	(2001)国土房管资准字0047	西城区金融大街37号百盛写字楼6006室	钱英姿	66038971
北京中资房地产评估有限公司	(2001)国土房管资准字0048	海淀区首体南路22号国兴大厦17层A2	张珂	88357080－217
北京中建华发房地产评估有限公司	(2001)国土房管资准字0049	西城区车公庄大街19号	张丽君	13701051509
北京建亚恒泰房地产评估有限公司	(2001)国土房管资准字0050	朝阳区工体东路18号天照饭店	孙明彦	65944086

续表

机构名称	资质证号	办公地址	联系人	联系人电话
北京鑫泰房地产评估有限公司	(2001)国土房管资准字0051	东城区东直门南大街9号华普花园B座902室	刘丽娜	84094036
北京宝信房地产评估咨询有限责任公司	(2001)国土房管资准字0052	朝阳区建外大街24号华侨村4-1-C	史源英	65150319
北京中地联合房地产评估有限公司	(2001)国土房管资准字0053	海淀区增光路甲34号云建大厦5层	马飒	88423881-225
北京嘉德联行房地产评估有限公司	(2001)国土房管资准字0054	西城区丰汇园21号楼2118室	田薇	66127279
北京京都房地产评估有限责任公司	(2001)国土房管资准字0055	朝阳区建外大街22号赛特广场五层	何双燕	65227608
北京源恒房地产评价顾问有限公司	(2001)国土房管资准字0056	丰台区右外大街2号迦南大厦A座22F	张成函	83552273
北京天平行房地产评估有限公司	(2001)国土房管资准字0058	海淀区人大北路33#院2号楼1708	陈若冰	82684661
北京华腾房地产评估有限公司	(2001)国土房管资准字0059	朝阳区劲松南路1号	李丽华	67746236
北京顺天泰房地产评估咨询有限公司	(2001)国土房管资准字0061	西城区国英园小区7号楼一层	王剑	66128681
北京兴远房地产评估事务所有限公司	(2001)国土房管资准字0062	大兴区兴业路三段68号	谷玉池	69245034
北京京城捷信房地产评估有限公司	(2001)国土房管资准字0063	朝阳区芍药居甲2号内1楼	谢淑美	84615348
北京中鼎联合评估有限公司	(2001)国土房管资准字0064	东城区建国门内大街18号恒基中心办公楼2座501	温咏	65189167
北京中诚亿房地产评估有限责任公司	(2001)国土房管资准字0065	东城区和平里北街2号301室	申雅静	64409210
北京宣房房地产评估有限公司	(2001)国土房管资准字0066	宣武区广安门南街32号	芦勇	83538940
北京德威评估有限责任公司	(2001)国土房管资准字0067	海淀区车公庄西路20号泥沙研究中心八层	章晟	68438528
北京普阳房地产评估事务所	(2001)国土房管资准字0068	东城区育群胡同21号	刘友军	84042396
北京中商房地产评估有限公司	(2001)国土房管资准字0069	西城区月坛南街26号	唐尼雅	68517713

续表

机构名称	资质证号	办公地址	联系人	联系人电话
北京世纪咨元房地产评估有限责任公司	(2001) 国土房管资准字 0070	海淀区复兴路丙十二号	张越	63960701
北京西域房地产价格评估有限公司	(2001) 国土房管资准字 0071	西城区地安门西大街丙 28 号	刘俭	13901299232
北京海创房地产评估有限公司	(2001) 国土房管资准字 0072	北京海淀区甘家口 21 号楼 606、617 号	付雅昕	68337997
北京崇方房地产评估有限公司	(2001)国土房管资准字 0073	崇文区东花市大街 2 号	高福明	67136576
北京高地经典房地产评估有限责任公司	(2001) 国土房管资准字 0074	西城区南礼士路甲 3 号海通大厦	李胜蕊	68014492
北京市银通安泰房地产评估有限公司	(2001) 国土房管资准字 0075	朝阳区朝阳北路摩码大厦 1813 室	王清	13301109636
北京信永中和房地产评估有限公司	(2001) 国土房管资准字 0076	北京市东城区朝阳门北大街 8 号富华大厦 C 座 11 层	吕发钦	010－65542288 转 106
北京瑞欧房地产评估有限责任公司	(2002) 国土房管资准字 0077	房山区良乡西路三号	马晓亮	89356041
北京浩诚业房地产评估有限公司	(2002) 国土房管资准字 0078	西城区棉花胡同 55 号	孙大成	66167677
北京天润房地产价格评估有限公司	(2002) 国土房管资准字 0079	丰台区北大地四里甲 12 号	任保兰	63852237
北京绿都房地产评估中心	(2002) 国土房管资准字 0080	平谷区	王丽霞	69978645
北京昌房房地产评估有限责任公司	(2002) 国土房管资准字 0081	昌平区城区镇新魁公寓	贾福玉	89742381
北京中地华夏评估咨询中心有限公司	(2002) 国土房管资准字 0082	西城区复兴门南大街甲 2 号天银大厦 A 西区 716 室	康辉	66412275
北京科讯达房地产评估有限公司	(2002) 国土房管资准字 0083	西城区展览馆路 14 号中俊酒店 412 室	晏芳	(010)68308406
北京正平房地产评估有限公司	(2002) 国土房管资准字 0084	延庆县妫水北街 19 号	侯杰娟	69148070
北京华天通房地产评估有限公司	(2002)国土房管资准字 0085	海淀区甘家口街道增光路 24 号 21 号楼 703	张治超	88380048
北京宏成房地产价格评估有限公司	(2002) 国土房管资准字 0086	开发区宏达北路 10 号	孙利	67877344

续表

机构名称	资质证号	办公地址	联系人	联系人电话
北京明鉴同创房地产评估有限责任公司	(2002) 国土房管资准字 0088	顺义区	赵秋玉	89441666
北京祥泰不动产评估有限责任公司	(2002) 国土房管资准字 0091	东城区鼓楼东大街 3 号	马明昕	13910132621
北京市银城房地产评估有限责任公司	(2002) 国土房管资准字 0092	东城区和平里强佑家园 4A 座 12A 层 12BC 号	郑彩伟	13011215887
北京天兴房地产评估事务所	(2002) 国土房管资准字 0093	东城区宝钞胡同 9 号	马迅	64000499
北京石鉴房地产评估有限责任公司	(2002) 国土房管资准字 0094	怀柔区杨家园小区 7 号楼 5 单元 201 室	王健	13701080150
北京京昌房地产价格评估有限责任公司	(2003) 国土房管资准字 0095	昌平区	李秉山	89746068
北京德平纵横房地产评估有限公司	(2003)国土房管资准字 0096	昌平区科技园区	张雪艳	69743541
北京博达伟业房地产价格评估有限公司	(2003) 国土房管资准字 0097	大兴区黄村镇兴政街 31 号科技大厦 4F	王宏伟	13910673717
北京世纪方廉房地产评估事务所	(2003) 国土房管资准字 0098	丰台区方庄	赵方	13301309767
北京鼎春德房地产评估有限公司	(2003) 国土房管资准字 0099	朝阳区惠薪南里 6 号天建大厦 705 室	刘锋	64949433
北京中锋房地产评估有限公司	(2003) 国土房管资准字 0100	海淀区西直门外大街 168 号腾达大厦 609B	李根风	88577598－29
北京中锐行房地产评估有限公司	(2003) 国土房管资准字 0101	海淀区西直门北大街 42 号华星大厦 18 层	韩立	62221468
北京盛华翔伦房地产评估有限责任公司	(2003) 国土房管资准字 0102	朝阳区慧中北里小区 214 楼北京华汇金润酒店 317 房间	陈光	13901257943
北京新生代房地产估价有限公司	(2003) 国土房管资准字 0103	海淀区复兴路翠微大厦东塔 14 层 1401 房	赵勇	68167927
北京峰天房地产估价有限公司	(2003) 国土房管资准字 0104	海淀区学清路 11 号	古武	62632628
北京华城房地产评估有限公司	(2003) 国土房管资准字 0105	东城区安外大街 11 号 E 座 1603 室	程斌	13801095300
北京兆丰祥和房地产评估事务所	(2003) 国土房管资准字 0106	东城区东四十四条 93 号 C 座 203 室	吕香	84023441/13693594733

续表

机构名称	资质证号	办公地址	联系人	联系人电话
北京威斯顿房地产评估有限公司	(2003) 国土房管资准字 0107	海淀区交大东路 46 号 B 座 206 室	刘晓莉	13901238176
北京中达丰房地产评估有限公司	(2003) 国土房管资准字 0108	石景山区八大处高科技园区	张继华	88791293
北京中逸茂业房地产估价事务所有限公司	(2003) 国土房管资准字 0109	西城区金融街投资广场 27 号工 A 座 706	王茜雯	66210061 13801320000
北京京港不动产评估有限公司	(2003) 国土房管资准字 0110	海淀区西三环北路 100 号金玉大厦 1101 室	沈洋	68727081
北京统信不动产评估有限责任公司	(2003) 国土房管资准字 0111	海淀区北三环西路 43 号青云当代大厦 12B04	皮立君	62131158
北京大地房地产评估有限公司	(2003) 国土房管资准字 0112	海淀区西直门北大街 42 号	黄辉	13901338578
北京华正房地产评估有限公司	(2003) 国土房管资准字 0113	朝阳区水碓子东路 14 号国风写字楼 401 室	王军	8596.3754
北京惠通信业房地产评估有限公司	(2003)国土房管资准字 0114	大兴区双河北里 21—1—106	丁卯香	13801058533
北京贵恒信房地产评估事务所有限公司	(2003) 国土房管资准字 0115	海淀区	董月华	83166059

2003 年,经建设部批准北京市的房地产评估机构中具备一级资质的共计 25 家,其中原有一级资质因证书到期重新申请的 18 家,新批准的 5 家,原有一级资质证书依然有效的 2 家。

表 5-32 北京市房地产评估一级机构

机构名称	办公地址	法定代表人	联系电话
北京首佳房地产评估有限公司	朝阳区东土城路 14 号建达大厦 1519 室	高喜善	65273528
北京市金利安房地产咨询评估有限责任公司	宣武区枣林前街 68 号 207 房间	陈力	63584603
北京建亚恒泰房地产评估有限公司	朝阳区工体东路 18 号天照饭店写字楼 301 室	肖楠	65065777
北京北方房地产咨询评估有限责任公司	西城区金融街 27 号投资广场 B 座 2101 室	白龙吉	66210088
北京银房兆华评估有限责任公司	宣武区广安门外南滨河路 8 号	陈红江	63484448

续表

机构名称	办公地址	法定代表人	联系电话
北京康正宏基房地产评估有限责任公司	东城区安德里北街21号(城研信箱)	齐宏	64256805
北京鸿天涉外评估有限责任公司	复兴门内大街156号国际金融大厦D座10层51室	陈荣梅	66426301
北京市中恒业房地产评估有限责任公司	西城区寿逾百胡同10号	陆伟俊	66074438
北京杜鸣估价师事务所	西城区西直门南大街2号成铭大厦C座3层	杜鸣	66516622－126
北京京港房地产咨询评估有限公司	海淀区西三环北路100号金玉大厦1101室	高千里	68727081
北京华信房地产评估有限公司	东城区东长安街12号330室	张瑜	85229330
北京建银房地产评估事务所	海淀区万寿路翠微南里8号楼2层210室	罗艳芳	68257981
中地不动产评估有限公司	西城区金融街33号通泰大厦B座601室	王朝阳	88086862
北京中大行房地产评估有限公司	西城区西外大街132号京鼎大厦1306室	杨亚彪	68331957
北京龙泰房地产评估有限责任公司	崇文区天坛路71号	邓峰	65115442
北京百成首信房地产评估有限公司	朝阳区三里屯南56号朝阳区房地局大楼内	陈再进	64150134
北京宝信房地产评估咨询有限责任公司	建外大街24号华侨村4门1层C座	范永宁	65159311
北京国地不动产咨询中心	西城区车公庄大街乙一号3016室	金昀	68305860
北京天平行房地产评估有限公司	海淀区海淀路175号贤进楼B区801室	周雪燕	62513739
北京中企华仁达房地产评估有限公司	朝阳门外大街22号泛利大厦910室	闫旭东	65881818
北京中地华夏评估咨询中心有限公司	复兴门南大街甲2号天银大厦A西区716室	张红	66412375
北京东华天业房地产评估有限公司	宣武区右安门内大街65号弘棉商务大厦408室	张继军	63554250
北京宝孚房地产评估事务所有限公司	海淀区车公庄西路甲19号华通大厦362b	杨国龙	13311563099
北京德祥长江房地产评估有限责任公司	朝阳区东大桥路关东店北街1号国安大厦12层	冯春雷	65955310
北京高地经典房地产评估有限责任公司	西城区南礼士路甲3号海通大厦	郭俊英	68014492

(三)注册房地产估价师情况

北京市通过 2003 年全国房地产估价师考试的共 294 人,经建设部批准予以初始注册的房地产估价师共 156 名。自 1993 年来全市考试合格的有 1906 人,批准注册的合计 1750 人。历年考试通过及注册的人数见下表。2003 年,经北京市房管部门培训并考试合格的房地产估价员共计 287 名。

表 5-33 北京市房地产估价师历年考试通过及注册人数

年 度	1993	1994	1995	1996	1998	1999	2001	2002	2003
考取数	16	54	275	326	334	242	206	159	294
注册数	16	54	275	321	301	250	180	197	156

五、房地产经纪

(一)房地产经纪概况

自 1996 年开始实施资质证书制度以来,到 2003 年底,经市房管部门资审合格取得《北京市房地产经纪机构资质证书》的房地产经纪机构 1565 家,从业人员 4 万多人,已取得《北京市房地产经纪资格考试合格证》的人员 1.6 万人。其中 2003 年新增经纪机构 793 家,新增《北京市房地产经纪资格考试合格证》持证人 3500 人。在房地产经纪业务量方面,2003 年全年成交额 315 亿元,营业收入 5.1 亿元,分别比 2002 年同期增长 11%和 10%。

(二)房地产经纪机构

根据建设部 1996 年 1 月 8 日发布的《城市房地产中介服务管理规定》,北京市房管部门于 1996 年 8 月 19 日发布《北京市房地产经纪机构管理规定》,开始实行房地产经纪机构资质证书管理。《北京市房地产经纪机构管理规定》第三条规定:"设立房地产经纪机构,必须向北京市房屋土地管理局提出书面申请,经审查符合条件的,由市房地局发给资质证书,方可从事房地产经纪活动"。截止到 2003 年底,经市房管部门资审合格取得《北京市房地产经纪机构资质证书》的房地产经纪机构共有 1565 家(不包括被注销资质证书的房地产经纪机构)。

表 5-34 北京市房地产经纪机构统计表

组织形式 \ 数量 \ 注册资本	10-30	30-50	50-100	100 以上	合 计
有限责任公司	243	378	450	381	1452
合伙制企业	1	0	2	0	3
三资企业	0	0	1	30	31
股份合伙制企业	3	4	7	6	20

续表

注册资本 / 数量 / 组织形式	10－30	30－50	50－100	100以上	合　计
全民所有制企业	4	15	10	11	40
集体所有制企业	1	5	9	3	18
其他	0	0	0	1	1
合计	252	402	479	432	1565
备　注	注册资本含下限，不含上限				

房地产经纪机构的组织形式以有限责任公司为主，1565家房地产经纪机构中，有限责任公司1452家，占92.8%，三资企业共31家，占2%。

设立房地产经纪机构最低注册资本要求为10万元，注册资本在10万元以上30万元以下的252家，占16.1%，100万元以上432家，占27.6%。

表5－35　北京市房地产经纪机构分布情况

区　县	数　量	区　县	数　量
东城区	146	怀柔区	28
西城区	132	平谷区	35
崇文区	61	密云县	55
宣武区	72	延庆县	48
朝阳区	393	房山区	81
海淀区	186	门头沟区	86
丰台区	70	大兴区	72
石景山区	19	昌平区	44
通州区	28	开发区	8
顺义区	8		

表5－36　房地产经纪机构数量增长趋势表

年　份	1996	1997	1998	1999	2000	2001	2002	2003
房地产经纪机构总量（含已注销企业）	106	192	339	523	807	1046	1522	2254
现存房地产经纪机构数量（不含已注销企业）	94	168	299	429	713	424	900	1565
备　注	2001年市国土房管局与市工商局联合开展房地产经纪机构清理整顿活动，至2001年底，部分经纪机构未完成变更，未统计在内							

（三）房地产经纪从业人员

截止到2003年底，共有4万多人从事房地产经纪业务，其中，取得由北京市国土房管局与北京市工商局共同颁发的《北京市房地产经纪资格考试合格证》的人员16054人，占从业总人数的40%。

已取得《北京市房地产经纪资格考试合格证》的从业人员中，大专以上学历占65%，其中，有大专学历的占45.1%。

表5-37　北京市房地产经纪人学历状况表

学　　历	人　　数	百　分　比
研究生及以上	152	1%
大本	3056	19%
大专	7246	45%
高中	3632	23%
中专	1968	12%
合计	16054	100%

注：房地产经纪人是指已取得房地产经纪资格证书的人员。

表5-38　北京市房地产经纪人数量增长趋势表

年　份	1996	1997	1998	1999	2000	2001	2002	2003
数量	241	509	923	1214	1729	6067	12162	16054

第六章

房地产权属

一、土地使用权登记

2003年,全市申请办理城镇国有土地使用权登记的有11369宗,涉及土地面积19868.16万 m^2,其中出让土地为9309宗,面积6327.93万 m^2,分别占本年度全市登记总宗数的81.9%和总面积的31.8%;划拨土地2087宗,面积为13540.23万 m^2,分别占本年度全市登记总宗数的18.1%和总面积的68.2%。从各房地权属登记机关受理登记的情况看,市房地权属登记事务中心办理登记达6171宗,面积950.8万 m^2,分别占本年度全市登记总宗数的54.3%和总面积的4.8%;各区县的房地权属部门办理的数量为5198宗,面积18917.36万 m^2,分别占本年度全市登记总宗数的45.7%和总面积的95.2%。

表6-1 2003年北京市土地登记发证情况

区县	宗数	面积(万 m^2)	其中出让土地		其中划拨土地	
			宗数	面积(万 m^2)	宗数	面积(万 m^2)
东城区	122	13.26	20	7.66	102	5.6
西城区	52	29.79	42	28.36	10	1.43
崇文区	192	29.73	38	26.65	154	3.08
宣武区	125	71.35	80	45.37	45	25.98
朝阳区	622	8147.25	375	677.04	247	7470.21
海淀区	352	1239.99	164	218.69	188	1021.3
丰台区	248	662.37	121	157.25	127	505.12
石景山区	102	125.73	48	35.85	54	89.88
门头沟区	114	171.75	71	98.27	43	73.48
通州区	350	979.4	266	669.34	84	310.06
昌平区	171	893.52	47	21.06	124	872.46
房山区	463	572.23	214	279.28	249	292.38
顺义区	272	1330.37	118	517.31	154	813.06
大兴区	536	702.3	478	439.84	58	262.46
平谷区	319	320.51	251	211.97	68	108.54
怀柔区	338	334.73	280	244.83	58	89.9
密云县	471	2312.05	335	1366.27	136	945.78
延庆县	330	801.93	206	526.58	124	275.35
亦庄开发区	46	179.1	46	179.1	0	0
市房屋土地登记所	6171	950.8	6109	576.64	62	374.16
合计	11396	19868.16	9309	6327.93	2087	13540.23

二、房屋所有权登记

(一)房屋所有权登记概况

2003年,全市共办理房屋所有权登记248061件,建筑面积5866.06万m^2。其中市房屋土地权属登记中心办理7860件,建筑面积1209.47万m^2,分别占本年度全市登记总件数的3.2%和总面积的20.6%,各区县房屋土地权属登记部门共办理240201件,建筑面积4656.59万m^2,分别占本年度全市登记总件数的96.8%和总面积的79.4%。

表6-2　2003年北京市房屋所有权登记情况

区　县	件　数	建筑面积(万m^2)
东城区	6250	281.72
西城区	17248	223.41
崇文区	9369	258.01
宣武区	10932	236.69
朝阳区	41446	1334.67
海淀区	20419	845.38
丰台区	48780	1006.52
石景山区	11306	197.93
门头沟区	2921	127
通州区	20731	574.56
昌平区	48872	1480.46
房山区	4521	262.22
顺义区	11579	523.92
大兴区	15099	131.9
平谷区	4484	147.22
怀柔区	3912	144.05
密云县	4461	337.2
延庆县	2950	110.82
亦庄开发区	2741	67.86
市房屋土地登记事务所	8838	1209.47
合　计	296859	9501.01

(二)房屋所有权初始登记

2003年,全市办理房屋所有权初始登记的有41021件,建筑面积2512.4万m^2,分别占本年度全市各类登记总件数的16.5%和总面积的42.8%。其中市房屋土地权属登记中心办理120件,建筑面积454.09万m^2,分别占本年度全市房屋所有权初始登记总件数的0.3%和总面积的18.1%;各区县房地权属登记部门办理的有40901件,建筑面积2058.31万m^2,分别占本年度全市房屋所有权初始登记总件数的99.7%和总面积的81.9%。

表 6-3 2003 年北京市房屋所有权初始登记情况

区 县	件 数	建筑面积(万 m^2)
东城区	52	9.6
西城区	18	0.13
崇文区	1	0.34
宣武区	56	84.78
朝阳区	705	247.42
海淀区	12447	260.44
丰台区	377	200.8
石景山区	53	48.49
门头沟区	88	59
通州区	10953	246.72
昌平区	237	309.05
房山区	34	19.28
顺义区	4644	227.42
大兴区	10403	81.4
平谷区	498	29.59
怀柔区	68	22.07
密云县	138	128.44
延庆县	108	54.34
亦庄开发区	21	29
市房屋土地登记事务所	120	454.09
合 计	41021	2512.4

(三)房屋所有权转移登记

2003 年，全市共办理转移登记为 197497 件，面积为 2625.86 万 m^2，分别占本年度全市房屋权属登记总件数的 79.6%和总面积的 44.8%。其中市登记事务中心办理 7622 件，面积 224.87 万 m^2，分别占本年度全市转移登记总件数的 3.9%和总面积的 8.6%，而各县房地权属登记部门共办理 189875 件，面积 2400.99 万 m^2，分别占本年度全市转移登记总件数的 96.1%和总面积的 91.4%。

表 6-4　2003年北京市房屋所有权转移登记情况

区　县	件　数	建筑面积(万 m^2)
东城区	5033	61.13
西城区	15775	136.38
崇文区	4541	104.02
宣武区	10242	81.67
朝阳区	34876	405.95
海淀区	3554	49.9
丰台区	44298	499.4
石景山区	9826	90.64
门头沟区	2433	35
通州区	4250	33.94
昌平区	38872	475.07
房山区	2021	76.72
顺义区	96	115.51
大兴区	0	0
平谷区	2478	42.05
怀柔区	3050	44.93
密云县	3417	69.41
延庆县	2817	47.93
亦庄开发区	2296	31.34
市房屋土地登记事务所	7622	224.87
合　计	197497	2625.86

(四)房屋所有权变更登记

2003年,全市共办理房屋权属变更登记9543件,面积为727.8万 m^2,分别占本年度全市房屋所有权登记总件数的3.8%和总面积的12.4%。其中市房屋土地权属登记事务中心办理118件,面积147.23万 m^2,分别占本年度全市变更登记总件数的1.2%和总面积的20.2%,而各区县房地权属登记部门共办理9425件,面积580.57万 m^2,分别占本年度全市转移登记总件数的98.8%和总面积的79.8%。

表 6－5　2003 年北京市房屋所有权变更登记情况

各区县	件　数	建筑面积(万 m^2)
东城区	654	34.39
西城区	325	1.7
崇文区	1946	44.72
宣武区	282	32.24
朝阳区	115	67.61
海淀区	307	78.52
丰台区	246	91.5
石景山区	229	20.56
门头沟区	60	3
通州区	249	22.41
昌平区	385	66.87
房山区	7	3.62
顺义区	4165	56.92
大兴区	0	0
平谷区	175	10.65
怀柔区	154	10.93
密云县	39	25.84
延庆县	25	8.55
亦庄开发区	62	0.54
市房屋土地登记事务所	118	147.23
合　计	9543	727.8

三、房地产抵押登记

(一)房屋所有权抵押登记

2003 年,全市共办理房屋所有权抵押登记为 44072 件,面积 4968.85 万 m^2,贷款金额 8784532.61 万元。在全市办理房屋抵押登记中,市登记事务中心办理 978 件,面积 283.28 万 m^2,贷款金额为 1720458.79 万元,分别占本年度全市房屋抵押登记总件数的 2.2%、总面积的 5.7% 和总贷款金额的 19.6%,各区县房地权属登记部门共办理 43094 件,面积 4685.57 万 m^2,贷款金额为 7064073.82 万元,分别占本年度全市房屋抵押登记总件数的 97.8%、总面积的 94.3% 和总贷款金额的 80.4%。

表6-6　2003年北京市房屋所有权抵押登记情况

各区县	件　数	建筑面积(万 m^2)	贷款额(万元)
东城区	511	176.6	826840.53
西城区	320	94.42	397613.3
崇文区	2881	108.93	383008.09
宣武区	372	62.94	240812.03
朝阳区	5750	613.19	1350910.52
海淀区	5003	399.72	1283769.97
丰台区	3739	210.86	477132.58
石景山区	1198	38.24	47322.43
门头沟区	340	31.09	25719
通州区	5382	988.78	456338.23
昌平区	7865	223.14	400772.91
房山区	2459	162.6	151910.8
顺义区	2935	818.5	429979
大兴区	317	445	292865
平谷区	1136	64.61	12040
怀柔区	640	66.12	96517
密云县	867	113.51	123198.28
延庆县	1030	60.42	40352.15
亦庄开发区	349	6.9	26972
市房屋土地登记事务所	978	283.28	1720458.79
合　计	44072	4968.85	8784532.61

(二)土地使用权抵押登记

2003年,全市共办理土地使用权抵押登记3874宗,面积4344.28万 m^2,贷款金额17207192.52万元。其中:市登记事务中心办理1146宗,面积500.89万 m^2,贷款金额为3802448.93万元,分别占本年度全市土地使用权抵押登记总宗数的29.6%、总面积的11.5%和总贷款金额的22.1%;各区县房地权属登记部门共办理2728宗,面积3843.39万 m^2,贷款金额为13404743.07万元,分别占本年度全市土地使用权抵押登记的总宗数的70.4%、总面积的88.5%和总贷款金额的77.9%。

表 6-7 2003 年北京市国有土地使用权抵押登记情况

区 县	宗 数	面积(万 m^2)	贷款额(万元)
东城区	9	4.76	145340
西城区	14	11.86	182300
崇文区	8	30.41	126500
宣武区	23	13.05	100930
朝阳区	154	135.72	1133741
海淀区	196	137.08	9866111.82
丰台区	41	78.72	202700
石景山区	14	8.19	11965.74
门头沟区	12	67.77	18000
通州区	202	932.45	358151.39
昌平区	87	311.96	163065.23
房山区	122	191.49	118890.49
顺义区	261	744	354187
大兴区	168	457.42	205368.9
平谷区	113	163.74	49218.43
怀柔区	113	147.5	67762.31
密云县	867	101.67	123198.28
延庆县	263	203.5	15398
亦庄开发区	61	102.1	161915
市房屋土地登记事务所	1146	500.89	3802448.93
合 计	3874	4344.28	17207192.52

四、历年房屋土地权属登记情况

(一)历年房屋所有权登记发证情况

截止到2003年底,全市累计登记发证建筑面积70764.87万 m^2。其中2003年发放房屋所有权证248061件,建筑面积5866.06万 m^2,占历年发证总建筑面积的8.3%。

表6-8 1999-2003年北京市房屋所有权登记发证情况

年　份	件　数	建筑面积(万 m^2)	累计发证建筑面积(万 m^2)
1993年	27134	1407.7	21473.8
1994年	75579	1631.93	23105.63
1995年	55517	2095.86	25201.49
1996年	64491	2328.75	27530.24
1997年	80818	2715.67	30245.91
1998年	105104	3251.63	33497.54
1999年	212782	4632.24	38129.78
2000年	406823	5603.2	43732.98
2001年	378629	7009.47	50472.45
2002年	329835	10797.41	61263.86
2003年	296859	9501.01	70764.87

(二)历年土地使用权登记发证情况

截止到2003年底，全市共累计办理国有土地使用权登记49816件，累计登记土地面积87313.74万 m^2。其中2003年办理国有土地使用权登记11369件，土地面积19868.16万 m^2，分别占历年发证总件数的22.82%和总面积的22.75%。

表6-9 1993-2003年北京市国有土地使用权登记发证情况

年　份	件　数	面积(万 m^2)	累计发证件数	累计发证面积(万 m^2)
1993年	583	827.57	653	838.39
1994年	796	1363.22	1449	2201.61
1995年	944	1629.21	2393	3830.82
1996年	1537	2632.16	3930	6402.98
1997年	2215	4559.95	6145	10962.93
1998年	3802	14157.76	9947	25120.69
1999年	7862	11250.36	17809	36371.05
2000年	5108	8131.83	22917	44502.88
2001年	7350	13494.63	30267	57997.51
2002年	8180	9448.07	38447	67445.58
2003年	11369	19868.16	49816	87313.74

(三)历年房改售房登记发证情况

截止到2003年底,全市累计发放房改房产权证1707793件,其中中央在京党和国家机关房改售房发放产权证322802件,占房改售房登记总件数的18.9%。2000年全市共发放房改房产权证349774件,占历年登记总件数的20.5%,2001年发放房改房产权证296848件,占历年登记总件数的17.4%。2002年发放房改房产权证237565件,占历年登记总件数的13.9%,2003年发放房改房产权证137066件,占历年登记总件数的8%。

表6-10　1996-2003年北京市房改售房登记发证情况

年　份	总件数	建筑面积(万 m^2)	中央机关房改发证件数
1996年	51069	814.09	——
1997年	61117	369.47	——
1998年	71970	475.31	——
1999年	178771	1216.5	5608
2000年	349774	2347.08	45228
2001年	296848	4113.9	75587
2002年	237565	1544.17	73267
2003年	137066	890.93	50602

五、历年房地产抵押登记情况

(一)房产抵押登记工作量统计

1999年办理房产抵押登记954件,抵押金额758107.71万元;2000年办理4480件,比上年增长了370 %,抵押金额1723015.5万元,比上年增长了127%;2001年办理9874件,比上年增长了120%,抵押金额5378520.4万元,比上年增长了212%;2002年办理32477件,比上年增长了229%,抵押金额7878309.8万元,比上年增长了46.5%;2003年办理44022件,比上年增长了35.5%,抵押金额8784532.6万元,比上年增长了11.5%。

表6-11　1999-2003年北京市房产抵押登记情况

年　份	件　数	面积(万 m^2)	抵押额(万元)
1999年	954	957.84	758107.71
2000年	4480	768.95	1723015.5
2001年	9874	1451.12	5378520.4
2002年	32477	2824.61	7878309.8
2003年	44022	4968.85	8784532.6

(二)国有土地使用权抵押登记工作量统计

1999年办理国有土地使用权抵押登记889件，抵押金额1636780.54万元；2000年办理794件，比上年减少了10.7%，抵押金额1569197.64万元，比上年减少了4.1%；2001年办理1457件，比上年增长了83.5%，抵押金额3144433.55万元，比上年增长了100.4%；2002年办理2141件，比上年增长了46.9%，抵押金额4953896.22万元，比上年增长了57.5%；2003年办理3874件，比上年增长了80.9%，抵押金额17207192.52万元，比上年增长了247.3%。

表6－12　1999～2003年北京市国有土地使用权抵押登记情况

年　份	宗　数	面积(万 m^2)	抵押额(亿元)
1999年	889	948.19	1636780.54
2000年	794	783.83	1569197.64
2001年	1457	2913.11	3144433.55
2002年	2141	2686.97	4953896.22
2003年	3874	4344.28	17207192.52

第七章

物业管理

一、概　　述

2003年是物业管理发展史上不平凡的一年，全行业积极开展物业管理规范化服务活动，与全社会共同抗击非典疫情，确保广大业主的身体健康和生命安全，积极宣传贯彻《物业管理条例》，物业管理观念逐步深入人心。截至2003年12月31日，全市实行物业管理的项目共3210个，总建筑面积2.4亿m^2；其中住宅项目2322个，总建筑面积2.07亿m^2，物业管理覆盖率为74%；共有2085家物业管理企业取得《北京市物业管理资质合格证书》，组建物业管理委员会566个，有446个物业项目获得优秀称号，全市已归集商品住宅专项维修资金25.628亿元，物业管理从业人员已逾17万人，共对2.05万人进行了岗位培训。

(一)物业管理规范化活动

2002年12月至2003年4月，市国土房管局、中直机关事务管理局、国务院机关事务管理局房地产管理司、解放军总后营房部、市委宣传部、首都精神文明办、市委城建工委、市人事局、市市政管委、市公安局、市民政局、团市委、市房协等13家单位共同主办了“学习贯彻党的十六大精神，开展‘我为社区服好务，我为首都添光彩’物业管理规范化服务活动”。

活动期间，全市物业管理企业积极倾听业主意见，改进服务，召开业主座谈会、经验交流会2360次；上门走访业主20多万户，发放调查问卷24万份；组织了1000余次业务学习和培训；在元旦和春节期间820家企业开展了1100次爱民、助民、便民活动；560家企业开展了劳动技能竞赛；近1200家企业实行了阳光服务，通过与开发商协调，解决开发建设遗留问题440件；加强了老旧小区的综合整治工作。通过开展活动，解决了一些百姓长期关注的实际问题，提高了物业管理从业人员素质，规范了物业管理企业服务行为，提高了物业管理服务水平，进一步改善了广大人民群众的居住环境，为优化首都发展环境做出了贡献。活动还对10名十佳员工、20名优秀员工、30个优秀集体进行了表彰，并授予45个管理部门和企业优秀组织奖称号。

表7-1　北京市首届物业管理十佳员工(10名)

序号	姓　名	单　位	职　务
1	王进先	北京千禧苑物业管理有限责任公司	党总支书记、兼经理
2	陈孝龙	北京市北宇物业管理公司	管理处主任
3	郑永军	北京燕侨物业管理有限公司	项目经理
4	李焕芝	北京房管一物业管理有限责任公司	物业站站长
5	王世萍	北京北辰信诚物业管理有限责任公司	客户服务员
6	何承翠	北京贵园物业管理有限公司	客户服务员
7	王玉昆	北京亿方物业管理有限责任公司	维修工
8	王家安	北京均赢物业管理有限公司	锅炉班班长
9	李秀清	北京燕山星城物业管理公司	保洁员
10	车润贵	北京市均豪物业管理有限责任公司	保安员

表7－2 北京市首届物业管理优秀员工(20名)

序号	姓名	单位	职务
1	马洪延	北京中水物业管理有限公司	项目经理
2	张爱华	北京中铁平安物业管理中心	项目经理
3	刘东立	北京万业隆物业管理有限公司	副经理
4	毛学敏	北京峪东住宅管理服务中心	管理员
5	马学军	北京市裕龙花园物业管理中心	经理
6	龚　杰	北京中兴物业管理有限公司	管理处主任
7	陈玉苍	北京世纪金龙物业管理有限责任公司	经理
8	李　岩	北京航征物业管理有限责任公司	管理所所长
9	王　彬	北京万通鼎安国际物业管理顾问有限公司	客户主管
10	吕国利	北京亿方物业管理有限责任公司	客户服务员
11	高玉君	北京芳星园物业管理中心	管理员
12	安丰生	北京市金长桥物业管理中心	维修班班长
13	刘玉凤	北京古城物业管理中心	维修班长
14	李国平	北京天房物业管理有限责任公司	维修领班
15	邱慧民	北京法政王府物业管理中心	供暖主管
16	安海涛	北京麦斯顿物业管理有限公司	保洁经理
17	苏和燕	北京市望京实业总公司	保洁员
18	曹　文	北京国宏联合物业管理有限公司	保洁员
19	刘　强	北京保利物业酒店管理有限责任公司	保安部经理
20	王秉新	北京市北宇物业管理公司	管理员

表7－3 北京市首届物业管理优秀集体(30个)

序	先进集体名称
1	北京华润物业管理有限公司工程部
2	北京旭芳鑫物业管理中心胡家园管理处
3	北京招商局物业管理有限公司国际金融物管中心
4	北京安恒泰物业管理有限公司保洁班
5	北京市北宇物业管理公司法华南里物业管理处
6	北京京铁怀建物业管理部永铁苑物业站
7	北京鲁能物业管理有限责任公司椿树项目管理处
8	北京中兴物业管理有限公司法源寺电力小区物业管理处
9	北京鸿铭物业管理有限公司安立花园保安队
10	北京亿方物业管理有限责任公司惠民园管理处
11	北京首佳物业管理有限公司小营小区管理处电梯班
12	北京房修一物业管理有限公司万寿路八号院物业服务班
13	北京燕侨物业管理有限公司美林公寓管理部
14	北京市均豪物业管理有限责任公司理工科技大厦项目部

续表

序	先进集体名称
15	北京双城华鑫科工贸有限责任公司双城公寓物业部办公室
16	北京方庄物业管理有限责任公司第二分公司维修中心
17	北京国广物业管理有限公司市场部
18	首钢物业管理处闫德云班
19	北京峪东住宅管理服务中心维修班
20	北京碧水物业管理有限责任公司保安部
21	北京悦豪物业管理有限公司新华联家园管理处
22	北京大兴城建开发物业管理二公司枣园小区物业管理处
23	北京北潞园物业管理有限责任公司房屋管理及维修部
24	北京天地缘物业管理有限公司仁合温泉家园物业管理处
25	北京心连心物业管理公司沿湖小区客户服务中心
26	北京怀建集团新正大物业管理有限公司南华园四区保安队
27	北京市大龙物业管理中心保洁队
28	北京胜园物业管理中心抢修队
29	北京美好愿京物业管理有限公司鹿鸣苑小区物业管理处
30	北京均赢物业管理有限公司第二管理部

表 7－4　北京市物业管理规范化服务活动优秀组织奖（45 个）

序号	组织奖单位名称
1	东城区国土资源和房屋管理局
2	西城区国土资源和房屋管理局
3	崇文区国土资源和房屋管理局
4	宣武区国土资源和房屋管理局
5	朝阳区国土资源和房屋管理局
6	海淀区国土资源和房屋管理局
7	丰台区国土资源和房屋管理局
8	石景山区国土资源和房屋管理局
9	昌平区国土资源和房屋管理局
10	通州区国土资源和房屋管理局
11	房山区国土资源和房屋管理局
12	顺义区国土资源和房屋管理局
13	怀柔区国土资源和房屋管理局
14	北京经济技术开发区物业管理办公室
15	中直机关事务管理局房地产管理处
16	国务院机关事务管理局房地产管理司住宅管理处

续表

序号	组织奖单位名称
17	解放军总后基建营房部营房土地管理局
18	北京房管一物业管理有限责任公司
19	北京银达物业管理有限责任公司
20	北京国宏联合物业管理有限公司
21	北京安恒泰物业管理有限公司
22	北京招商局物业管理有限公司
23	北京鲁能物业管理有限责任公司
24	北京麦斯顿物业管理有限公司
25	大业房地产开发公司
26	北京中大物业管理有限责任公司
27	北京京铁大方物业管理中心
28	北京中水物业管理有限公司
29	北京中兴物业管理有限公司
30	北京亿方物业管理有限责任公司
31	北京北辰信诚物业管理有限责任公司
32	北京市北宇物业管理公司
33	北京燕侨物业管理有限公司
34	北京盛世物业管理有限公司
35	北京鸿铭物业管理有限公司
36	北京南洋物业管理有限责任公司
37	北京金地物业管理有限责任公司
38	北京育新物业管理公司
39	北京市宜文安物业管理中心
40	北京燕科物业管理有限公司
41	北京方庄物业管理有限责任公司
42	北京市金长桥物业管理中心
43	北京建创新兴物业管理有限公司
44	北京市丰台城建物业管理公司
45	北京顺天通物业管理有限公司

(二)防治非典工作

2003年3月，一场突如其来的非典型肺炎疫情突袭北京，给人民群众的身体健康和生命安全造成严重威胁。面对保护人民生命健康安全的斗争，各级国土房管部门、广大物业管理企业和员工坚持“我为社区服好务，我为首都添光彩”规范化活动的要求，发扬“理千家事，暖万人心”的精神，在各级政府的统一领导下，加强领导，精心组织，积极动员，周密部署，采取了一系列防治措施，以保护人民群众身体健康和生命安全为己任，忠于职守，任劳任怨，不畏艰险，冲锋在前，为社区构筑了一道坚实的防治屏障，为全社会防治非典工作做出了贡献。

据统计，在整个防治非典工作期间，全市1700家物业管理企业中，100%的企业组建了防控“非典”工作领导小组，

100%的企业与当地街道、乡镇党委、社区居委会及防疫部门建立了畅通的汇报机制，100%的企业采取了有效的防治措施，94.3%的小区实行封闭式管理，100%的企业加强了装修监督管理，100%的企业按照市政府要求对所管小区进行了全面的清洁和消毒。整个防治非典期间，物业管理企业共筹资3000多万元，张贴防治非典宣传横幅3000多幅，向居民发放宣传手册100多万份，为小区购买消毒药水约85万公斤，对3万多栋楼房的电梯等公共设备、场所进行了全面消毒，全市封闭垃圾道共计13万条，对370万户(院)住宅及管理单位进行了排水管检查，发现问题10.7万多户(处)，目前已维修8.3万多户(处)，全市16万物业员工中在防治非典期间99.75%的人坚守了工作岗位。

防治非典期间涌现出了一大批表现突出、事迹感人的先进单位和先进个人。为了弘扬正气，树立先进，市国土房管局决定，对在防治非典型肺炎工作中表现突出的北京盛世物业公司等207个单位，授予"北京市物业管理防治非典型肺炎工作先进单位"称号，对陈孝龙等111名同志授予"北京市物业管理防治非典型肺炎工作先进个人"称号。

二、业主大会和业主委员会

自1997年6月开始，北京市国土资源和房屋管理局依据建设部《城市新建住宅小区管理办法》(1994年第33号令)和《北京市居住小区物业管理办法》(北京市政府1995年第21号令)的规定，开始在全市开展物业管理委员会的组建试点工作。截至2003年12月31日，全市已组建物业管理委员会566个。

按照2003年6月颁布的国务院《物业管理条例》的规定："物业管理区域内全体业主组成业主大会。业主大会应当代表和维护物业管理区域内全体业主在物业管理活动中的合法权益。""业主委员会是业主大会的执行机构。"北京市国土资源和房屋管理局在《北京市贯彻〈物业管理条例〉的若干意见》中规定"新建和已建成的商品房(包括经济适用房)入住率超过50%或入住率不足50%但首户入住已满两年的物业管理区域；公有住房出售率超过50%的物业管理区域，应当尽快组织召开首次业主大会会议，成立业主大会，选举产生业主委员会。"截至2004年6月30日，全市新成立业主大会和业主委员会62个。此外，北京市国土资源和房屋管理局已发文要求在《物业管理条例》颁布实施前已组建的物业管理委员会，在2004年12月31日前，要全部实现向业主大会和业主委员会的转换，成立业主大会并选举产生业主委员会。

表7-5 北京市历年物业管理委员会数量

年度	1997	1998	1999	2000	2001	2002	2003
数量(个)	19	114	173	258	378	496	566

表7-6 1997-2003年北京市物业管理委员会数量明细

区 县	1997年	1998年	1999年	2000年	2001年	2002年	2003年	合计
东城区	0	7	4	3	9	8	9	40
西城区	3	10	6	5	3	8	7	42
崇文区	0	4	2	2	0	3	1	12
宣武区	1	5	2	14	11	3	2	38
朝阳区	0	20	7	12	24	16	16	95
海淀区	1	7	9	14	18	16	14	79
丰台区	6	6	6	12	9	13	4	56
石景山区	0	0	0	0	0	8	4	12
门头沟区	1	1	1	0	0	1	0	4
昌平区	1	4	5	2	6	11	2	31
通州区	1	4	2	4	6	3	5	25
大兴区	0	5	3	2	0	7	4	21
房山区	1	1	0	2	3	4	4	15
平谷区	0	0	0	7	3	0	1	11
密云县	1	4	2	0	1	0	1	9
怀柔区	1	10	6	3	11	5	13	49
顺义区	0	1	5	3	0	1	3	13
延庆县	0	1	0	2	0	1	6	10
开发区	0	0	0	0	3	1	0	4
总计	17	90	60	87	107	109	96	566

三、物业管理企业及行业

(一)物业管理企业

1. 物业管理企业数量

根据《北京市居住小区管理办法》(北京市人民政府令1995年第21号),北京市国土资源和房屋管理局于1995年开始物业管理企业资质审查工作。国家建设部2004年3月颁布《物业管理企业资质管理办法》(建设部令第125号),规范对物业管理企业的资质管理。截至2004年6月30日,已有2316家物业管理企业经审批合格取得物业管理资质证书(未包含被注销资质的企业数量)。其中取得一级资质的企业11家,取得二级资质的企业47家,取得三级资质的企业588家。

表 7-7　北京市每年物业管理企业资质登记数量情况表

区县＼年份	1995年	1996年	1997年	1998年	1999年	2000年	2001年	2002年	2003年
东城	2	4	15	23	21	21	16	33	42
西城	1	9	16	28	27	19	18	38	47
崇文	0	4	3	11	5	8	11	14	18
宣武	0	4	12	15	12	14	13	23	29
朝阳	3	9	35	41	51	49	42	73	98
海淀	2	3	38	35	43	44	26	62	83
丰台	1	3	21	18	20	14	14	28	34
石景山	0	2	7	4	6	6	3	9	11
门头沟	0	0	5	8	9	9	14	15	20
昌平	0	0	9	12	11	16	11	19	26
通州	0	0	10	4	4	12	6	12	15
大兴	0	0	9	10	12	13	8	17	21
房山	0	0	2	4	1	10	4	7	8
平谷	0	0	2	1	7	2	4	5	8
密云	0	1	0	0	4	3	6	5	6
怀柔	0	0	7	7	4	5	8	10	15
顺义	0	0	5	6	8	6	5	10	12
延庆	0	0	1	0	3	3	4	4	4
开发区	0	0	2	2	2	2	2	3	4
合计	9	39	199	229	250	256	215	387	501
累计	9	48	247	476	726	982	1197	1584	2085

2．物业管理企业资质等级

物业管理企业资质等级分为一、二、三级，企业资质具体条件如下：

一级资质

(1)注册资本人民币 500 万元以上。

(2)物业管理专业人员以及工程、管理、经济等相关专业类的专职管理和技术人员不少于 30 人。其中，具有中级以上职称的人员不少于 20 人，工程、财务等业务负责人具有相应专业中级以上职称。

(3)物业管理专业人员按照国家有关规定取得职业资格证书。

(4)管理两种类型以上物业，并且管理各类物业的房屋建筑面积分别占下列相应计算基数的百分比之和不低于 100%：

①多层住宅 200 万 m^2；

②高层住宅 100 万 m^2；

③独立式住宅(别墅)15 万 m^2；

④办公楼、工业厂房及其它物业 50 万 m^2。

(5)建立并严格执行服务质量、服务收费等企业管理制度和标准，建立企业信用档案系统，有优良的经营管理业绩。

二级资质

(1)注册资本人民币 300 万元以上。

(2)物业管理专业人员以及工程、管理、经济等相关专业类的专职管理和技术人员不少于 20 人。其中，具有中级以上职称的人员不少于 10 人，工程、财务等业务负责人具有相应专业中级以上职称。

(3)物业管理专业人员按照国家有关规定取得职业资格证书。

(4)管理两种类型以上物业,并且管理各类物业的房屋建筑面积分别占下列相应计算基数的百分比之和不低于100%:

①多层住宅100万m^2;

②高层住宅50万m^2;

③独立式住宅(别墅)8万m^2;

④办公楼、工业厂房及其他物业20万m^2。

(5)建立并严格执行服务质量、服务收费等企业管理制度和标准,建立企业信用档案系统,有良好的经营管理业绩。

三级资质

(1)注册资本人民币50万元以上。

(2)物业管理专业人员以及工程、管理、经济等相关专业类的专职管理和技术人员不少于10人,其中,具有中级以上职称的人员不少于5人,工程、财务等业务负责人具有相应专业中级以上职称。

(3)物业管理专业人员按照国家有关规定取得职业资格证书。

(4)有委托的物业管理项目。

(5)建立并严格执行服务质量、服务收费等企业管理制度和标准,建立企业信用档案系统。

新设立的物业管理企业应当具备以下条件:

(1)注册资本人民币50万元以上。

(2)物业管理专业人员以及工程、管理、经济等相关专业类的专职管理和技术人员不少于10人。其中,具有中级以上职称的人员不少于5人,工程、财务等业务负责人具有相应专业中级以上职称。

(3)物业管理专业人员按照国家有关规定取得职业资格证书。

(4)建立并严格执行服务质量、服务收费等企业管理制度和标准。

物业管理企业符合以上条件的,核发三级(暂定)资质证书。三级(暂定)资质证书有效期为一年。

表7-8 北京市获得国家物业管理一级资质企业名单

序 号	企 业 名 称
1	北京天鸿宝地物业管理经营公司
2	北京亿方物业管理有限责任公司
3	北京方庄物业管理有限责任公司
4	北京北辰信诚物业管理有限责任公司
5	北京燕侨物业管理有限公司
6	北京北宇物业管理公司
7	北京房管一物业管理有限责任公司
8	北京顺天通物业管理有限公司
9	北京市望京实业总公司
10	北京保利物业酒店管理有限责任公司
11	北京房修一物业管理有限公司

表 7－9　北京市物业管理企业注册资金情况表

注册资金	(含)30－100万元	(含)100－300万元	(含)300－500万元	500万元(含)以上
企业数量	1280	672	71	293

表 7－10　北京市涉外物业管理企业资质情况一览表

年　份	1995年	1996年	1997年	1998年	1999年	2000年	2001年	2002年	2003年
数　量	1	3	21	19	20	21	10	18	15
累　计	1	4	25	44	64	85	95	113	128

注：涉外物业管理企业是指外国以及港、澳、台企业、其他组织和个人独资或者与国内企事业单位、其他组织合资或合作从事物业管理的企业。

依据《北京市物业管理单位经营资质审批规定》(北京市市政管理委员会通告1995年第3号),北京市国土资源和房屋管理局自1998年开始每年对取得《北京市物业管理资质合格证书》的物业管理企业进行年度审查。对不符合年审条件或未按规定参加年审的企业,注销其《北京市物业管理资质合格证书》。截至2003年12月31日,全市共有255家物业管理企业先后被注销了《北京市物业管理资质合格证书》。

表 7－11　北京市每年取消资质物业管理企业情况表

1998年	1999年	2000年	2001年	2002年	2003年	合　计
17	27	45	41	59	66	255

(二)物业管理招投标

为加快物业管理市场化、规范化进程,北京市国土资源和房屋管理局于2001年3月印发了《北京市物业管理招投标暂行办法》(京国土房管物字[2001]258号),开始推广物业管理招投标制度。《物业管理条例》颁布之后,为进一步规范北京市物业管理招标投标活动,北京市国土资源和房屋管理局根据《物业管理条例》和建设部《前期物业管理招标投标管理暂行办法》(建住房[2003]130号)的规定,于2003年9月和2004年3月先后印发了《北京市物业管理招标投标办法》(京国土房管物[2003]848号)和《关于业主大会招标有关问题的意见》(京国土房管物[2004]216号),开始全面推广物业管理招投标,新建住宅物业的建设单位必须通过招投标的方式选聘具有相应资质的物业管理企业。截至2003年12月31日,全市通过招投标方式选择物业管理公司的项目有58个。2004年上半年,全市招投标的项目数为42个。

表 7－12　北京市历年物业管理招投标项目数量表

年　份	2001年	2002年	2003年
招投标项目数	5	20	33

四、物业服务收费

为了解北京市普通居住小区物业服务收费水平及收缴率情况，2004年5月，北京市居住小区管理办公室委托北京市物业管理商会、协会对全市居住小区物业服务收费进行了抽样调查。本次调查共涉及13个区县共计28个居住小区，房屋总建筑面积468万m^2，其中公房小区6个，商品房小区22个，建筑面积从1.5万m^2到60多万m^2不等，房屋售价从3500元/m^2到8000元/m^2不等。

本次调查的28个小区物业服务收费平均收费率为71.89%，加权平均收费标准为1.67元/平米·月（本收费标准只含公共性服务收费，不含特约性服务收费）。

表7－13　各居住区物业管理区域面积统计

项目名称	管理面积（万m^2）	项目名称	管理面积（万m^2）
北京人家	6.5	新华联家园	30
丛林庄园	1.5	新天第家园	8.1
大雄城市	20	星岛嘉园	5
都市网景	9	亿　城	12.69
风格雅园	5.65	永华北里	29
国展新座	3.4	永顺小区	14
恒昌花园	9.8	玉阜家园	2.5
嘉和人家	6	远洋风景	12.63
建工北里	3.5	远洋天地	13
锦绣园	5.5	枣园小区	52
兰靛厂小区	7.9	中仓小区	44
流星花园	5.87	杨庄小区	13
龙旺庄	25.6	望京西园三区	51
青岛嘉园	9.7	望京西园四区	61.53

表7－14　房屋售价情况统计

分类	公房	低于3500元	3500－6000元	6000－8000元	8000元以上
项目数	6	7	6	6	3

表7－15　各物业项目平均收费率统计

项目名称	平均收费率（%）	项目名称	平均收费率（%）
北京人家	96	新华联家园	91
丛林庄园	53	新天第家园	
大雄城市	60	星岛嘉园	85
都市网景	75	亿　城	90

续表

项目名称	平均收费率(%)	项目名称	平均收费率(%)
风格雅园	65	永华北里	10
国展新座	98	永顺小区	50
恒昌花园	85	玉阜家园	98
嘉和人家	95	远洋风景	70
建工北里	100	远洋天地	95
锦绣园	70	枣园小区	52
兰靛厂小区	100	中仓小区	28
流星花园	96	杨庄小区	35
龙旺庄	60	望京西园三区	80
青岛嘉园	96	望京西园四区	80

表 7-16　平均收费率区间统计

平均收费率(%)	50 以下	50-70	70-90	90 以上
项目数	5	7	6	10

表 7-17　各物业项目收费情况

项目名称	收费标准(元/月)	项目名称	收费标准(元/月)
北京人家	0.84	新华联家园	1.1
丛林庄园	0.53	新天第家园	2.8
大雄城市	1.36	星岛嘉园	1.8
都市网景	2.5	亿　城	2.8
风格雅园	2.48	永华北里	0.43
国展新座	1.92	永顺小区	0.59
恒昌花园	2.07	玉阜家园	2.3
嘉和人家	1.15	远洋风景	3.6
建工北里	2.77	远洋天地	2.8
锦绣园	3.97	枣园小区	1.13
兰靛厂小区	1.57	中仓小区	0.5
流星花园	1	杨庄小区	0.48
龙旺庄	0.6	望京西园三区	0.52
青岛嘉园	1.5	望京西园四区	1.7

五、优秀物业项目

根据建设部和北京市关于开展优秀小区(大厦、工业区)评比的有关要求,北京市自1995年至2003年底,共有446个项目获得优秀称号,其中获得全国物业管理优秀称号的有88个(小区54个,大厦33个,工业区1个);北京市物业管理优秀称号的有358个(小区262个,大厦91个,工业区5个)。

表7-18 北京市历年获优秀物业项目数量(个)

年度	1995	1996	1997	1998	1999	2000	2001	2002	2003	合计
总量	10	30	41	53	45	43	60	55	109	446

表7-19 北京市历年获优秀物业项目分类

年度 \ 称号	国优	市优	总计
1995年	10		10
1996年	4	26	30
1997年	13	28	41
1998年	15	38	53
1999年	7	38	45
2000年	3	40	43
2001年	6	54	60
2002年	10	45	55
2003年	20	89	109
合计	88	358	446

注:国优称号的总数中包括2000年以前建设部授予的全国物业管理优秀称号数。2000年以后建设部只授予国优示范称号。

表7-20 北京市历年分类型全国优秀物业项目数量

年度 \ 称号	国优小区	国优大厦	国优工业区	合计
1995年	10			10
1996年	4			4
1997年	6	7		13
1998年	10	5		15
1999年	5	1	1	7
2000年		3		3
2001年	3	3		6

续表

称号 年度	国优小区	国优大厦	国优工业区	合计
2002年	5	5		10
2003年	11	9		20
合计	54	33	1	88

表7-21 北京市历年分类型全市物业管理优秀项目数量

称号 年度	市优小区	市优大厦	市优工业区	总计
1995年				
1996年	26			26
1997年	28			28
1998年	30	7	1	38
1999年	25	12	1	38
2000年	31	9		40
2001年	38	15	1	54
2002年	26	18	1	45
2003年	58	30	1	89
合计	262	91	5	358

表7-22 北京市优秀物业项目区域数量

称号 区县	国优	市优	总计
东城	5	23	28
西城	16	32	48
崇文	3	7	10
宣武	6	25	31
朝阳	22	77	99
海淀	16	56	72
丰台	4	35	39
石景山	5	15	20
门头沟	0	4	4
房山	1	14	15
通州	0	9	9
昌平	6	17	23
大兴	1	9	10
顺义	3	10	13
怀柔	0	11	11
密云	0	5	5
延庆	0	2	2

续表

区县 \ 称号	国优	市优	总计
平谷	0	0	0
开发区	0	7	7
合计	88	358	446

表7-23 北京市获得“全国城市物业管理优秀示范住宅小区(大厦、工业区)”称号名单

序号	项目名称	管理单位	获得优秀称号时间
1	朝阳区安慧里三区	北京北辰信诚物业管理有限责任公司	1995
2	西城区广电总局西便门小区	广电总局行政管理局西便门管理办	1995
3	大兴区清源西里小区	大兴县城建开发物业管理二公司	1995
4	西城区裕中西里小区	北京西开华辰物业管理中心	1995
5	崇文区东花市北里东区	北京市房地产开发经营总公司	1995
6	朝阳区花家地小区	北京市望京实业总公司	1995
7	朝阳区柳芳南里小区	北京恒安物业管理中心	1995
8	海淀区茂林居小区	北京市房屋经营管理公司	1995
9	海淀区恩济里小区	北京市北宇物业管理公司	1995
10	丰台区方庄芳城园二区	北京方庄物业管理有限责任公司	1995
11	海淀区玉桃园小区	北京市第一房屋修建工程公司	1996
12	海淀区恩济花园	北京房地产开发经营总公司	1996
13	崇文区东花市北里中区	北京市房地产开发经营总公司	1996
14	房山区西潞园小区	北京市房山区小区物业管理公司	1996
15	石景山区新华社鲁谷七星园小区	新华社鲁谷物业管理中心	1997
16	东城区聚龙花园	北京聚龙花园经营管理谷物公司	1997
17	崇文区法华南里小区	北京北宇物业管理公司	1997
18	海淀区翠微西里小区	北京市第一房屋修建工程公司	1997
19	朝阳区丽京花园别墅	北京丽京物业管理公司	1997
20	东城区京宝花园大厦	北京宝景房地产开发经营有限责任公司	1997
21	朝阳区赛特大厦广场	赛特物业管理有限公司	1997
22	朝阳区华侨村	北京燕侨物业管理有限公司	1997
23	海淀区理工科技大厦	北京均豪物业管理有限责任公司	1997
24	海淀区亚视大厦	北京亚视大厦有限责任公司	1997
25	西城区万通新世界广场	北京万通鼎安国际物业管理顾问有限公司	1997
26	朝阳区京城大厦	北京京城大厦物业管理公司	1997
27	海淀区万寿路八号院	北京市第一房屋修建工程公司	1997
28	西城区南沙沟小区	北京市第一房屋修建工程公司	1998
29	西城区中直新风南里小区	大兴房地产开发公司	1998
30	朝阳区安华西里新一区	北京亿方物业管理有限责任公司	1998
31	海淀区芙蓉里小区	北京亿方物业管理有限责任公司	1998
32	东城区光华长安大厦	北京贝斯特物业管理有限责任公司	1998

续表

序号	项目名称	管理单位	获得优秀称号时间
33	西城区西单国际大厦	北京能达信物业管理有限责任公司	1998
34	宣武区国家经贸委、国家烟草局办公楼	北京太联物业管理有限公司	1998
35	宣武区国家防总办公楼及服务楼	北京中水物业管理有限公司	1998
36	朝阳区国际大厦	北京国际大厦经营管理公司	1998
37	宣武区广安小区	北京华安物业管理有限责任公司	1998
38	朝阳区安慧里四区	北京北辰物业管理公司	1998
39	海淀区西三旗育新花园	北京育新物业管理公司	1998
40	丰台区方庄芳城园一区	北京方庄物业管理有限公司	1998
41	丰台区方庄芳星园三区	北京方庄物业管理有限公司	1998
42	顺义区万科城市花园	北京万科物业管理有限公司	1998
43	朝阳区南湖东园二区	北京望京实业总公司	1999
44	朝阳区望京西园四区	北京望京实业总公司	1999
45	朝阳区卧龙小区	北京北宇物业管理公司	1999
46	朝阳区罗马花园	北京金罗马物业管理有限公司	1999
47	顺义区龙苑别墅	北京龙源房地产开发有限公司	1999
48	顺义区天竺空港工业区	北京天通物业管理有限公司	1999
49	石景山区六合园小区	新华社物业管理中心	1999
50	海淀区航天长城大厦	锦江(北方)物业管理有限公司	2000
51	西城区月坛大厦	北京盛利达物业管理有限公司	2000
52	西城区平安大厦	北京平安房地产开发有限公司	2000
53	朝阳区汇园国际公寓	北京北辰信和物业管理有限责任公司	2001
54	昌平区碧水庄园	北京碧水物业管理有限责任公司	2001
55	昌平区天通苑小区	北京顺天通物业管理有限公司	2001
56	东城区华润大厦	北京华润物业管理有限公司	2001
57	宣武区国家电力信息通信综合楼	北京中兴物业管理有限公司	2001
58	西城区中国工商银行总行营业办公楼	赛特物业管理有限公司	2001
59	东城区东环广场	北京银达物业管理有限责任公司	2002
60	西城区金隅大厦	北京金隅物业管理有限责任公司	2002
61	西城区国宏大厦	北京国宏联合物业管理有限公司	2002
62	西城区北京招商国际金融中心	北京招商局物业管理有限公司	2002
63	宣武区中设新纪元大厦	北京银达物业管理有限责任公司	2002

续表

序号	项目名称	管理单位	获得优秀称号时间
64	西城区三里河一区3号院	北京安恒泰物业管理有限公司	2002
65	朝阳区现代城公寓	北京城市绿洲物业管理有限公司	2002
66	昌平区天通西苑住宅小区	北京顺天通物业管理有限公司	2002
67	昌平区回龙观文化居住区风雅园小区	北京天鸿宝地物业管理经营公司	2002
68	昌平区回龙观文化居住区龙禧苑云趣园小区三区	深圳市长城物业管理有限公司北京分公司	2002
69	西城区丰融园小区	北京麦斯顿物业管理有限公司	2003
70	朝阳区世纪村	北京北辰信诚物业管理有限公司	2003
71	朝阳区安立花园	北京鸿铭物业管理有限公司	2003
72	朝阳区绿色家园拂林园	北京北辰信诚物业管理有限公司	2003
73	朝阳区望京花园	北京育新物业管理公司	2003
74	海淀区万柳阳春光华家园	北京盛世物业管理有限公司	2003
75	海淀区蓝旗营小区	北京育新物业管理公司	2003
76	海淀区万泉新新家园	北京中海物业管理有限公司	2003
77	海淀区莲花苑小区	北京宝景物业管理有限公司	2003
78	石景山区新岚大厦	北京芳星园物业管理中心	2003
79	昌平区通达园	深圳市长城物业管理有限公司北京分公司	2003
80	西城区国家电力调度中心	北京中兴物业管理有限公司	2003
81	宣武区区政府机关办公大楼	北京中水物业管理有限公司	2003
82	朝阳区望京通讯楼	北京全球通物业管理有限公司	2003
83	朝阳区盛福大厦	北京仲量联行物业管理服务有限公司	2003
84	海淀区市通信公司皂君庙电话局	北京网信物业管理有限公司	2003
85	海淀区联想大厦	北京万通鼎安国际物业管理顾问有限公司	2003
86	海淀区通信实业集团公司办公楼	北京网信物业管理有限公司	2003
87	石景山区中国国际广播电台业务大楼	北京国广物业管理有限公司	2003
88	石景山区市通信公司鲁谷电话局	北京网信物业管理有限公司	2003

六、专项维修资金

截至2003年12月31日,全市共归集商品住宅专项维修资金25.628亿元,2003年全年本市共归集住宅专项维修资金11.866亿元,归集户数约为13万户。

表7-24 北京市按年度统计专项维修资金的归集金额

年　度	2000	2001	2002	2003
金额(亿元)	2.292	3.704	7.766	11.866

注:归集金额均以2000年以来实际归集到"北京市专项维修资金专用银行账户"的金额统计。

表7-25 北京市按年度统计专项维修资金的归集户数

年　度	2000	2001	2002	2003
户数(户)	32890	71073	123520	128104

注:在基金归集工作的统计中,户数是指记录的条数,每一条记录对应一份商品房买卖合同。

表7-26 北京市按各代收部门专项维修资金归集量统计

序号	部　门	金额(元)	占统计总量比例(%)
1	市小区办	1528859242.970	46.43
2	东　城	62066733.620	1.89
3	西　城	19782313.580	0.60
4	崇　文	58074604.000	1.76
5	宣　武	103701001.000	3.15
6	朝　阳	143316606.000	4.35
7	海　淀	446857490.720	13.57
8	丰　台	132522222.910	4.02
9	石景山	47141116.000	1.43
10	门头沟	12756022.860	0.39
11	昌　平	219365765.000	6.66
12	通　州	155215324.010	4.72
13	大　兴	159411435.000	4.84
14	房　山	44788859.000	1.36
15	平　谷	10263607.000	0.31

续表

序号	部　门	金额(元)	占统计总量比例(%)
16	密　云	5508336.770	0.17
17	怀　柔	21245063.140	0.65
18	顺　义	49053347.000	1.49
19	延　庆	11716050.100	0.36
20	开发区	60910207.000	1.85
总　计		3292555347.680	100

第八章

住房制度改革与住房金融

一、存量公有住房改革

存量公有住房改革的方式，主要有深化公有住房租金改革和推进公有住房出售两种。

(一)租金改革

按照《国务院关于进一步深化房改加快住房建设的通知》(国发[1998]23号)和《北京市进一步深化房改加快住房建设实施方案》的要求，本着"地方单位的租金标准和提租时间与在京中央和国家机关联动，并尽快实现同步。租金标准的提高与提高职工收入相结合，租金提高后，要进一步完善有关减免政策"的原则，2000年4月1日，我市出租的公有住房租金标准提高到每平方米使用面积3.05元。其中，非成套公有住房按应提租金的75%计租。租金单价超过每平方米使用面积3.05元的按3.05元计租。

提租的同时，行政、事业单位按照月人均90元的标准对职工增发补贴，企业、社会团体等单位比照机关事业单位增发补贴的范围，结合本单位的具体情况自主确定补贴标准。

为减轻提租对生活困难的低收入家庭的影响，市人民政府会同国务院机关事务管理局、中共中央直属机关事务管理局印发了《北京城镇公有住房租金减免暂行办法》，明确：离休干部和老退休工人家庭，新增租金超过本人及配偶增发补贴的部分免交；享受国家定期抚恤补助待遇的优抚户和享受城市居民最低生活保障待遇的家庭，新增租金免交；家庭月人均收入高于273元、低于400元的居民家庭，房租超过家庭月总收入10%的部分免交；其他家庭，房租超过家庭月总收入15%的部分免交。目前，出租的公有住房正在按照上述政策推进实施。

(二)公有住房出售

公有住房出售工作主要有四个方面的内容。一是公有住宅楼房向职工的出售；二是平房、简易楼、筒子楼的出售；三是农转居人员购买安置住房；四是按市场价或经济适用住房价格出售现住房工作。

1. 出售公有住房

我市从2001年1月1日起，将城近郊八区出售公有住宅楼房的成本价调整到每建筑平方米1560元，最低限价为每建筑平方米222元。此后，房改成本价没有再进行调整。我市按标准公有租金出租的的公有住房的承租人，均可以按照出售公有住房的成本价购买所承租的房屋，仍然可以按照规定享受工龄折扣、房屋折旧、教师优惠等购买现住房优惠。2003年，全市出售公有住房51498套，建筑面积365万m^2。截止2003年底，全市累计出售公有住房157.6万套，建筑面积约1.2亿m^2。

2. 公有平房、简易楼、筒子楼的出售主要从拆迁范围内开始。

为配合《北京市城市房屋拆迁管理办法》(市政府87号令)对于房屋所有权人补偿的要求，2001年，原市国土房管局、市政府房改办下发了《北京市职工购买拆迁范围内公有住宅平房、简易楼、筒子楼管理办法》(京国土房管方字[2001]1281号)和《北京市职工购买拆迁范围内公有住宅平房、简易楼、筒子楼补充规定》(京国土房管方字[2001]1286号)，并制定了《北京市拆迁范围内公有住宅平房、简易楼、筒子楼出售操作规定》，促进了城市房屋拆迁工作的顺利进行、城市建设的发展和社会的稳定。

为了加快解决国有困难企业住房困难职工的住房问题，经市政府批准，原市国土房管局、市政府房改办和市总工会、市发改委、市财政局、市建委、市住房资金管理中心等部门下发了《关于加快解决国有企业住房困难职工住房问题促进企业稳定的若干意见》，明确国有企业住房困难职工可按照房改成本价购买现承租的公有住宅平房、简易楼、筒子楼和合居的住宅楼房。目前，已有部分困难企业已采取了这种方式，一定程度上解决了职工的住房困难，促进了企业的稳定。

为了落实历史文化保护区房屋保护和修缮工作，改善居民住房条件，保护古都风貌，《北京市人民政府办公厅关于印发北京旧城历史文化保护区房屋保护和修缮工作若干规定（试行）的通知》（京政办发[2003]65号）进一步明确，历史文化保护区的公有住房，可由留住的承租人按照房改成本价及有关优惠政策购买。这样，全市公有住房出售范围进一步扩大。

3. 农转居人员购买安置住房

严格讲，农转居人员是城镇居民的一个部分，不存在在购买公有住房时与其他城镇居民或职工差别对待的问题。但由于绝大多数农转居人员工龄较短、购房负担重，因此需要在政策上予以倾斜支持，解决他们的现实困难。2001年12月，在充分调研的基础上，报经市委、市政府批准，原市国土房管局、市政府房改办批准丰台区开展农转居人员购买安置住房的试点工作，随后，有征地形成农转居人员承租安置住房的朝阳区、海淀区、东城区、西城区、崇文区、宣武区、石景山区均先后出台了农转居人员购买安置住房实施方案，并组织实施。至2003年底，城近郊八区共办理农转居人员购买安置住房备案约30,000户，约占有安置住房的农转居人员的30%。目前，这一政策仍在执行，现承租安置住房的农转居人员还可以继续购买住房。

4. 按市场价或经济适用住房价格出售现住房工作

在推进公有住房按照房改成本价向职工居民出售的过程中，考虑到房改进一步深化的要求和落实住房分配货币化的形势，市政府房改办会同原市国土房管局出台了《关于单位按市场价出售公有住房有关问题的通知》（京国土房管改字[2001]586号），协调指导有关部门和单位配合中共中央直属机关事务管理局、国务院机关事务管理局开展按经济适用住房价格向职工出售现住房的工作，取得了一定的经验，促进了北京房改的全面深化。

二、住房分配货币化

自1999年开始停止住房实物分配、逐步实行住房货币分配，分阶段分步骤稳步推进。

目前，在住房普查摸底基础上，住房分配货币化全面启动。

1. 全市市级机关事业单位住房普查工作基本完成

自2001年3月22日开展住房普查工作以来，区县、委办局、总公司全面进行部署，截止2003年底，全市159个领取住房普查表的一级单位已有154个将住房普查表上报市普查办，涉及所属二级单位1921个，涉及职工66.29万人。城近郊八区除朝阳区没有完成住房普查外，其他七个区已将住房普查表上报了市普查办，涉及单位2796个，职工48.1万人。

全市归集电子版数据46.74万人，其中市属机关、事业单位、企业职工26.95万人,区县职工 19.79 万人。

2. 市级行政机关事业单位住房分配货币化开始实施

经市政府批准,2003 年 9 月 25 日召开全市住房分配货币化工作会议,印发了《关于北京市机关事业单位职工住房补贴及有关纪律规定等问题的通知》([2003]京房改办字第 078 号),规定对无房、住房未达标职工的界定、住房面积的核定、住房补贴的计发方法、申请审批程序以及有关纪律,正式启动了机关事业单位的住房补贴工作。2003 年首先对无房新职工、离休无房和住房未达标职工以及退出标准租私房的承租职工三类人员进行了住房补贴申报工作。实施过程中各单位加强政策宣传,组织职工认真填写住房补贴申请表,严格纪律,对申请补贴职工张榜公式,完成了住房补贴资金上报财政工作。

2003 年底 117 个市级一级预算机关事业单位将职工住房申请表上报了市财政局,市级机关事业单位上述三类人员中符合住房补贴条件的职工共 18514 人,其中新职工 14637 人,离休职工 3802 人(离休无房职工 159 人,离休未达标职工 3643 人),标准租私房承租户 75 人。上述三类人员共需住房补贴资金 33507.5 万元,其中,无房新职工按月补贴需资金 15887.93 万元,标准租私房承租户需资金 800 万元。在资金拨付上,经财政核准,各单位利用单位售房款支付住房补贴资金 7785.79 万元,单位申请财政预算安排资金 25721.71 万元。经财政审核后扣除差额事业单位由单位自筹部分,实际需财政拨付资金 24250.48 万元。在机关事业单位住房补贴工作落实的同时,市委组织部、市老干部局和市房改办等单位安排布置各企业单位落实企业离休干部的住房补贴,目前正在进行企业离休干部住房补贴的申报工作。

城近郊八区都已做了住房补贴的动员布置工作。远郊区县中密云县已开始实施住房补贴工作。顺义区在 2001 年出台了住房分配货币化方案,2003 年首先为职工建立了住房公积金,逐步启动住房补贴。怀柔、门头沟、房山制定了实施方案。昌平、通州对住房补贴标准进行了测算,大兴、延庆、平谷正在做准备工作。

3. 国有企业住房分配货币化工作逐步推进

截止到 2003 年底,市房改办共指导 151 家企业单位实施了住房分配货币化改革,为 9.1 万名职工发放了住房补贴,解决了职工住房问题,改善了职工住房条件。其中,2000 年以前指导 9 家企业单位实施住房分配货币化改革,为 3162 名职工发放了住房补贴;2001 年指导 11 家企业单位实施住房分配货币化改革,为 9955 名职工发放了住房补贴;2002 年指导 41 家企业单位实施住房分配货币化改革,为 24002 名职工发放了住房补贴,2003 年指导 90 家企业单位实施住房分配货币化改革,为 53881 名职工发放了住房补贴。

2003 年 1 月结合首都经济社会发展的实际情况,从维护首都社会稳定出发,市委、市政府指示市国土房管局、市房改办、市总工会、市计委、市财政局、市建委、市住房资金管理中心等部门制定了《关于加快解决国有企业住房困难职工住房问题促进企业稳定若干意见》,从企业和职工两个层面上针对住房解困,提出了八条政策措施;对符合廉租住房条件的落实廉租住房政策;鼓励国有企业对老旧的职工住宅区进行危旧房改造;支持国有企业利用自有土地集资建房或组建住宅合作社;企业搬迁补偿资金中提取专向职工住房解困基金建房;鼓励有条件的企业实行住房分配货币化政策;允许职工通过公房使用权互换交易;各级政府有关部门筹建企业职工解困住房;优先为企业住房困难职工提供公积金贷款、贴息贷款及其担保。按照意见精神,指导市京棉集团和首钢公司组织职工开展危改,改造后约1.2万户职工住房得到改善;北人集团则根据本单位实际情况,从朝阳区广渠路南侧44号部分原厂址土地使用权有偿转让费中提取2亿元,购买700多套经济适用房,用于解决职工住房困难。

三、住房发展和住房保障

住房发展和住房保障是我市以至我国工业化、城市化过程中为改善和解决城市居民住房问题面临的重要课题,一方面通过市场配置资源解决住房发展问题,另一方面通过实行住房保障克服市场外在性,目前,两者在我市所占份额大体为80%和20%。

(一)住房发展

当前,市场在我市住房资源的配置中已发挥主导作用,住房市场基本建立,主要表现在:商品住宅供给快速增加,对维持强势供给发挥了举足轻重的作用。自1998年我市住宅竣工量首次突破1000万m^2以来,1999年增长50%,并保持了持续高增长,2002年首次突破2000万m^2,2003年达到2320.8万m^2,其中,商品住宅2000年竣工量首次突破1000万m^2,2003年竣工量突破2000万m^2,创历史新高,分别相当于1997年的2.38倍和4.35倍,居全国前列。1998至2003年年均竣工量1738万m^2(近三年年均为2105.1万m^2),其中商品住宅年平均竣工量1318.5万m^2(近三年年均为1800.1万m^2),持续维持在高位水平。

商品住宅供给比重逐步加大,成为主要供给形式。自1999年开始,商品住宅供给比重快速上升,目前已占总量的89.7%(注:1998年经济适用住房首次投放市场,带有计划与市场双重特性,2003年经济适用住房竣工量占全市竣工总量的10.7%,扣除计划因素,完全依赖市场配置的住房占79%),这表明北京市住宅供给由两条渠道逐步过渡到以商品住宅供给的主渠道,住宅供给快速走向市场化。

住宅消费、住宅金融继续促进了住宅供给。北京市住宅投资5年来快速增长,年增速达到36.7%。1998年住宅投资168亿元,2003年达到633亿元,是1998年的3.78倍。个人已成为住房市场的交易主体。2003年个人购买商品住宅面积占销售面积的比重达到97.1%。

住宅平均价格水平略有降低,房价保持基本稳定的走势。2003年房价总体水平次下降11元,降幅0.2% ,房价整理的幅度为319元/m^2。

(二)经济适用住房

1. 经济适用住房建设情况

截至2003年底,北京市共批准经济适用房建设项目52个,其中完成价格审定经济适用房项目51个;平均价格为3102元/m^2(根据各项目建设规模和已审定价格计算)。1998年至2003年期间,统建经济适用房竣工面积共1113万m^2,中央、大专院校、驻京部队等建设竣工面积413万m^2,共约1526万m^2,平均每年竣工面积为254万m^2。

表 8-1 1998 年-2003 年北京市经济适用房开发建设情况

年份	1998 年	1999 年	2000 年	2001 年	2002 年	2003 年	合计
投资总额(万元)			379519	589773	669470	687000	2325762
施工面积(万 m^2)	246.3	401.1	324.9	584.7	660.2	802.5	3019.7
竣工面积(万 m^2)	28.6	122.9	176	234.3	228.4	322.8	1113
销售面积(万 m^2)		45.8	168.2	185.3	220.7	320.0	940
销售价格(元/m^2)		2664	2739	2975	2894	2847	2855(平均)
销售额(亿元)			46.1	55.1	63.9	91.1	256.2
商品住宅平均价格(元/m^2)	4815	4787	4557	4716	4467	4456	

注:1999 年-2003 年经济适用房平均销售价格 2855 元是根据各年已销售房屋价格计算的。

表 8-2 近年来北京市科教文卫、军队等自建经济适用住房情况

年份	项目个数	总规模(万 m^2)	军队自建
2001 年以前	132	278.8	
20002 年	47	91.7	34
2003 年	25	42.3	20.9
2004 年 1-5 月	9	46.5	13.6
总计	213	459.3	

2. 经济适用住房购买人群

(1) 按职业划分

根据2003年资料,购买经济适用住房家庭分布比例为:非国企职工37.23%,国有企业职工25.26%,科教文卫及事业单位职工22.07%,各级机关公务员6.19%,重点工程拆迁和危改外迁家庭8.79%,持居住证人员和留学人员等0.46%。2003年实际购买经济适用住房的重点工程拆迁和危改外迁家庭只占城八区危改动迁居民总数的5%左右。

(2) 按收入划分

根据北京市开发办提供的数据,自2003年7月15日至2004年6月30日,累计通过审核收入审核的家庭共70509户,1万元以下占1.32%,1万元~2万元占9.33%,2万元~3万元占24.37%,3万元~4万元占24.86%,4万元~5万元占23.67%,5万元~6万元占16.44%。

(3) 按年龄构成

根据经济适用房项目开发商反映,目前购买经济适用房的销售对象以年轻人为主,购房人群中年龄在25岁-40岁约占50%-60%。

3. 经济适用住房位置分布及价格水平

目前经济适用住房开发建设面积昌平区为第一;但就项目数量看,根据对2003年底52个经济适用住房项目的统计分析,则主要分布在朝阳区和丰台区,大部分经济房适用房项目分布在四环以外。

52个项目的价格分布情况:根据2003年底,北京市集中建设经济适用住房项目中完成价格审定项目的统计情况,52个项目的价格范围及所占规模如表8-5所示:

(三)廉租住房

1. 初步形成了完善的政策和管理体制

通过两年多的实践,北京市廉租住房

工作开创了较好的局面，形成了具有北京特色的行之有效的最低收入家庭住房保障体制。首先，我市已建立了以公共财政为主的稳定的资金来源渠道，两年来财政已投入廉租住房专项资金2.9亿元；第二，初步搭建起市、区、街道三级管理，房管、民政、财政、街道办事处各部门配合实施的多层次管理构架；第三，通过完善各项政策制定了规范严谨的准入、审核、公示、摇号、配租、退出等管理程序；第四，已形成了针对廉租家庭需求多种方式并行的实施方式。

2．租金补贴配租

2003年中，我市新增廉租住房租金补贴配租的申请家庭856户，经过廉租住房管理部门的摇号配租和两次直接配租活动，856户申请家庭全部获得了配租资格。截止到2004年1月31日，我市申请租金补贴配租的的家庭数量已经达到了1854户，这些家庭全部获得了配租资格，北京市住房资金管理中心累计为这些家庭发放租金补贴800余万元。

3．租金减免

对超过廉租住房住房困难标准的低保优抚家庭我市自2000年开始实行了提租后新增租金免交的政策，在保障低收入家庭的住房问题上也取得了显著的效果。目前，仅租住直管公房的低收入家庭就有1.1万户享受了租金减免政策，年减免租金612万元。

4．租金补贴还贷购房

为适应把我市建成国际化大都市的新形势，配合危改、拆迁工作的进行，我局

表8－3　52个项目区域分布情况

所在区	昌平	朝阳	大兴	房山	丰台	海淀	石景山	宣武
个数	5	15	2	2	15	6	6	1
平均价格(元/m^2)	2560	3747	2040	2375	3705	3814	2933	4300
规模(万 m^2)	1145	721	100	69	404	90	130	22

（其中海淀区6个项目中有1个未完成价格审定）

表8－4　52个项目按环路分布情况

位置	四环外		三环至四环		二环至三环		合计	
方向	个数	规模(万 m^2)	个数	规模(万 m^2)	个数	规模(万 m^2)	个数	规模(万 m^2)
东	12	626.8	2	84.9	1	12	15	723.7
南	5	189.8	9	267.1	2	37.2	16	494.1
西	12	261.3	2	34.5			14	295.8
北	7	1184.6					7	1184.6
合计	36	2262.5	13	386.5	3	49.2	52	2698.2

表8－5　经济适用房价格分布

销售价格	项目个数	所占规模(万 m^2)	所占规模比例
3000元以下	13	1393	51.9%
3000－3500	7	448.2	16.7%
3500－4000	23	650.6	24.2%
4000元以上	8	189.9	7.1%

又积极研究新政策，将廉租家庭用于租房的补贴转化为购房贷款的补贴，有效推进了拆迁工作的进行，特别是在北京市政府组织实施的“南中轴路”危改整治拆迁及国企住房解困的京棉集团危改拆迁中，租金补贴还贷购房政策作为解决最低收入家庭住房问题的重要途径，也取得了良好的效果，仅在一个拆迁地区，就有30余户家庭申请了租金补贴还贷购房。目前，在2003年，全市共为57户家庭办理了租金补贴还贷购房手续。

5. 实物分配廉租住房

安排建设第一个廉租房项目广渠门北里廉租住房，该工程是2002年、2003年政府为民办的六十件实事，项目位于崇文区广渠门立交桥西北角河畔，与东便门及明城墙遗址公园隔桥相望，规划建设用地面积15800m^2，其中，廉租房建筑面积32152m^2，共建住宅400套。该项目于2003年底完工，按市政府的要求达到了入住条件。为配合广渠门廉租住房建成后的分配工作，从2003年8月15日起开始，市国土房管局、民政局、财政局组织实施了优抚家庭的住房困难户调查工作，截止到2004年1月15日，全部完成优抚家庭申请审核工作。

城八区廉租住房管理部门共向优抚家庭发放申请登记表格800份，收回申请登记表格496份，并对496户申请家庭进行入户核查工作，经过区住房核查工作小组初步审核，共有369户优抚家庭初审通过上报市廉租住房配租工作领导小组办公室。经过市廉租住房管理部门复审，共有356户优抚家庭符合申请广渠门廉租住房的申请条件。市国土房管局于2004年1月18日在北京电视台举行了广渠门北里廉租住房摇号配租活动。摇号配租活动继续采取了高比例配租的原则，在符合第一次摇号配租条件的327户家庭中，摇取了285户配租家庭。1月19日下午，在广渠门廉租房现场举行了“广渠门北里廉租住房配租仪式”。市领导刘淇、王岐山、孙政才、刘敬民、刘晓晨到会参加了配租仪式活动，并向10户廉租家庭代表发放了新房钥匙。

6. 将标准租私房的搬出腾退纳入廉租住房计划

为进一步推进本市标准租私房搬出安置工作的顺利实施，解决标准租私房承租人搬出后的住房问题，出台了《关于标准租私房承租人申请廉租住房租金补贴配租有关问题的通知》，解决了标准租私房承租人在领取购房补贴后，自愿通过廉租住房配租政策解决住房的问题，有效地推进了解决标准租私房问题的步伐。到2003年低，北京市住房资金管理中心共为3665户标准租私房承租人家庭发放租金补贴1227万元。

(四)集资合作建房

住宅合作社与开发公司承建的经济适用住房相比主要有以下优势：一是合作建房价格更低，更能适应中低收入家庭的支付能力；二是合作社是公益组织，更能执行政府的政策意图，目前住宅合作社集资合作建设的住宅以解决标准租腾房职工、国企退地腾房职工、历史文化保护区外迁居民等中低收入家庭为重点对象，以合作建房方式实现住房解困，适应了特殊群体的住房需求；三是在目前开发公司承建的经济适用住房普遍存在大于3%利润的前提下，由于企业法人属性，利润只能归投资人所有，而合作社作为公益性组织，即使赚钱，任何人也不能拿走，只能继续用于住房建设。

10余年来，住宅合作社在没要国家一分钱投入的情况下，组织个人社员3万余人，单位社员300多个，自筹资金20多亿元，建房260多万m^2，为3万多职工解决住房困难问题。从2001年到2003年期间，全市住宅合作社共立项集资建房1116679建筑平方米，其中，已竣工180376建筑平方米，在施工517109建筑平方米，已立项尚未开工419194建筑平方米，住宅合作社集资建房已承担起政府解决政策性住房供应的责任，为腾退标准租私房的承租人、危改拆迁户、国有企业职工、公务员、历史文化保护区外迁居民购房提供了房源。如政华合作社集资建设的三个项目住宅总规模约60万m^2，集资社员构成中，公务员参与集资户数占16%，事业单位参与集资建房户数占51%，拆迁户、标准租私房腾退户和其他职工参与集资建房的户数占12%。广厦住宅合作社在丰台区马家堡91号集资合作建房25700建筑平方米，212套住宅。专项用于解决标准租私房腾退问题，目前已有100户标准租私房腾退户参与了集资建房。

四、住房公积金与政策性住房金融

(一)顺利完成住房公积金管理机构调整工作

根据《条例》和《通知》的规定，北京地区完成了完善住房公积金管理决策机制、调整管理机构和健全监督体系等工作。在原北京市住房资金管理中心及原中共中央直属机关事务管理局、国务院机关事务管理局、北京铁路系统住房公积金管理机构的基础上，成立了北京住房公积金管理委员会，并召开了第一次全体会议，设立了北京住房公积金管理中心。

(二)完成全年归集使用计划

1.2003年住房公积金归集计划执行情况

截止2003年12月31日，北京地区建立住房公积金职工人数299.6万人，北京住房公积金管理中心(含中直、国管、铁路分中心，下同)累计归集住房公积金521.57亿元，余额315.73亿元；其中2003年当年归集住房公积金125.35亿元，完成全年归集计划的109.96%，支取59.27亿元，与2002年底相比余额净增68.87亿元，完成全年净增计划115.20%。

2.排除“非典”影响，较好完成2003年度个人住房贷款计划

针对“非典”造成的影响，及时调整有关政策，开展了“个人贷款百日优惠活动”，将个人贷款最高限额由30万元调至40万元，同时加大政策性贴息力度；对在抗击“非典”一线工作的医护人员，由此导致个人贷款无法正常还款，出现个人贷款逾期的，不作逾期处理；一线的医护人员由于“非典”原因导致住房公积金无法连续缴存的，其申请个人贷款或政策性贴息不受影响。

完善政策，发展住房贷款政策性贴息。2003年7月起，政策性贴息业务统一在市中心办理，解决了贴息业务网点分散，贴息审核标准不一致等问题，并推出了先放款后审核和先审核后放款两种贴息受理方案。截止到2003年12月31日，北京住房公积金管理中心共受理政策性贴息3148笔，贷款金额11.01亿元，其中贴息额度8.44亿元，已为借款人贴息142.8万元。

推行全程代理制，优化个人贷款服

务。2003年全面推行个人贷款全程代理制，将个人贷款办理时间由原来20个工作日缩短到15个工作日，职工最多只需到业务网点三次就可以得到贷款。对二手房个人贷款在房屋所有权证办理前，采取冻结款项，由担保中心提供连带责任保证的方式，解决了以前由于买卖双方互相不信任造成的交易瓶颈，推动了北京地区二手房个人贷款的发展。推出住房公积金贷款和政策性贴息等额本金还款方式；完善个人贷款合同变更管理。

截止2003年12月31日，住房公积金管理中心累计发放个人贷款（含贴息，下同）174,937笔，发放金额313.25亿元，余额225.55亿元；其中2003年当年发放个人贷款37,986笔，发放金额80.49亿元，其中政策性贴息2,738笔，金额8.07亿元，完成全年个人贷款发放计划的100.30%，个人贷款余额较2002年底净增36.59亿元。个人贷款余额已占住房公积金归集余额71.43%。住房公积金归集资金余额主要用于个人贷款。

3. *采取多种措施，继续加强住房公积金项目贷款回收*

2003年住房公积金管理中心全年回收住房公积金单位贷款2.42亿元，年底余额为6.8亿元，较2002年年底减少2.42亿元。

4. *提高资金使用效率，有效实现住房公积金保值增值*

在保证全年计划落实和规范使用的基础上，为提高住房公积金使用效益，结合资金的调度情况，利用资金运作过程的时间差，按国家规定购买国债11.58亿元，2003年全系统运作资金形成住房公积金增值收益6.58亿元，其中北京地方形成的增值收益5.12亿元，将按照国家有关规定，除建立风险准备金外，全部上缴市财政局，纳入政府住房基金管理，支持住房制度改革，解决中低收入家庭住房问题。

（三）加强归集执法工作，依法维护职工权益

2003年管理中心共受理住房公积金违法案件219件，结案135件，涉及职工2849人，依法催建催缴住房公积金1040万元，维护了职工权益。

（四）支持危改和廉租、促进标准租私房腾退

1. *继续支持市政府组织实施的危旧房改造项目个人贷款*

截至到2003年12月31日，已累计向政府组织的危旧房改造区居民发放个人贷款25368笔，金额29.88亿元，支持购房面积达到199万m^2，其中：2003年发放危旧房改造个人贷款4297笔，金额6.08亿元，直接支持购房面积达35.58万m^2。

2. *解决廉租房住户贷款*

为更好解决廉租住房家庭住房问题，管理中心与市财政局、市国土房管局共同配合，制定了《关于北京市城镇用租金补贴还贷购房申请个人住房担保委托贷款有关问题的通知》，在有效控制风险的情况下，使廉租家庭能够通过个人贷款，尽快改善住房条件，为彻底解决本市最低收入家庭的住房困难探索了一条新路。

3. *解决标准租私房住户贷款*

支持市政府解决标准租私房承租职工住房问题，维护社会稳定。管理中心对市政府今年部署解决标准租私房工作高

度重视，与市国土资源和房屋管理局、市财政局积极配合，及时出台有关政策，安排调度资金，保证标准租私房个人贷款的需要，使符合搬迁条件的标准租私房承租职工能够及时拿到搬迁补贴，保证了标准租私房工作的顺利落实。截至到2003年12月31日，共发放标准租私房个人贷款3.22亿元，可解决1366户标准租私房承租职工住房问题。截至到2004年3月底，共发放标准租私房个人贷款11.52亿元，可解决5,074户标准租私房承租职工住房问题。

(五)住房贷款担保业务发展迅速

2003年北京市个人住房贷款担保中心完成担保业务22015笔，与2002年相比增长180.7%，担保贷款额585028万元，同期增长273.2%。累计受托管理住房公积金个人住房贷款资产119800笔，约204亿元，全年催回逾期贷款2146笔，占逾期贷款总额的60%，截止2003年年底担保中心管理及受托管理的全部资产不良率为万分之3.07，资产状况良好，有效地防范和控制了住房公积金风险。

(六)个人信用信息服务工作稳步推进。

2003年1月1日北京市个人信用信息服务中心正式开展业务，全年为贷款人出具《个人信用评估报告》26015份，社会反响良好。在扩充数据信息源方面，先后与农业银行、交通银行、市人才服务中心、市双高人才发展服务中心签订了合作协议，与工商银行、建设银行、招商银行、北京商业银行、北京通信公司等单位达成了初步合作意向。同时，初步建立了一整套信用评估信息系统，为各项业务工作开展打下了良好的基础。

五、商业性住房金融

1998年以来，随着住房制度改革的逐步推进，北京市各商业银行房地产信贷业务发展迅速。

(一)住房开发贷款

截止2003年12月31日，北京市各商业银行自营性住房贷款余额为2820.13亿元，同比增加729.26亿元，增长34.9%。房地产信贷资产余额在全市商业银行信贷资产总额中占比达28.9%，高出2002年同期2.2个百分点。在全市各行全年新增贷款中，新增房地产贷款占39.3%，远高于2002年同期的23.8%。

房地产信贷业务已成为北京市信贷资金投放的重要渠道，同时也作为各商业银行调整资产结构、培育新的利润增长点的一项重要信贷业务品种获得了各商业银行的高度重视和长足的发展。商业性住房金融，主要包括住房开发贷款和个人住房抵押贷款。

截止2003年12月底，住房开发贷款余额为580.17亿元，占全部自营性住房贷款余额的20.6%，高于2002年同期10.2个百分点；同比增加361.78亿元，增长165.6%。

(二)个人住房抵押贷款

自业务开展以来，北京市个人住房抵押贷款的规模迅速扩大，逐渐成为各商业银行资产扩张的主要品种。截止2003年末，个人住房贷款余额达1327.03亿元，占

表 8－6　1998－2003 年住房开发贷款余额及同比增速表

年份	1998 年	1999 年	2000 年	2001 年	2002 年	2003 年
余额(亿元)	159.47	268.35	160.83	180.52	218.39	580.17
同比增速(%)	－	68.28	－	12.24	20.98	165.66

说明:1998 年、1999 年“住房开发贷款”的统计口径包括对房地产开发企业发放的各项短期贷款与中长期贷款。2000 年起统计口径改为对住房项目发放的开发贷款。2003 年开发贷款增长率的迅速上升主要是商业银行住房开发贷款与房地产开发企业流动资金贷款的统计口径调整所致。

全部自营性住房贷款余额的 47.1%,比 2002 年同期提高 0.3 个百分点。同比增加 346.63 亿元,增长 35.36%。

从各年贷款净增额看,图 8－1 反映了 1998－2003 年贷款当年累计发放额、累计回收额及净增额的情况。

表 8－7　1998－2003 年个人住房贷款余额及增速情况表

年份	1998 年	1999 年	2000 年	2001 年	2002 年	2003 年
余额(亿元)	6.93	71.3	340.69	658.1	980.4	1327.03
同比增长(%)	445.67	928.86	377.83	93.17	48.97	35.36

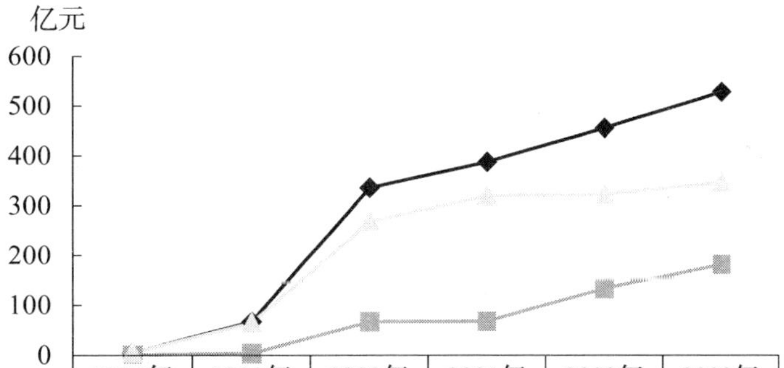

	1998年	1999年	2000年	2001年	2002年	2003年
当年累计发放额	5.41	67.23	335.44	387.24	455.87	528.28
当年累计回收额	0.84	3.57	67.04	67.59	133.81	181.65
当年净增额	4.57	63.66	268.4	319.65	322.06	346.63

图 8－1　北京市个人住房贷款业务发展情况

按照图 8－1 的发展趋势线,北京市银行(含农信社)个人住房抵押贷款的发展可以划分为业务初始期、业务快速增长期、业务平稳增长期三个阶段。

1. *业务初始期*(1998－1999 年)

1998 年《国务院关于进一步深化城镇住房制度改革加快住房建设的通知》(国发〔1998〕23 号)下发后,城镇住房制度改革不断推进。为配合住房制度改革,把住宅业培育成为新的经济增长点,中国人民银行决定进一步加大住房信贷投入,并发布了《关于加大住房信贷投入,支持住房建设与消费的通知》(银发〔1998〕169 号),指导商业银行发展住房金融业务。此后,在以住宅为主的房地产业快速发展的同时，北京市各商业银行正式推出个人住房贷款业务品种，1998、1999年个人住房贷款余额分别为6.93亿元、71.3亿元。相对于1998年的余额，1999年贷款余额增长了近十倍。

从行际分布看，这一阶段，国有商业银行与股份制商业银行的市场份额占比分别为96.09%、3.91%。其中，工商银行北京分行和建设银行北京分行占领了绝大部分的市场份额。

2. 业务快速增长期(2000－2001年)

2000年、2001年北京市的房地产市场进入增长期，住宅的开复工面积飞速增长，个人住房贷款业务也随之进入快速增长期。两年中，个人住房贷款累计发放额分别为335.44亿元、387.24亿元，余额分别达到340.69亿元和658.1亿元，由于收回额较小，使得年净增额突破300亿元。

这一阶段，国有商业银行利用自身的传统优势继续扩大市场，而股份制商业银行也逐渐认识到个人住房贷款业务的发展前景，纷纷开拓该领域的信贷业务，抢占市场份额。至2001年底，二者的市场份额占比达到89:11。国有商业银行仍占有较大的市场优势，但优势在减弱。

在业务快速扩张过程中，一些违规现象逐渐显现。为整顿住房金融市场秩序，2001年下发的《中国人民银行关于规范住房金融业务的通知》(银发〔2001〕195号)要求商业银行强化个人住房贷款管理，取得了一定成效。

3. 业务平稳增长期(2002年以后)

2003年，《国务院关于促进房地产市场持续健康发展的通知》(国发〔2003〕18号)进一步明确了房地产市场发展的指导思想，要求“完善住房供应政策”、“改革住房制度，健全市场体系”。为促进房地产金融的健康发展，2003年6月，《中国人民银行关于进一步加强房地产信贷业务管理的通知》(银发〔2003〕121号)发布，要求商业银行进一步加强个人住房贷款的管理。个人住房贷款业务进入平稳增长阶段。

2002、2003每年累计发放额分别为455.87亿元、528.28亿元，余额则分别达到980.40亿元、1327.03亿元。由于贷款基数大，收回额逐年递增，从而使净增额的比率有较大幅度的下降，相对于前两个阶段超过10%甚至100%的年贷款净增比率，这一阶段的贷款净增额比率已经下降至10%以内。

这一阶段，股份制商业银行普遍加强了个人住房贷款业务的营销，北京市农村信用联社也加入到营销队伍，与国有商业银行在个人住房贷款业务领域展开了激烈的竞争。从市场份额看，股份制商业银行业务占比越来越大。截止2003年底，国有商业银行、股份制商业银行和北京市农村信用联社的市场份额占比分别为74.65%、24.14%和1.21%。

六、房地产信贷业务的政策性调整

中国人民银行《关于进一步加强房地产信贷业务管理的通知》

(银发〔2003〕121号)

中国人民银行各分行、营业管理部，各国有独资商业银行、股份制商业银行：

为进一步落实房地产信贷政策，防范金融风险，促进房地产金融健康发展，现就加强房地产信贷业务管理的要求通知如下：

1. 加强房地产开发贷款管理、引导规

范贷款投向

房地产开发贷款对象应为具备房地产开发资质、信用等级较高、没有拖欠工程款的房地产开发企业。贷款应重点支持符合中低收入家庭购买能力的住宅项目，对大户型、大面积、高档商品房、别墅等项目应适当限制。对商品房空置量大、负债率高的房地产开发企业，要严格审批新增房地产开发贷款并重点监控。

各商业银行应严格执行《建设部、国家计委、财政部、国土资源部、中国人民银行、国家税务总局关于加强房地产市场宏观调控促进房地产市场健康发展的若干意见》(建住房[2002]217号)，对未取得土地使用权证书、建设用地规划许可证、建设工程规划许可证和施工许可证的项目，不得发放任何形式的贷款。

商业银行对房地产开发企业申请的贷款，只能通过房地产开发贷款科目发放，严禁以房地产开发流动资金贷款及其他形式贷款科目发放。对房地产开发企业已发放的非房地产开发贷款，各商业银行按照只收不放的原则执行。房地产开发企业申请银行贷款，其自有资金(指所有者权益)应不低于开发项目总投资的30%。商业银行发放的房地产贷款，只能用于本地区的房地产项目，严禁跨地区使用。

2. 严格控制土地储备贷款的发放

各商业银行应规范对政府土地储备机构贷款的管理，在《土地储备机构贷款管理办法》颁布前，审慎发放此类贷款。对土地储备机构发放的贷款为抵押贷款，贷款额度不得超过所收购

土地评估价值的70%，贷款期限最长不得超过2年。

商业银行不得向房地产开发企业发放用于缴交土地出让金的贷款。

3. 规范建筑施工企业流动资金贷款用途

商业银行要严格防止建筑施工企业使用银行贷款垫资房地产开发项目。承建房地产建设项目的建筑施工企业只能将获得的流动资金贷款用于购买施工所必需的设备(如塔吊、挖土机、推土机等)。企业将贷款挪作他用的，经办银行应限期追回挪用资金，并向当地其他的商业银行通报该企业违规行为，各商业银行不应再对该企业提供相应的信贷支持。对自有资金低、应收账款多的承建房地产建设项目的建筑施工企业，商业银行应限制对其发放贷款。

4. 加强个人住房贷款管理，重点支持中低收入家庭购买住房的需要

商业银行应进一步扩大个人住房贷款的覆盖面，扩大住房贷款的受益群体。为减轻借款人不必要的利息负担，商业银行只能对购买主体结构已封顶住房的个人发放个人住房贷款。对借款人申请个人住房贷款购买第一套自住住房的，首付款比例仍执行20%的规定；对购买第二套以上(含第二套)住房的，应适当提高首付款比例。

商业银行应将发放的个人住房贷款情况登记在当地人民银行的信贷登记咨询系统，详细记载借款人的借款金额、贷款期限、借款人及其配偶的身份证号码。商业银行在发放个人住房贷款前，应到信贷登记咨询系统进行查询。

5. 强化个人商业用房贷款管理

借款人申请个人商业用房贷款的抵借比不得超过60%，贷款期限最长不得超过10年，所购商业用房为竣工验收的房屋。对借款人以“商住两用房”名义申请

银行贷款的，商业银行一律按照个人商业用房贷款管理规定执行。

6. 充分发挥利率杠杆对个人住房贷款需求的调节作用

对借款人申请个人住房贷款购买房改房或第一套自住住房的(高档商品房、别墅除外)，商业银行按照中国人民银行公布的个人住房贷款利率(不得浮动)执行；购买高档商品房、别墅、商业用房或第二套以上(含第二套)住房的，商业银行按照中国人民银行公布的同期同档次贷款利率执行。

7. 加强个人住房公积金委托贷款业务的管理

各商业银行应严格执行《中国人民银行关于加强住房公积金信贷业务管理的通知》(银发[2002]247号)的有关规定，切实加强账户管理，理顺委托关系，对违反规定的有关行为应即刻纠正。住房委托贷款业务仅限于个人住房公积金委托贷款，对使用其他房改资金(包括单位售房款、购房补贴资金、住房维修基金等)委托办理贷款业务的，商业银行一律不得承办。

8. 切实加强房地产信贷业务的管理

中国人民银行各分支行应建立房地产信贷业务分析制度，跟踪、调查、分析商业银行房地产信贷执行情况，对违法违规行为要责令商业银行限期改正，并依法给予行政处罚。

第九章

房屋、设备安全管理

一、北京市房屋安全鉴定机构和人员

根据建设部1989年第4号令——《城市危险房屋管理规定》，北京市房地局于1992年批准成立了24个房屋安全鉴定机构，其中18个区、县房地局各设一个房屋安全鉴定站负责本区、县的房屋安全鉴定工作。

2004年又批准了2个房屋安全鉴定机构。到目前为止，全市共有26个房屋安全鉴定机构，其中一级鉴定机构12个，二级鉴定机构14个；有房屋安全鉴定技术人员156人，其中高级工程师33人，工程师71人，助理工程师43人，其他人员9人。(详见附表一)

北京市房屋安全鉴定机构分为一级

表9-1 北京市房屋安全鉴定机构人员构成情况

职称＼年龄	60岁以上	50至60岁	40至50岁	30至40岁	30岁以下	合计	占总数比
高级工程师	9人	4人	16人	4人	0人	33人	21.15%
工程师	1人	12人	21人	36人	1人	71人	45.51%
助理工程师	0	3人	7人	9人	24人	43人	27.56%
其他人员	0	3人	2人	4人	0人	9人	5.76%
合计	10人	22人	46人	53人	25人	156人	

表9-2 北京市房屋安全鉴定机构一览表

检定机构名称	等级	地址	负责人
北京市房屋鉴定管理所	一级	东城区和平里东街民旺园29楼	王与中
北京市房屋安全鉴定总站	一级	朝阳区华威北里18号楼	李自强
北京市西城区房屋安全鉴定站	一级	西城区皇城根石板房34号	杨宝森
北京市朝阳区房屋安全鉴定站	一级	朝阳区三里屯南56号楼	张　杰
北京市丰台区房屋安全鉴定站	一级	丰台区丰北路127号	王廉友
北京市海淀区房屋安全鉴定站	一级	海淀区甘家口21号楼	张　莹
北京房修一有限工程公司房屋安全鉴定室	一级	东城区沙滩银闸胡同32号	马福玲
北京房管一建设经营有限责任公司房屋安全鉴定室	一级	崇文区夕照寺绿景园3号	赵庆友
天岳恒房管经营公司房屋安全鉴定室	一级	宣武区右安门外西三条甲2号	陈　磊
清华大学房屋安全鉴定室	一级	清华大学土木工程系	张天申
市房修工程监督站房屋安全鉴定室	一级	崇文区夕照寺绿景园3号	杨于北
西城房屋安全鉴定站	一级	西城区西安门大街115号	刘信咏
北京市东城区房屋安全鉴定站	二级	东城区什锦花园53号	叶嘉伦
北京市宣武区房屋安全鉴定站	二级	宣武区贾家胡同34号	芦玉华
北京市崇文区房屋安全鉴定站	二级	崇文区花市大街2号	孙吉利
北京市石景山区房屋安全鉴定站	二级	石景山区八角北路23号	张　明
北京市门头沟区房屋安全鉴定站	二级	门头沟区新桥大街52号	吕金海
北京市昌平区房屋安全鉴定站	二级	昌平镇西关路8号	刘长海

续表

检定机构名称	等级	地址	负责人
北京市通州区房屋安全鉴定站	二级	通州区玉桥南里24号	王连波
北京市大兴区房屋安全鉴定站	二级	大兴区黄村	周宝智
北京市顺义区房屋安全鉴定站	二级	顺义区光明北街	龚佳跃
北京市房山区房屋安全鉴定站	二级	房山区良乡西路3号	刘西智
北京市怀柔区房屋安全鉴定站	二级	怀柔镇富乐北大街59号	田宝利
北京市平谷区房屋安全鉴定站	二级	平谷镇府前街32号	赵玉海
北京市密云县房屋安全鉴定站	二级	密云镇新中街40号	李振金
北京市延庆县房屋安全鉴定站	二级	延庆县香苑街6号	李顺新

和二级鉴定机构，一级鉴定机构可以鉴定各类房屋，二级鉴定机构只能鉴定中式小楼和跨度在12.00m以下的单层房屋。

为了进一步加强对全市房屋安全鉴定工作的行业管理和技术指导工作，经市编办批准，1995年底成立了北京市房屋鉴定管理所，负责对北京市房屋安全鉴定工作进行行业管理和房屋鉴定技术指导工作，并做好房屋安全鉴定工作。

二、房屋安全鉴定管理工作的情况

(一)房屋安全鉴定工作近六年来的发展情况

近六年来，全市房屋安全鉴定的工作量大幅增加，房屋安全鉴定项目从1998年的1917项最多到2002年的2881项，2003年降到1738项，鉴定面积也从210.58万m^2增加到2002年的334.65万m^2，2003年则降为260.24万m^2。

从鉴定项目的建筑分类和结构类型分析，钢筋混凝土和砖混结构的高层和多层房屋鉴定项目和规模有50%左右的增幅，而木结构和其他结构的单层房屋鉴定项目和规模大幅度的减少，这反映出在北京城市建设大规模发展的情况下，木结构和其他结构的平房的数量越来越少，钢筋混凝土和砖混结构的高层和多层楼房的数量大幅度增加，随着北京城市建设的不断发展，我市房屋安全鉴定的重点正在从平房向多、高层楼房转移。

近几年我市的房屋安全鉴定的业务

表9-3 全市房屋安全鉴定工作统计表

序号	时间	鉴定数量(处)	鉴定面积(m^2)	鉴定结论(m^2)			
				安全房屋(A级)	有危险点房屋(B级)	局危房屋(C级)	危险房屋(D级)
1	1998年	1917	2105813	1114432	0	634115	357266
2	1999年	1867	1770087	1093513	0	449936	226638
3	2000年	2105	1668213	1196597	0	392469	79147
4	2001年	2473	2348446	1371955	0	859202	117289
5	2002年	2881	3342411	1200966	525341	1499342	116762
6	2003年	1738	2602405	1265032	587818	563180	186375

表 9-4　2003 年北京市房屋安全鉴定系统工作情况

序号	单　位	鉴定数量(处)	鉴定面积(m^2)	鉴定结论(m^2)			
				安全房屋(A 级)	有危险点房屋(B 级)	局危房屋(C 级)	危险房屋(D 级)
合　计		1738	2602405	1265032	587818	563180	186375
1	东　城	126	57576	9902	28989	18650	35
2	西　城	200	266927	30852	93487	141392	1196
3	崇　文	31	4692	0	4692	0	0
4	宣　武	186	8067	7750	288	29	0
5	朝　阳	208	713175	253605	238790	220780	0
6	海　淀	300	358735	151364	23662	74594	109115
7	丰　台	64	169784	74520	34437	46641	14186
8	石景山	18	2799	1830	200	722	47
9	门头沟	44	83812	26175	31397	18773	7467
10	昌　平	55	25256	23044	63	2132	17
11	通　州	22	882	0	0	0	882
12	大　兴	74	23725	20464	0	0	3261
13	房　山	1	14457	0	0	14457	0
14	延　庆	53	14947	14947	0	0	0
15	平　谷	8	2792	657	2055	0	80
16	密　云	62	37110	33858	1137	1517	598
17	怀　柔	94	36359	34346	0	2013	0
18	顺　义	28	51542	9825	0	60	41657
19	房管一	5	17703	0	16905	798	0
20	房修一	15	41771	9142	29119	3155	355
21	天岳恒	14	38346	38346	0	0	0
22	总　站	119	615579	510678	81805	15617	7479
23	清　华	11	16369	13727	792	1850	0

范围逐步扩展。部分房屋安全鉴定机构在做好房屋安全鉴定工作的基础上，逐步开展了房屋的抗震鉴定、质量鉴定和广告牌的安全鉴定工作，房屋鉴定的业务范围和技术水平在不断扩展和提高。

(二)房屋安全鉴定收费标准

1991 年房屋安全鉴定费定为行政事业性收费，费用标准为 0.8 元至 1.20 元，没有起始价。由于当时的房屋安全鉴定机构设立在各区、县房地局机关内(除我局三个公司、总站和清华外)，办公和人员费用由房地局负担，房屋安全鉴定工作的主要目的是为保证房屋的住用安全，不以营利为目的，所以收费标准虽然较低(有的鉴定项目收费仅 8 元)，也没有出现较大的矛盾和问题。

1995 年后，我市开始进行行政体制改革，一部分原来从事房屋安全鉴定工作的人员和机构逐渐从房地局机关分离出来，现在我市已有东城、西城、宣武、朝阳、海淀、总站等少部分鉴定机构独立，实行自收自支，自负盈亏。其余鉴定机构的鉴定人员和费用还和原房地局机关在一起。

1995年底房屋鉴定管理所成立后，把调整房屋安全鉴定收费标准的工作放在首位。从1996年下半年至2001年初，在中央一再要求削减不合理收费项目，降低收费标准，国企经济效益下降，负担较重，下岗职工较多的不利环境下，在市局的指导下，同市物价局进行了多次磋商，分三次将起始价和收费标准提高到了现在的水平，起始价为300元至500元，收费标准为每平方米1.80元至2.70元。但这个收费标准与房地产领域里其他行业（如房地产评估、监理）的收费相比还是较低，

表9-5　城镇房屋安全检查情况

	万 m^2	实查房建筑面积											
		合计		完好房		基本完好房		一般破损房		严重破损房		危险房	
		万 m^2	%	万 m^2	%	万 m^2	%	万 m^2	%	万 m^2	%	万 m^2	%
	1	2	3=2/1	4	5=4/2	6	7=6/2	8	9=8/2	10	11=10/2	12	13=12/2
合计	15346.82	13801.12	89.93	11127.29	80.63	2416.05	17.51	245.98	1.78	10.55	0.08	1.25	0.01
区县及直属小计	13890.55	12397.30	89.25	10225.62	82.61	1940.56	15.65	221.30	1.79	8.57	0.07	1.25	0.01
市属管房公司小计	1456.27	1403.82	96.40	901.67	64.23	475.49	33.87	24.68	1.76	1.98	0.14		
其 住宅	14045.11	12608.72	89.77	10132.87	80.36	2240.60	17.77	223.81	1.78	10.22	0.08	1.22	0.01
中 非住宅	1301.71	1192.40	91.60	994.42	83.40	175.45	14.71	22.17	1.86	0.33	0.03	0.03	0.00
东城区	680.15	422.25	62.08	312.13	73.92	106.06	25.12	4.02	0.95	0.04	0.01		
西城区	701.66	701.66	100.00	600.23	85.54	88.11	12.56	12.62	1.80	0.67	0.10	0.03	0.00
崇文区	417.16												
宣武区	712.04	707.48	99.36	575.30	81.32	125.77	17.78	5.68	0.80	0.73	0.10		
朝阳区	3320.86	3192.47	96.13	2818.22	88.28	348.15	10.91	26.10	0.82				
海淀区	1239.63	1239.63	100.00	1103.56	89.02	134.81	10.88	1.26	0.10				
丰台区	1541.92	1541.92	100.00	1196.71	77.61	317.62	20.60	26.38	1.71	1.21	0.08		
石景山	502.61	502.61	100.00	323.57	64.38	164.22	32.67	14.14	2.81	0.18	0.04	0.50	0.10
门头沟	121.99	121.99	100.00	101.57	83.26	15.92	13.05	3.93	3.22	0.57	0.47		
昌平区	1395.70	1395.70	100.00	1347.50	96.55	48.20	3.45						
通州区	436.78	436.78	100.00	407.02	93.19	27.77	6.36	1.31	0.30			0.68	0.16
大兴区	586.53	566.53	96.59	430.55	76.00	133.17	23.51	2.81	0.50				
顺义区	420.82	420.82	100.00	398.19	94.62	21.05	5.00	1.58	0.38				
密云县	133.55	133.25	99.78	109.94	82.51	23.07	17.31	0.04	0.03	0.20	0.15		
平谷区	256.17	222.20	86.74	204.89	92.21	17.31	7.79						
房山区	589.77												
怀柔区	152.51	152.51	100.00	60.39	39.60	91.25	59.83	0.58	0.38	0.29	0.19		
延庆县	185.44	185.44	100.00	170.12	91.74	13.80	7.44	1.52	0.82				
房管一公司	408.11	366.93	89.91	26.17	7.13	231.86	63.19	105.17	28.66	3.73	1.02		
房修一公司	87.15	87.13	99.98	39.56	45.40	32.42	37.21	14.16	16.25	0.95	1.09	0.04	0.05
亿方物业公司	246.57	246.57	100.00	96.95	39.32	148.55	60.25	1.07	0.43				
方庄物业公司	261.16	261.16	100.00	211.66	81.05	49.50	18.95						
望京物业公司	205.46	205.46	100.00	191.31	93.11	14.15	6.89						
岳安物业公司	21.58	21.58	100.00	21.58	100.00								
天鸿物业公司	379.01	377.79	99.68	154.18	40.81	199.55	52.82	22.84	6.05	1.22	0.32		
大成物业公司	62.83	11.60	18.46	9.70	83.62	1.90	16.38						
北辰物业公司	119.66	119.66	100.00	60.88	50.88	58.78	49.12						
北宇物业公司	160.00	160.00	100.00	155.41	97.13	3.06	1.91	0.77	0.48	0.76	0.48		

仅能勉强维持部分鉴定机构的生存，现正和市物价局联系，准备进一步调整起始价。

三、城镇房屋安全检查情况

为掌握北京市城镇房屋状况，保障房屋住用安全，提高房屋的完好程度和使用功能，合理制定城镇房屋修缮计划，实现安全渡汛，市国土房管局于 2003 年 11 月初召开了 2004 年度城镇房屋安全检查工作会，各区县国土房管局、市局直属管房公司和市属管房公司按市局的统一布署，进行城镇房屋安全检查。

经统计汇总，从 2003 年 11 月中旬至 2004 年 3 月底，实查城镇房屋（不包括军产、外侨产、外事用房及厂矿工业用房等）30180 万 m^2，占应查 33185 万 m^2 的 91.0%。其中：实查公房 29621 万 m^2，为应查公房 32530 万 m^2 的 91.1%；实查城镇私房 559 万 m^2，为应查私房 645 万 m^2 的 85.4%。

（一）直管公房情况

直管公房安全检查从 2003 年 11 月 15 日开始至 2004 年 2 月 28 日结束。历时 104 天，组织了 301 个查房小组，939 人参加查房，动员工日 3.94 万个，人均实际投入查房工作 42 天。实查房 2072.78 万 m^2，占应查房 2080.57 万 m^2 的 99.63%，其中：实查平房 505.70 万 m^2（包括中式旧楼 15.91 万 m^2），占实查房总量的 24.40%；实查楼房 1567.08 万 m^2，占实查房总量的 75.60%。

1. 完损状况

①房屋完好率。完好房和基本完好房所占的比例由上年的 64.58%，上升为 65.38%，上升 0.8 个百分点。其中：平房完好率（包括中式旧楼，以下同）由上年的 23.20% 下降为 20.28%，下降 2.92 个百分点；楼房完好率由上年的 78.02%，上升为 79.93%，上升 1.91 个百分点。

②一般破损房屋所占的比例由去年的 28.42%，下降为 25.75%，下降 2.67 百分点。其中：一般破损平房由去年的 55.6% 下降为 53.92%，下降 1.68 个百分点。楼房由上年的 19.60%，下降为 16.66%，下降 2.94 个百分点。

③危破房屋所占的比例由上年的 7.00%，上升为 8.87%，上升 1.87 个百分点。其中：平房由上年的 21.20%，上升为 25.79%，上升 4.59 个百分点；楼房由上年的 2.38%，上升为 3.41%，上升 1.03 个百分点。

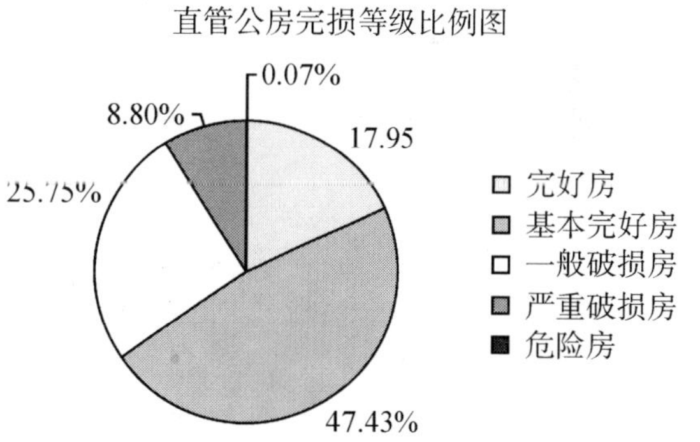

图 9－1　直管公房完损等级普查情况

2. 危破房情况分析

实查直管公房中有严重破损和危险房屋 183.85 万 m^2，比上年增加 11.34 万 m^2。其中：危破平房 130.44 万 m^2，比上年增加 2.22 万 m^2。

对房屋安全检查资料分析（见下图），近年随着城区危旧房改造的进展，直管平房面积虽逐年减少，但危破房量没有下降，今年却是明显上升，危险隐患依然存在，保障这些房屋的住用安全仍是今后房屋安全管理的重点。

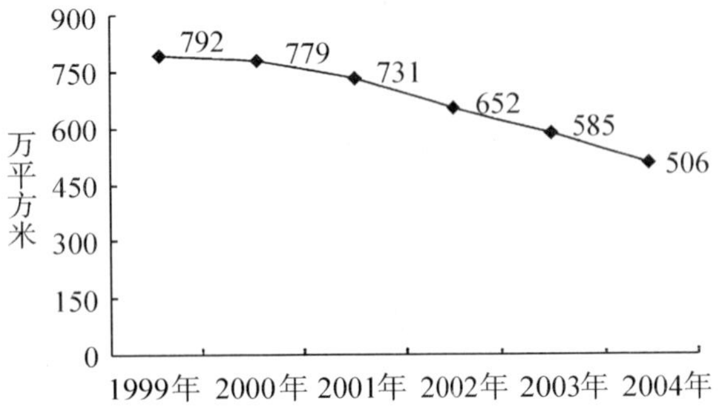

图9-2 近6年实查直管平房建筑面积

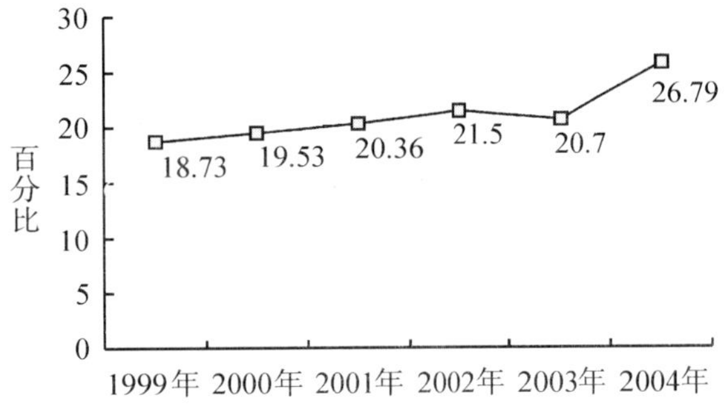

图9-3 近六年直管平房中四、五类房所占比例

3. 待修房屋情况

(1) 在实查直管平房(不包括中式旧楼)33.38万间中

①应进行翻修挑修的7.09万间，占平房间数的21.24%；

②应进行木结构加固0.98万间，占平房总间数的2.94%，其中:附换柁375架，附檩6740根，附换柱3739根(对查房中发现的断柁17架，断檩149根，柁头槽朽52架，已进行了抢修加固)；

③应拆砌房墙0.77万间，占平房总间数的2.31%；

④应进行屋面维修21.49万间，占总间数的64.38%；

⑤房屋严重阴暗、潮湿、掉土，急需做顶棚、地面、改装修2.44万间，占总间数的7.31%；

⑥应解决庭院排放雨水和污水，需新做下水道314处6318米。

(2)实查直管中式旧楼15.91万m^2中，因危险、破损需翻修3.19万m^2，占其总量的20.05%。

(3)实查直管楼房5018幢22.78万套，1567.08万m^2中：

①应综合维修31.67万m^2，占楼房总面积的2.02%；

②应抗震加固64.05万m^2，占楼房总面积的4.09%；

③应屋面大修及维修48.00万m^2，占楼房面积3.06%；

④局部外墙板缝漏雨应修4.74万m^2，占楼面积的0.30%；

⑤上下水更新118.59万m^2，占楼房总面积的7.57%；

⑥厨厕及地下室渗漏4304处；

⑦用户自行装修13.08万套，占总套数的57.42%。

(二)单位自管房情况

(1)实查单位自管房13747.22万m^2，占应查面积15102.45万m^2的91.03%。其中:完好和基本完好房占97.28%；一般破损房占2.45%；严重破损及危险房占0.27%。

(2)查出平房应修48521间，占实查平房145.91万间的3.33%。

①应挑翻大修1279间；

②木结构应加固692间；

③平房屋面补漏44266间；

④拆砌房墙2284间。

(3)查出楼房应修196.96万m^2，占实查楼房建筑面积11558.6万m^2的

1.70%。

①楼房应综合维修 90.34 万 m^2；

②应抗震加固 8.78 万 m^2；

③楼房屋面应大修及维修 42.84 万 m^2；

④上下水应更新 32.61 万 m^2；

⑤外墙板缝漏雨 6.51 万 m^2；

⑥修补外墙装饰层 15.88 万 m^2。

(三)物业小区房屋情况

(1)物业小区实查房屋 13801.12 万 m^2，占应查房屋 15346.82 万 m^2 的 89.93%(含市属管房公司实查房屋 1403.82 万 m^2，占其应查房屋 1456.27 万 m^2 的 96.4%)。其中：①实查住宅房屋 12608.72 万 m^2，占应查 14045.11 万 m^2 的 89.77%；②完好和基本完好房屋占 98.14%，一般破损房屋占 1.78%，严重破损和危险房屋占 0.09%。

(2)查出楼房应修 297.78 万 m^2，占实查楼房 13641.48 万 m^2 的 2.18%。

①楼房应综合维修 67.23 万 m^2；

②应抗震加固 25.85 万 m^2；

③楼房屋面应大修及维修 47.6 万 m^2；

④上下水应更新 28.05 万 m^2；

⑤外墙板缝漏雨 2.57 万 m^2；

⑥楼内粉刷 126.48 万 m^2。

(四)城镇私房情况

18 个区县城镇私房安全检查于 2004 年 3 月 15 日结束。共组织了 119 个查房小组，295 人参加了查房，累计动员了 8371 个工日，人均实际投入查房工作 32 天。实查城镇私房 40.94 万间，占应查 48.81 万间的 83.88%(按其产别分类所占比例见图 9－4)。

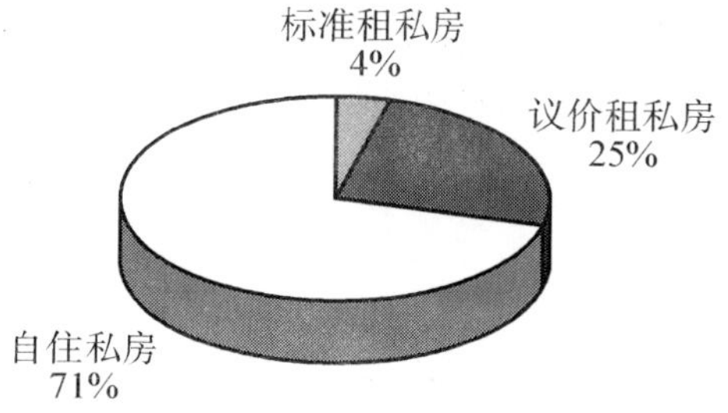

图 9－4 城镇私房产别分类

1. 标准租出租私房

实查标准租私房(0.81 万户，1.66 万间)25.08 万 m^2，占应查(2.19 万间)29.07 万 m^2 的 86.27%。其中：完好和基本完好房占 9.93%，一般破损房占 60.57%，严重破损房及危险房占 29.51%。

共查出主要安全隐患 4949 间，占实查标准租私房的 29.81%：

(1) 应翻挑大修 2875 间，占实查间数的 17.32%；

(2) 木结构应抢修加固 345 间，占实查间数的 2.08%；

(3) 应拆砌房墙 343 间，占实查间数的 2.07%；

(4) 屋面严重漏雨 1386 间，占实查间数的 8.35%。

2. 自住私房及议价租私房

共实查 39.28 万间(533.90 万 m^2)，其中查出应修 11410 间，仅占实查间数的 2.9%。

(1) 应翻挑大修 7907 间，占查房间数的 2.01%；

(2) 木结构应抢修加固 926 间，占查房间数的 0.24%；

(3) 应拆砌房墙 610 间，占查房间数的 0.16%；

(4) 严重漏雨 1967 间，占查房间数的 0.50%。

3. 对查房中发现的安全隐患进行了

抢修加固

已附柁5架;已附檩224根;已附柱40根。

四、房屋设备安全检查情况

(一)房屋主要设备检查数量

1. 检查电梯8895部

表9-6 直管电梯检查情况

直管电梯					
年 度	数量(部)	一级	二级	三级	四级
2002年	516	70.9%	18.0%	9.4%	1.8%
2003年	556	84.4%	9.2%	5.4%	1.1%
2004年	551	76.0%	15.8%	6.2%	2.0%

表9-7 物业及自管电梯检查情况

物 业 及 自 管 电 梯					
年 度	数量(部)	一级	二级	三级	四级
2002年	1904	72.9%	17.3%	8.3%	1.5%
2003年	5117	78.6%	14.3%	6.2%	0.9%
2004年	8344	82.9%	13.6%	3.2%	0.3%

直管公房电梯551部,电梯检查率为100%。其中综合评定等级为一级的419部,占76.04%;二级87部,占15.79%。

物业和自管房屋电梯8344部,其中综合评定等级为一级的6914部,占82.86%;二级1133部,占13.58%。

8城区和昌平区、门头沟区、密云县国土房管局加强政府职能,组织了辖区内物业管理单位和自管房单位的电梯检查工作。全市电梯检查数量逐年上升。

2. 检查高层二次供水泵房1562个

直管公房高层二次供水泵房131个,包括430台水泵、213个水箱;综合评定等级为一级的泵房89个,占67.9%;二级34个,占26%。

物业管理和单位自管,共检查泵房1431个,包括7939台水泵、3505个水箱;综合评定等级为一级的泵房1280个,占89.4%;二级146个,占10.2%。

8城区和昌平区国土房管局,组织了辖区内物业管理单位和自管房单位的二次供水设备检查工作。二次供水设备检查数量也出现逐年上升趋势。

3. 检查配电设施

检查平房149818户、527.43万m^2。其中:直管公房122051户、358.89万m^2。

检查楼房843802户、7488.21万m^2。其中:直管公房155734户、924.21万m^2。

直管公房配电设施检查并汇总上报的有:东城区、西城区、崇文区、朝阳区、丰台区、石景山区、通州区,其他区县的直管公房配电设施未安排检查、未上报检查数量。

组织辖区内物业管理单位和自管房单位检查配电设施并汇总上报的有:东城区、宣武区、丰台区、石景山区、昌平区、通州区6个区国土房管局。

4. 检查避雷装置22207个系统

直管公房610个系统,综合评定等级为一级的460个系统,占75.4%;二级138个系统,占22.6%。

物业管理和单位自管:共检查避雷装置21597个系统,综合评定等级为一级的19042个系统,占88.2%;二级2027个系统,占9.4%。

(二)检查结果分析

从安全检查数字汇总分析及日常管理抽查看,各区(县)国土房管局在进行直管公房设备安全检查同时还加强了对辖区内自管房单位和物业管理单位的管理力度,使房屋主要设备检查数量逐年提高,其中电梯的检查量达到8895部,比去年增加3222部；水泵房的检查量比2003增加526个，比2002年增加1188个；楼房配电检查量比2003年增加88076户，比2002年增加438195户。

虽然检查数量在提高，但是，一些区县国土房管局仍然对此项工作不够重视，部分区县出现全部设备报表不上报。

从综合评定等级情况看，由于近年加大了设备投资，更新、改造量增加，综合评定为一级和二级率应逐年提高，可是图表显示直管房屋的电梯情况是有波动的；运行15年及20年以上的设备数量在减少；设备整体状况趋于良好。

附 录

法律法规目录

第一部分 综合类

北京市人民政府
关于修改《北京市利用文物保护单位拍摄电影、电视管理暂行办法》等十一项规章的决定
北京市人民政府令[2001]第 82 号

北京市人民政府
关于废止部分政府规章和政策措施的决定
北京市人民政府令[2001]第 88 号

北京市人民政府
关于废止《北京市已购公有住房和经济适用房上市出售管理办法》的决定
北京市人民政府令[2003]第 118 号

北京市人民政府
关于废止《北京市人民政府关于征收地方社会事业建设费的规定》等六项规章的决定
北京市人民政府令[2003]第 138 号

北京市国土资源和房屋管理局
关于公布第一批废止和不再执行的规范性文件的通知
京国土房管法[2002]196 号

北京市国土资源的房屋管理局
关于公布第二批废止和不再执行的规范性文件的通知
京国土房管法[2003]1084 号

国土资源部关于停止执行部分规范性文件的通知
国土资发[2003]48 号

国土资源部关于废止部分部门规章的决定
国土资源部令[2003]第 18 号

中华人民共和国行政许可法
中华人民共和国主席令[2003]第 7 号

国务院关于贯彻实施《中华人民共和国行政许可法》的通知
国发[2003]23号

北京市测绘条例
北京市人民代表大会常务委员会公告[2003]第13号

北京市国土资源和房屋管理局
关于印发《市局网站电子信访管理暂行规定》的通知
京国土房管办[2003]1103号

北京市国土资源和房屋管理局
关于印发《北京市国土资源和房屋管理局“一站式”办公规定(试行)》的通知
京国土房管办[2003]706号

北京市国土资源和房屋管理局
关于印发《北京市国土资源和房地产企业及执(从)业人员信用档案系统管理暂行办法》的通知
京国土房管监[2003]292号

中共北京市委、北京市人民政府
关于进一步优化发展环境的意见
京发[2003]6号

国务院
关于促进房地产市场持续健康发展的通知
国发[2003]18号

建设部
关于发布行业标准《房地产业基本术语标准》的公告
建设部公告[2003]第127号

第二部分　土地管理

北京市国土资源和房屋管理局
关于印发《优化投资环境促进现代制造业发展提供用地的若干规定》的通知
京国土房管市一[2003]166号

北京市国土资源和房屋管理局
关于优化投资环境促进现代制造业发展提供用地的若干规定的补充通知
京国土房管出[2003]369 号

北京市国土资源和房屋管理局
关于印发《简化郊区用地审批程序提高工作效率加快郊区发展的若干规定》的通知
京国土房管集[2003]605 号

北京市国土资源和房屋管理局、北京市财政局
关于印发北京市国有土地使用权收购和入市交易补偿暂行办法的通知
京国土房管出[2003]187 号

北京市国土资源和房屋管理局
关于调整北京市土地出让过程中有关程序和通知
京国土房管出[2003]188 号

北京市国土资源和房屋管理局
关于简化国有土地使用权出让合同变更程序有关问题的通知
京国土房管出[2003]1053 号

北京市国土资源和房屋管理局
关于加强土地补偿款监督管理的通知
京国土房管征[2003]716 号

北京市国土资源和房屋管理局
转发国土资源部关于《国家投资土地开发整理项目竣工验收暂行办法》通知
京国土房管集[2003]104 号

北京市国土资源和房屋管理局
关于土地整理开发工作有关问题的通知
京国土房管集[2003]323 号

北京市国土资源和房屋管理局
关于印发《北京市土地整理开发项目资金管理暂行办法》的通知
京国土房管财[2003]586 号

北京市国土资源和房屋管理局

关于印发《北京市农民集体建设用地使用权流转试点办法》的通知
京国土房管集[2003]645号

北京市国土资源和房屋管理局
关于印发《北京市农民集体建设用地使用权流转试点方案》的通知
京国土房管集[2003]750号

北京市监察局、北京市国土资源和房屋管理局
关于印发北京市出让经营性土地使用权工作纪律规定的通知
京监发[2003]4号

国土资源部
协议出让国有土地使用权规定
国土资源部令[2003]第21号

国土资源部
关于加强土地供应管理促进房地产市场持续健康发展的通知
国土资发[2003]356号

北京市国土资源和房屋管理局
关于做好耕地开垦收缴和使用管理的通知
京国土房管集[2003]921号

北京市国土资源和房屋管理局
转发国土资源部关于严禁非农业建设违法占用基本农田的通知
京国土房管征[2003]927号

北京市国土资源和房屋管理局
关于调整新增建设用地土地有偿使用费征收等别的通知
京国土房管征[2003]50号

北京市国土资源和房屋管理局
关于农村宅基地执法中有关问题的复函
京国土房管法函[2003]207号

北京市国土资源和房屋管理局
关于集体土地上房屋买卖有关问题的复函

京国土房管法函[2003]273 号

北京市国土资源和房屋管理局
转发国土资源部关于印发《进一步治理整顿土地市场秩序工作方案》的通知
京国土房管监[2003]136 号

北京市国土资源和房屋管理局
关于印发《进一步治理整顿土地市场秩序的实施意见》的通知
京国土房管监[2003]176 号

北京市国土资源和房屋管理局
关于转发国土资源部办公厅督查和指导治理整顿土地市场秩序工作的通知
京国土房管监[2003]423 号

北京市国土资源和房屋管理局
关于做好治理整顿土地市场秩序工作有关问题的通知
京国土房管监[2003]514 号

国务院办公厅
关于清理整顿各类开发区加强建设用地管理的通知
国办发[2003]70 号

北京市国土资源和房屋管理局
转发国土资源部治理整顿土地市场秩序核查统计表补充解释的通知
京国土房管监[2003]646 号

北京市国土资源和房屋管理局
转发国务院办公厅关于暂行停审批各类开发区文件的通知
京国土房管办[2003]687 号

北京市国土资源和房屋管理局
关于印发《北京市关于贯彻国务院进一步治理整顿土地市场秩序工作的实施方案》的通知
京国土房管监[2003]780 号

北京市国土资源和房屋管理局
关于转发国土资源部关于开发区(园区)清理整顿核查统计工作的通知

京国土房管监[2003]857号

北京市国土资源和房屋管理局
关于转发国土资源部《关于进一步治理整顿土地市场秩序中自查自纠若干问题的处理意见》的通知
京国土房管监[2003]1098号

北京市国土资源和房屋管理局
关于转发国土资源部《关于进一步做 好治理整顿土地市场秩序检查验收工作补充函》的函
京国土房管监[2003]1106号

北京市国土资源和房屋管理局
关于抓好查处土地违法案件工作有关问题的紧急通知
京国土房管监[2003]1134号

第三部分 房屋管理

一、权属管理

北京市国土资源和房屋管理局
关于办理房地产抵押登记有关问题的通知

北京市国土资源和房屋管理局
关于本市经济适用住房和商品房住宅所有权人办理夫妻更名问题的批复

北京市国土资源和房屋管理局
关于房屋产权继承有关问题的通知

北京市国土资源和房屋管理局、国务院机关事务管理局、中共中央直属机关事务管理局
关于尽快提供土地权属来源材料的通知

北京市国土资源和房屋管理局
关于在京中央国家机关土地登记中几个问题及处理意见的复函

北京市国土资源和房屋管理局
关于变更地籍调查重新指界的复函

北京市国土资源和房屋管理局
关于企业占用农村集体土地破产后办理房地权属登记手续的函

北京市国土资源和房屋管理局
关于土地登记中土地共用面积分摊总理的批复

北京市国土资源和房屋管理局
关于协助人民法院执行生效法律文书办理房地产权属登记有关问题的通知

北京市国土资源和房屋管理局
关于房屋权属登记有关问题的通知北京市国土资源和房屋管理局关于城镇私房院土地登记发证有关问题的通知

北京市国土资源和房屋管理局
关于国有划拨土地使用权抵押有关问题的通知

北京市人事局、北京市国土资源和房屋管理局
关于转发《人事部、国土资源部关于印发〈土地登记代理人职业资格制度暂行规定和〈土地登记代理人职业资格考试实施办法〉的通知〉》的通知
京人发[2003]101号

北京市人事局、北京市国土资源和房屋管理局
关于土地登记代理人职业资格认定工作有关问题的通知
京人发[2003]102号

北京市国土资源和房屋管理局
转发国土资源部关于《土地登记资料公开查询办法》的通知

北京市国土资源和房屋管理局
关于转发《土地权属争议调查处理办法》的通知

北京市国土资源和房屋管理局关于委托房屋权属登记发证工作的通知
国土资源部关于进一步规范土地登记工作的通知

二、市场管理

北京市人民政府
关于印发《北京市已购公有住房上市出售实施办法》的通知
京政发[2003]3号

北京市国土资源和房屋管理局
关于执行《北京市已购公有住房上市出售实施办法》有关问题的通知
京国土房市一[2003]139号

北京市国土资源和房屋管理局
关于执行《北京市已购公有住房上市出售实施办法》有关问题的补充通知
京国土房管市一[2003]378号

北京市国土资源和房屋管理局
关于执行《北京市已购公有住房上市出售实施办法》中土地出让金收征有关问题的补充通知
京国土房管出[2003]397号

国务院机关事务管理局、中共中央直属机关事务管理局
关于印发中央在京单位已购公有住房上市出售管理办法的通知
国管房改[2003]165号

中央国家机关住房制度改革办公室、中共中央直属机关住房制度改革办公室
关于做好中央在京单位已购公房上市出售工作有关问题的通知
国机房改[2003]41号

北京市国土资源和房屋管理局、北京市人民政府住房制度改革办公室、中央国家机关住房制度改革办公室、中共中央直属机关住房制度改革办公室
关于配合中央在京单位已购公有住房上市出售有关问题的通知
京国土房管市一[2003]850号

北京市国土资源和房屋管理局
关于推进商品房测绘市场化有关试行规定的通知
京国土房管法[2003]531号

北京市国土资源和房屋管理局

关于外省市个人在京购房不再经审批的通知
京国土房管法[2003]595号

北京市国土资源和房屋管理局
关于取消房产卖契有关事项的通知
京国土房管市一[2003]616号

北京市国土资源和房屋管理局
转发《北京市城市房地产转让管理办法》的通知
京国土房管法[2003]842号

北京市国土资源和房屋管理局
关于印发《〈北京市城市房地产转让管理办法〉实施意见》的通知
京国土房管市一[2003]1031号

北京市国土资源和房屋管理局
关于印发《商品房买卖合同》示范文本的通知
京国土房管市一[2003]1109号

北京市国土资源和房屋管理局
关于印发《房地产面积测绘合同示范文本》的通知
京国土房管法[2003]1055号

北京市国土资源和房屋管理局
关于房屋租赁经经纪专项清理整顿工作的通知
京国土房管市 二[2003]224号

北京市建设委员会
关于经济适用住房优先向拆近居民销售的通知
京建开[2003]130号

北京市国土资源和房屋管理局
关于转发《北京市人民政府办公厅转发市人事局关于实施北京市工作居住证制度若干意见的通知》的通知
京国土房管方[2003]658号

北京市国土资源和房屋管理局

转发北京市人民政府办公厅关于各省区市政府驻京办事处执行北京市经济委员会关于外地政府(企业)驻京办事机构若干规定的通知
京国土房管办[2003]494号

北京市建设委员会、北京市国土资源和管理局
关于持有《北京市工作居住证》外地人员购买北京市经济适用住房有问题的通知
京建开[2003]429号

北京市人民政府办公厅
转发市建委关于进一步加强本市经济适用住房建设和管理意见的通知
京政办发[2003]62号

建设部
城镇最低收入家庭廉租住房管理办法
建设部令[2003]第120号

三、物业管理

国务院
物业管理条例
国务院令[2003]第379号

建设部
关于宣传、贯彻物业《物业管理条例》的通知
建住房[2003]122号

北京市人民政府办公厅
转发市民政局、市国土房管局关于加强新建居住社区建设通知
京政办发[2003]27号

北京市国土资源和房屋管理局
关于做好2003年度"北京市优秀管理居住小区(大厦、工业区)"申报及考评验收工作的通知
京国土房管物[2003]459号

北京市国土资源和房屋管理局
关于调整琉璃厂文化街商业用房租金标准的批复

京国土房物[2003]14 号

北京市国土资源和房屋管理局
关于写字楼按产权人所拥有的物业建筑面积确定投票权的复函
京国土房管物[2003]332 号

北京市国土资源和房屋管理局
关于高压水泵收费问题的复函
京国土房管物[2003]341 号

北京市国土资源和房屋管理局
关于空置房屋物业管理费问题的复函
京国土房管物[2003]342 号

北京市国土资源和房屋管理局
关于申请界定房改售房后承担义务归属的复函
京国土房管物[2003]446 号

北京市国土资源和房屋管理局
关于购房人逾期办理入住手续收取物业管理费问题的批复
京国土房管物[2003]555 号

北京市国土资源和房屋管理局
关于无物业管理资质的房地产开发企业能否收费的批复
京国土房管物[2003]865 号

北京市国土资源和房屋管理局
关于业主委员会委员全体辞职物业管理公司及业主继续履行原物业委管理协议的复函
京国土房管物[2003]948 号

北京市国土资源和房屋管理局
关于业主委员会委员资格认定问题请示的复函
京国土房管物[2003]1024 号

北京市国土资源和房屋管理局
关于印发《北京市居住小区物业管理服务标准》的通知

京国土房管物[2003]127号

北京市国土资源和房屋管理局
关于修订《北京市居住小区物业管理服务标准》的通知
京国土房管物[2003]950号

北京市国土资源和房屋管理局
关于印发《北京市物业管理招标投标办法》的通知
京国土房管物[2003]848号

北京市国土资源和房屋管理局
转发建设部业主大会规程及有关问题的通知
京国土房管物[2003]949号

北京市国土资源和房屋管理局
关于发布《业主临时公约》和《前期物业服务合同》示范文本的通知
京国土房管物[2003]1060号

国家发展和改革委员会、建设部
关于印发物业服务收费管理办法的通知
发改价格[2003]1864号

建设部
关于印发《前期物业管理招标投标管理暂行办法》的通知
建住房[2003]130号

四、拆迁管理

北京市国土资源和房屋管理局
关于《北京市城市房屋拆迁补助费有关规定》执行中有关通知
京国土房管拆[2003]278号

北京市国土资源和房屋管理局
关于本市拆迁项目实行招投标管理的通知
京国土房管拆[2003]306号

北京市国土资源和房屋管理局

关于修订《北京市房屋拆迁单位管理办法》的通知
京国土房管拆[2003]308 号

北京市国土资源和房屋管理局
转发国务院法制办关于上级拆迁管理部门对下一级房屋拆迁管理部门作出的拆迁裁决的复函的通知
京国土房管法[2003]770 号

中华人民共和国建设部办公厅
关于转发国务院法制秘书行政局《对建设部办公厅〈关于上级房屋拆迁管理部门对下一级房屋拆迁管理部门作出的拆迁裁决是否具有行政复议管辖权的请示〉的复函》的通知
建办法函[2003]396 号

国务院法制办公室对建设部办公厅
《关于上级房屋拆迁管理部门作出的拆迁裁决是否具有行政复议管辖权的请示》的复函
国法秘函[2003]148 号

北京市国土资源和房屋管理局
关于修改并重新印发《〈北京市城市房屋拆迁管理办法〉实施意见》的通知
京国土房管拆[2003]777 号

北京市国土资源和房屋管理局、北京市物价局
关于发布《北京市房屋重置成新价评估技术标准》的通知
京国土房管拆[2003]808 号

北京市国土资源和房屋管理局
关于印发《拆迁项目招投标操作规程》的通知
京国土房管拆[2003]870 号

北京市国土资源和房屋管理局
关于延长拆迁期限有关问题的批复
房国土房管拆[2003]986 号

北京市国土资源和房屋管理局、北京市落实私房政策办公室
关于拆迁代理房屋有关问题的通知

京国土房管拆[2003]998号

北京市国土资源和房屋管理局
关于确定拆迁公告中搬迁期限的批复
京国土房管拆[2003]1001号

北京市国土资源和房屋管理局
关于转发《北京市人民政府关于做好房屋拆迁工作维护社会稳定的意见》的通知
京国土房管拆[2003]1010号

北京市国土资源和房屋管理局
转发《北京市集体土地房屋拆迁管理办法》的通知
京国土房管法[2003]566号

北京市国土资源和房屋管理局
关于印发《〈北京市集体土地房屋拆迁管理办法〉实施意见》的通知
京国土房管拆[2003]666号

北京市人民政府办公厅
转发国务院办公厅关于认真做好城镇房屋拆迁工作维护社会稳定文件的通知
京政办发[2003]48号

北京市国土资源和房屋管理局
关于开展全面清理整顿拆迁市场秩序工作的通知
京国土房管拆[2003]860号

北京市国土资源和房屋管理局
关于贯彻落实市政府办公厅《转发国务院办公厅关于认真做好城镇房屋拆迁工作维护社会稳定文件的通知》加强国庆期间房屋拆迁工作的紧急通知
京国土房管拆[2003]861号

建设部办公厅
关于认真做好拆迁管理维护社会稳定的紧急通知
建办住房电[2003]31号

建设部
关于印发《城市房屋拆迁估价指导意见》的通知

建住房[2003]234 号

建设部
关于印发《城市房屋拆迁行政裁决工作规程》的通知
建住房[2003]252 号

五、房屋建设

北京市国土资源和房屋管理局
关于在本市直管公房范围内率先开展住宅楼房内公共部位粉饰工作的通知
京国土房管房[2003]168 号

北京市国土资源和房屋管理局
关于开展北京市城镇住宅楼房内公共部位粉饰工作的通知
京国土房管房[2003]281 号

北京市国土资源和房屋管理局
关于认真落实北京市城镇住宅楼房内公共部位粉饰工作的通知
京国土房管房[2003]501 号

北京市国土资源和房屋管理局
关于开展二〇〇四年度北京市城镇房屋及设备安全检查的通知
京国土房管房[2003]942 号

北京市人民政府
关于北京皇城保护规划的批复
京政函[2003]27 号

北京市人民政府办公厅
关于印发北京旧城历史文化保护区房屋保护和修缮工作若干规定(试行)的通知
京政办发[2003]65 号

北京市人民政府
北京市住宅区及住宅安全防范设施建设和使用管理办法
北京市人民政府[2003]第 132 号令

六、税费

北京市国土资源和房屋管理局
转发北京市地方税务局关于明确以继承或遗赠方式承受土地房屋权属不征契税的函的通知
京国土房管财[2003]57号

北京市地方税务局
关于契税纳税申报有关工作的通知
京地税地[2003]155号

北京市国土资源和房屋管理局
关于转发北京市地方税务局关于出售已购公有住房购买商品房差价征收契税有关征管问题的通知
京国土房管市一[2003]735号

北京市财政局、北京市地方税务局、北京市国土资源和房屋管理局
关于已购公有住房上市出售有关契税政策的通知
京财税[2003]917号

北京市国土资源和房屋管理局
转发国家税务总局关于项目换土地等方式承受土地使用权有关契税问题批复的通知
京国土房管财[2003]101号

北京市国土资源和房屋管理局
转发北京市财政局、物价局关于印发北京市清理行政事业性收费项目目录的通知
京国土房管财[2003]88号

国家发展和改革委员会、监察部、建设部、国土资源部
关于印发《房地产开发经营企业交费登记卡试行办法》的通知
发改价格[2003]448号

北京市国土资源和房屋管理局
转发北京市财政局、物价局关于取消部分涉及企业的行政事业性收费项目的通知
京国土房管财[2003]579号

北京市国土资源和房屋管理局

转发北京市财政局、物价局关于取消部分涉及企业的行政事业性收费项目的补充通知
京国土房管财[2003]772 号

北京市国土资源和房屋管理局
转发北京市物价局、市财政局《关于对转发国家计委财政部关于规范房屋所有权登记费方式和收费标准等有关问题的通知的补充通知》的通知
京国土房管财[2003]6 号

北京市物价局、北京市财政局关于对转发国家计委、财政部
关于规范房屋所有权登记费计费方式和收费标准等有关问题文件的通知的补充通知
京价(房)字[2002]46 号

北京市国土资源和房屋管理局
转发国家计委关于印发《招标代理服务收费管理暂行办法》的通知
京国土房管财[2003]82 号

七、标准租私房

北京市人民政府办公厅
关于推进本市标准租私房工作的通知
京政办函[2003]10 号

北京市国土资源和房屋管理局
关于印发《关于推进本市标准租私房工作中有关搬出安置问题的意见》的通知
京国土房管市二[2003]338 号

北京市国土资源和房屋管理局
关于《关于推进本市标准租私房工作中有关搬出安置问题的意见》补充意见的通知
京国土房管市二[2003]765 号

北京市国土资源和房屋管理局
关于做好危改拆迁区和文保区标准租私房承租人搬出安置工作补充意见的通知
京国土房管市二[2003]920 号

北京市国土资源和房屋管理局、北京市财政局、北京住房公积金管理中心
关于标准租私房承租人搬出安置工作程序及购房委托贷款补贴发放办法的通知
京国土房管市二[2003]838 号

北京市国土资源和房屋管理局、北京市落实私房政策办公室
关于标准租私房认定口径的通知
京国土房管市二[2003]977号

北京住房公积金管理中心
关于北京市标准租私房承租人申请标准租私房补贴个人住房担保委托贷款有关问题的通知
京房公积金中心个贷字[2003]28号

北京住房公积金管理中心
关于北京市标准租私房承租人申请标准租私房补贴个人住房担保委托贷款有关问题的通知
京房公积金中心个贷字[2003]68号

北京市国土资源和房屋管理局
关于做好二〇〇三年十二月一日起标准租私房按照房屋租赁指导价提租及租金补贴发放有关问题的通知
京国土房管市二[2003]1020号

北京市国土资源和房屋管理局
关于标准租私房承租人申请廉租住房租金补贴配租有关问题的通知
京国土房管住[2003]1045号

第四部分　住房制度改革

北京市国土资源和房屋管理局、北京市人民政府房改办公室、北京市总工会、北京市发展计划委员会、北京市财政局、北京市建设委员会、北京市住房资金管理中心
关于印发《关于加快解决国有企业住房困难职工住房问题促进企业稳定的若干意见》的通知
京国土房管方[2003]20号

北京市人民政府住房制度改革办公室、北京市国土资源和房屋管理局、北京市财政局、北京市人事局、北京市监察局、北京市老干部局、北京市住房资金管理中心
关于北京市机关事业单位职工住房补贴计发及有关纪律规定等问题的通知
京房改办[2003]078号

北京市人民政府住房制度改革办公室、北京市国土资源和房屋管理局、北京市财政局、北京市地方税务局、北京市住房资金管理中心
关于北京市住房补贴资金管理有关问题的通知
京房改办[2003]079号

北京市国土资源和房屋管理局、北京市人民政府住房制度改革办公室
关于再次延长农转居人员购买安置住房政策执行期限的通知
京国土房管改[2003]431号

北京市国土资源和房屋管理局、北京市民政局、北京市财政局
关于印发《广渠门北里廉租住房配租方案》及有关配租组织管理工作的通知
京国土房管住[2003]628号

北京市国土资源和房屋管理局、北京市民政局、北京市财政局
关于对我市部分廉租住房政策进行调整的通知
京国土房管住[2003]1126号

第五部分　司法解释

最高人民法院关于破产企业国有划拨土地使用权应否列入破产财产等问题的批复
法释[2003]6号

最高人民法院关于审理商品房买卖合同纠纷案件适用法律若干问题的解释
法释[2003]7号

最高人民法院关于审理非法采矿、破坏性采矿刑事案件具体应用法律若干问题的解释
法释[2003]9号

最高人民法院关于适用简易程序审理民事案件的若干规定
法释[2003]15号

最高人民法院关于房地产管理机关能否撤销错误的注销抵押登记行为问题的批复
法释[2003]17号

最高人民法院关于适用《中华人民共和国婚姻法》若干问题的解释(二)
法释[2003]19号

北京土地学会简介

北京土地学会
BEIJING LAND SOCIETY

北京土地学会（以下简称学会）是经北京市民政局批准的北京地区土地科学学术性的社团组织。学会挂靠北京市国土资源局，受其业务上的领导并接受民政局社团办的监督、检查和管理。

学会经批准的办事机构有：办公室、培训部、咨询部和编辑部；其分支机构设有七个专业委员会，即：土地经济专业委员会、土地市场专业委员会、耕地保护与土地开发整理专业委员会、房地籍信息专业委员会、土地利用规划专业委员会、土地估价专业委员会和土地法学专业委员会；学会所属的事业单位为“北京土地学会培训中心”（经批准有正式办学资质）。

学会的宗旨是团结广大土地科技工作者，在党的领导下，发扬民主，开展学术上的自由讨论，积极倡导献身、创新、求实、协作精神，达到加快土地科学的发展，提高土地管理科技水平，促进我市土地科学技术的普及和推广，加速我市土地科技人才的成长和提高，推动我市土地事业繁荣和发展的目的。

学会的工作职能主要有五项：

一、开展我市及各级区县土地学术的交流，活跃学术思想、提高技术水平，为本市经济社会的可持续发展服务；

二、普及土地科学技术，介绍先进技术和经验，不断提高专业水平；

三、接受国家、地区有关部门的委托，开展课题研究、科技项目论证、科技经验交流等技术咨询服务活动；

四、开展有关土地的调查研究，向各级政府反映我市土地管理中存在的亟待解决的重大问题，提供相应的解决措施和建议，供领导决策参考；

五、不定期编印刊出专业委员会有关土地动态、经验交流方面的通信或文集，并且努力办好既定的学会刊物。

学会地址：北京市东城区和平里北街2号704室
邮　　编：100013
电　　话：64409584/9523/9524
传　　真：64409584
网　　址：http://www.bjtd.com
电子邮箱：bjtdxh8598@sina.com

覆盖全球 亚洲门户

戴德梁行业务遍及46个国家。共设193间分公司，旗下逾8,000名房地产专才为世界各地之投资者、物业用户及其他客户提供国际水平的优质房地产顾问服务。

戴德梁行在中国内地、香港、台湾、澳洲、印度、印尼、泰国、日本、马来西亚及新加坡均设有分公司，由3,000多名地产专才，为客户提供全面专业的房地产顾问服务。

自1993年开始，戴德梁行积极开拓中国房地产业务，于北京、上海、深圳、广州、大连、天津、重庆、杭州及成都设有正式领有牌照的分公司，为中国首家最具规模的国际房地产顾问公司。戴德梁行拥有庞大且不断更新的数据资料库让客户能更深入了解市场进一步掌握这个广受重视的市场动向。

北京市建内大街7号光华长安大厦2座1622—1626室 100005
传真：(010) 6510 1368　电邮：general@dtz.bj.cn
咨询电话：(010) 6510 1388　网址 http://www.dtz.bj.cn

DTZ Debenham Tie Leung 戴德梁行
International Property Advisers

业务范围

商铺代理及顾问

商铺部为具有丰富中国大陆项目操作经验及国际网络支持之专业团队。我们拥有丰富的高端客户资源和稳定的战略合作关系，随时掌握最新国际商业流行趋势，为客户提供紧贴需求之服务。曾服务项目：东方广场、中关村广场、新东安市场、国贸中心、丰联广场、中粮广场等。

物业管理

拥有丰富的国际经验及专业的知识，为客户提供符合国际标准全方位的物业管理服务，服务范围包括：前期物业管理顾问服务、实质物业管理服务、专业及全面的培训服务、资产管理服务、工程设备维护保养服务、后期物业管理顾问服务。

研究顾问

为客户提供从投资机会到可行性研究、从市场到定位、从规划到实施的全面顾问服务，包括项目发展咨询、零售市场研究、非零售商业及住宅物业市场研究、策略策划、经济房地产研究及预测等专业内容。我们希望能利用我们的专业经验和国际网络，协助房地产领域的各界客户创制出完善的发展项目。

企业住宅服务

住宅部员工具有丰富住宅市场经验和专业知识，竭诚为客户的外籍雇员提供寻找住房的服务。戴德梁行全面掌握最新的北京住宅市场信息，确保我们的客户得到最高水平的国际化服务，并承诺为客户赢得合理的房价和市场条件。

企业办公及项目顾问代理

戴德梁行的企业办公服务致力于跨国企业全方位办公服务，协助企业确定其需要、建议及执行最具效益的办公策略。戴德梁行并为开发商提供项目顾问及租赁代理服务，建议并执行切合市场需要的项目优化及营销计划。

评估及顾问服务

估价实务经验遍及中国内地120个城市，聘用全职注册中国房地产及土地估价师共42人。凭借实力、经验及专业操守，戴德梁行通过严格要求，于2004年7月1日荣获国家建设部颁发一级房地产价格评估资格。今后将在中国内地660个城市为客户提供全面全方位的专业估价及房地产顾问服务。

酒店管理顾问

实力雄厚，拥有曾服务于国际著名品牌酒店管理集团资深望重的专业人才为投资开发商提供酒店/酒店服务式公寓从前期策划、项目筹建、开业准备直至后期运营全程专业化管理及顾问服务。

泛城（中国）综合住宅服务

泛城研究及开发顾问，致力为开发商提供项目的精确、科学的市场及产品定位策略。泛城营销企划，致力为开发商提供富有创意的推广策划及营销方案。泛城销售代理：致力为开发商及个人提供规范、超值的房地产中介咨询及代理业务。

独家商业代理—新东安市场

物业管理—中国国际金融中心

独家代理—中关村数字物流港

独家租赁代理—美林香槟小镇

泛城独家代理—靠山居·艺墅

酒店管理—西安东方嘉豪酒店

图书在版编目（CIP）数据

北京市房地产年鉴．2004/ 北京市建设委员会，北京市国土资源局编．北京：中国计量出版社，2004.11

ISBN 7-5026-2048-6

I．北…　II．①北…　②北…　III．房地产业－北京市－2004－年鉴　IV．F 299.271-54

中国版本图书馆 CIP 数据核字（2004）第 113930 号

中国计量出版社出版
北京和平里西街甲 2 号
邮政编码　100013
电话（010）64275360
E-mail　jlfxb@263.net.cn
北京市后沙峪印刷厂印刷
新华书店北京发行所发行

*
880mm × 1230mm　16 开本　14.75　印张　334　千字
2004 年 11 月第 1 版　　2004 年 11 月第 1 次印刷
*
印数 1-3000　**定价：120.00　元**